# L'AQUITAINE

## HISTORIQUE & MONUMENTALE

MONOGRAPHIES ILLUSTRÉES

PAR MM. DUFOURCET & G. CAMIADE

Lauréats de la Société Française d'Archéologie pour l'Avancement des Sciences

TOME II

# L'AQUITAINE

## HISTORIQUE & MONUMENTALE

## MONOGRAPHIES LOCALES

ILLUSTRÉES

PUBLIÉES PAR

MM. DUFOURCET & GEORGES CAMIADE.

**TOME II**

DAX

IMPRIMERIE-RELIURE HAZAEL LABÈQUE

11, Rue des Carmes.

1893.

# S^T VINCENT DE XAINTES

## PREMIER ÉVÊQUE DE DAX

## SON APOSTOLAT ET SON MARTYRE

D'APRÈS une tradition fort ancienne, la foi aurait été prêchée dans les Gaules par les Apôtres eux-mêmes et par leurs premiers disciples. Saint Luc aurait évangélisé la Provence ; saint Paul aurait traversé l'Aquitaine, serait, peut-être, passé par le pays des Tarbelles et sa capitale, en se rendant en Espagne, et y aurait laissé saint Crescent; saint Pierre aurait envoyé de Rome des missionnaires dans plusieurs cités : saint Sixte à Reims, saint Sinice à Soissons, saint Même à Chalons, etc.

C'est tout ce qu'on savait sur la prédication du Christianisme dans nos contrées aux temps apostoliques, quand a paru, il y a quelques années, un livre des plus intéressants ayant pour titre : « SAINTE VÉRONIQUE, APOTRE DE L'AQUITAINE, SON TOMBEAU ET SON CULTE A SOULAC, OU NOTRE-DAME DES FINS DES TERRES — ARCHÉOLOGIE DE BORDEAUX. » Le savant Bénédictin qui en est l'auteur a fait preuve, dans cet ouvrage, d'une très grande érudition, mais aussi d'une imagination non moins grande. Sa thèse est que c'est à saint Véronique et à Zachée, qu'il identifie avec saint Amadour et avec SAINT MARTIAL, que l'Aquitaine est redevable d'avoir été une des premières contrées de l'Occident à recevoir les divers enseignements de la foi chrétienne.

La chose est loin d'être démontrée, car, d'après Grégoire de Tours, saint Martial ne serait pas contemporain des Apôtres ni, par conséquent, de sainte Véronique ni de Zachée, mais bien de saint Denis de Paris, de saint Gatien de Tours, de saint Trophime d'Arles, de saint Paul de Narbonne, de saint Austremoine de Clermont et de saint Saturnin de Toulouse, qui vinrent prêcher le Christianisme en Gaule, sous le règne de Décius.

On est généralement d'accord pour placer à la même époque la venue en Aquitaine de saint Vincent de Xaintes et la fondation du siège épiscopal de Dax.

La charte de l'ancienne abbaye de Divielle dit bien que saint Vincent fut martyrisé en l'an 59 de notre ère, mais certains auteurs, par une exagération en sens contraire, rapportent sa mort à l'an 506, alors qu'il est certain que, juste cette année-là, Gratian, huitième évêque connu de Dax, après avoir assisté au concile d'Agde, bâtissait une première basilique sur l'emplacement même où son saint prédécesseur avait confessé sa foi.

Aussi, il ne nous paraît pas douteux que saint Vincent ait fait partie de cette légion d'évêques apôtres qui ont évangélisé la Gaule vers la moitié du IIIe siècle et qu'il ait été, en réalité, le premier qui ait prêché l'Evangile d'une façon sérieuse et constante dans notre région, où saint Paul et saint Crescent n'avaient dû faire que quelques conversions. C'est donc avec raison qu'on doit considérer le tombeau de notre saint évêque dacquois, sa crypte et son église primitive comme le *berceau du Christianisme* dans les Landes et dans toute la contrée occupée, jadis, par les Tarbelles et par les peuples voisins.

Mais d'où venait saint Vincent ? Que signifient ces mots

DE XAINTES qui font, en quelque sorte, partie de son nom ? En étudiant ces deux questions, qui n'en font qu'une nous aurons à examiner les diverses légendes relatives à son martyre et à rechercher aussi s'il a été décollé, brûlé vif ou lapidé ?

Les Mémoires de Tolède, reproduits par les *Acta Sanctorum*, mais dont la valeur historique est mise en suspicion par les Bollandistes, dit que :

« Vincent et Lœtus, bessons, c'est-à-dire frères jumeaux, « naquirent à Tolède. Leur père Turibius et leur mère « Sévéra, native de Dax, les élevèrent dans la religion du « Christ. La Providence divine les appela dans nos terres, « où le démon, ne pouvant souffrir les merveilleuses « conversions causées par leurs ardentes prédications, « suscita, sous l'empire de Décius, le préfet Appolinar. « Ces deux frères conduits, par son ordre, au temple de la « déesse Lucine, refusèrent généreusement d'offrir de « l'encens aux idoles. Leur refus échauffa ce tyran ; par « son jugement, après avoir souffert constamment, ILS « FURENT DÉCOLLÉS. Les Chrétiens nouvellement con- « vertis amassèrent plusieurs gouttes du sang de nos « martyrs, les cachèrent près de leur sépulcre, y bâtirent « un oratoire après que la persécution eut cessé, environ « l'an 160. » (Chronique de la cathédrale de Dax).

Comme dans toutes les légendes il y a du vrai, nécessairement, dans celle des hagiographes espagnols ; ils ont dû prendre dans la tradition et les vieux textes les faits qu'ils racontent. Nous y trouvons une indication précieuse, malgré la fausseté de la date, environ vers l'an *160* : saint Vincent aurait bien subi le martyre SOUS L'EMPIRE DE DECIUS, pendant la 7e persécution, la plus terrible de toutes. Notons, aussi, que d'après la légende espagnole, le saint évêque, qui devait naturellement être espagnol, comme tous les autres saints du paradis, a été *décollé* et non pas brûlé vivant, ni lapidé.

D'après une autre légende, donnée par M. Dompnier de Sauviac dans son importante brochure ayant pour titre : « SAINT VINCENT DE SENTES, PATRON DE DAX ET SA CATHÉDRALE » (Dax, Imprimerie et lithographie Bonnebaigt, 1855), et dont on ne connaît pas l'origine, « les « idolâtres pourchassèrent Vincent et le trouvèrent dans « une grotte où il s'était réfugié. On essaya de le séduire « par des caresses et puis de l'intimider par des menaces ; « *sa foi demeurant inébranlable, on le fit battre de verges,* « *on l'étendit sur un gril, puis sur des pots cassés,* puis, « finalement, on le jeta dans un feu, où il mourut en « chantant les louanges de Dieu. »

Enfin, M. Dompnier ajoute que les vieux Dacquois racontaient que le Saint fut, non pas décapité, ni brûlé, *mais bien lapidé,* sur un point qu'ils indiquaient, situé entre l'église actuelle et l'ancien presbytère de St-Vincent, à l'endroit où passe aujourd'hui la route. Comme preuve de la lapidation, ils assuraient que les cailloux qui avaient servi à tuer Vincent et Lœtus étaient toujours là, apparents sur le sol, et que lorsqu'on les enlevait, ils y revenaient d'eux-mêmes la nuit suivante.

Ce que nous dirons plus loin du tombeau de St Vincent et de ces reliques sera la meilleure réfutation des deux dernières versions et nous démontrerons, croyons-nous, à l'aide de faits et de présomptions équivalant à la certitude, que le premier évêque de Dax a été décapité, que ses ossements, du moins tous, n'ont jamais été incinérés, qu'ils n'ont jamais été transportés en Espagne, ni miraculeusement, ni autrement, et qu'ils sont toujours restés à Dax ; que quelques-uns seulement ont été donnés à des églises de la contrée.

Saint Vincent de Xaintes n'était pas plus espagnol que sainte Quitterie. Nos bons voisins veulent, on le sait, accaparer tous les saints. Ne sont-ils pas allés, tout dernièrement, jusqu'à prétendre que saint Vincent de Paul était un de leurs compatriotes ! Ils ont écrit des volumes pour le prouver, et la chose avait pris chez eux une telle importance, que le vénérable abbé Pémartin, que nous avons eu le regret de perdre il y a quelques mois, a dû, lui aussi, publier un livre pour la réfuter. Les Espagnols font encore des légendes au XIX^e^ siècle, on peut juger par là de la confiance qu'on doit avoir en celles qui remontent au XIII^e^ et qui nous viennent presque toutes du pays d'outre-monts.

Déjà de Saussay, auteur du Martyrologe Gallican, avait dit que saint Vincent de Xaintes venait de Saintes, et qu'il avait été le disciple et l'ami de saint Eutrope, premier évêque et patron de l'antique cité *des Santoni*.

Cette opinion vient d'être reprise et mise de nouveau en avant par M. l'abbé Vallée, Secrétaire de la Commission des Arts et Monuments historiques de la Charente-Inférieure, dans un remarquable travail, publié dans le bulletin de notre Société, année 1885, et ayant pour titre : « *Saint-Vincent-de-Xaintes, premier Evêque de Dax et* « *Martyr, est-il Saintongeois* ? »

Le texte du *Martyrologium Gallicanum* qui date, on le sait, de près de trois siècles, est aussi formel que possible, à ce sujet, et on y lit textuellement : « *Augustæ seu Tar-* « *bellicæ in Novempopulania, natalis sancti Vincentii,* « *Aquisium apostoli, hoc primi sacerdotis et martyris, qui* « *Origine Santonensis, divino lumine illustratus, totum* « *hunc tractum ad Christi cultum convertit.* »

Les Bollandistes citent aussi ce passage de l'ouvrage de l'évêque de Toul, sans rien ajouter, ce qui prouve qu'ils n'ont rien trouvé, dans leurs savantes recherches, qui puisse contredire l'indication positive donnée par le martyrologe.

Les deux églises de Saintes et de Dax ont eu, depuis les temps les plus reculés, des relations de confraternité qui doivent remonter à leurs deux premiers évêques, dont les noms sont, à la fois, populaires dans les deux diocèses. Voici comment s'exprime, à ce sujet, M. l'abbé Vallée :

« Moi-même, lors d'un pèlerinage à Dax, à St-Vincent « de Paul et à Buglose, j'aimais à recueillir, chemin fai- « sant, les traces bénies du patron de la Saintonge. Quoi « de plus doux, en effet, que d'entendre résonner au loin, « dans un concert harmonieux, les voix vénérées et chéries « du sol natal ? Ici, une chapelle porte le nom de saint « Eutrope ; là, près d'Audon, une fontaine de *saint Estro-* « *py* redit aux habitants du pays de vieilles et naïves « traditions... Dans la ville épiscopale, à Dax, il y avait « un hôpital et une église sous le vocable du pontife « Senton ; son culte se retrouve à Narrosse. Ailleurs, la « mémoire des deux évêques Eutrope et Vincent, est insé- « parablement unie comme à Vert, au quartier de Labas- « tide, à Mixe et à Vielle-St-Girons.

« Les bords de la Charente retentissent aussi, çà et là, « du nom de l'apôtre honoré sur les rives de l'Adour. J'ai « consulté d'anciens pouillés du diocèse de Saintes : treize « paroisses avaient leur église dédiée à saint Vincent. »

Le nom de saint Vincent de XAINTES est, lui-même, un argument en faveur de son origine saintongeaise : c'est ainsi, en effet, XAINTES, qui s'écrivait et se prononçait, autrefois, sans inflexion latine ou gasconne, celui de l'ancienne capitale de la Saintonge.

Monsieur Dompnier a voulu changer l'orthographe de ce nom, et il l'a écrit *St Vincent de Sentes*, faisant dériver ce dernier mot de *sentis*, buisson, *sentes* au pluriel, prètendant que le lieu où saint Vincent avait subi le martyre devait être isolé, et plein de ronces et de broussailles. Les découvertes archéologiques qui y ont été faites, les ruines du temple romain, dont il sera question ci-après, et l'existence indubitable d'une voie qui passait à côté prouvent que c'était, au contraire, un endroit très fréquenté.

Nous ne croyons pas, non plus, que le saint patron de la ville de Dax ait pu tirer son nom *a sanctis,* du nombre de reliques de saints qui furent, plus tard, déposées dans les trésors des églises, successivement construites pour recevoir son tombeau. Jamais, jusqu'à l'époque actuelle, on n'a dit St Vincent *des Saints*, ni *a sanctis*, ni *a sentibus*, car car c'est ainsi, et non pas *a sentis*, qu'on aurait dû dire, si l'étymologie de M. Dompnier avait été vraie. On a toujours dit de Xaintes, et l'ancienne orthographe du nom de la ville saintongeaise s'est conservée ici jusqu'à nos jours.

St Vincent est donc venu de la Saintonge et non pas de l'Espagne. Il est évident, aussi, pour nous, que la version des mémoires de Tolède, qui dit qu'il a été décollé est la seule qui soit conciliable, sur ce point, avec les constatations qu'il nous a été de faire relativement au tombeau et aux reliques qu'on a de sérieux motifs d'attribuer à notre premier évêque.

---

## SON TOMBEAU & SES RELIQUES

Le tombeau de St Vincent existe ; c'est un fait incontestable, et il a toujours existé. Aussi loin qu'on puisse remonter dans notre histoire locale, on trouve les traces de la vénération dont il a été l'objet de la part des fidèles et même, officiellement, de la part du clergé du diocèse et, plus particulièrement, du Chapitre de la Cathédrale de Dax qui, depuis la translation du siège intra muros, vers la moitié du XI^e siècle, se rendait tous les ans, à St-Vincent, en procession, le 1^er septembre, pour l'honorer ainsi que les reliques qu'il contenait. Ce qui prouve encore son authenticité d'une façon indubitable, c'est que les serments judiciaires importants, ordonnés par les diverses juridictions civiles, siégeant à Dax, se prêtaient, la main étendue sur ce tombeau ; la chose est établie par de nombreux documents qui se trouvent dans les archives.

C'est un énorme sarcophage en marbre blanc, dont il ne reste plus, malheureusement, que la cuve, et qui ne porte comme ornement qu'un cartouche, sans inscription sur sa partie antérieure.

Quand les pères de Ste-Marthe firent, à Dax, leur voyage préparatoire du Gallia-Christiana, ils visitèrent et décrivirent ce tombeau qui se trouvait alors dans une crypte derrière l'autel, avec *deux autres tombeaux d'évêques*. Ils le désignent, dans l'ouvrage dans lequel ils ont rendu compte de leur voyage, comme étant positivement le *tombeau du saint*.

Plus tard, et cela résulte de l'enquête de 1846 dont nous parlerons plus bas, il fut placé dans le chœur, au devant du maître-autel.

Les pèlerins venaient de loin prier auprès de ce sarcophage, et c'est pour cela, peut-être, qu'on l'avait mis en évidence, dans un endroit plus accessible que la crypte.

Le saint martyr manifestait surtout la puissance de son intercession par la guérison des migraines, des douleurs de la tête et des ophthalmies ; aussi, n'était-il pas rare de voir plusieurs personnes à genoux, priant autour du tombeau, la tête appuyée sur le marbre.

Il y eut peut-être aussi une autre raison pour le déplacement de ce monument : c'est que la crypte qui existait encore lors du passage des PP. de Ste-Marthe, dut être rasée bientôt après, quand on restaura l'église qu'on vient de démolir, et qu'on abaissa le niveau du chœur. Il pourrait cependant se faire qu'on n'ait détruit la crypte que parce qu'elle était trop étroite pour recevoir les pèlerins dont le nombre allait toujours croissant.

Le tombeau fut, nous le verrons, profané et traîné dans le cimetière pour le vider et voler son contenu, pendant la Révolution. Mais, en 1803, l'abbé Darjou, à son retour de l'exil, le plaça en dessus de l'hôtel latéral de gauche, de manière à constituer une sorte de rétable, et il mit sur le fronton de ce rétable une inscription ainsi conçue .

*Ici est le tombeau de St Vincent.*

Il y a quelques années, on déplaça ce tombeau une dernière fois, on en fit un véritable autel, du côté droit de l'église. On eut alors la singulière idée de le recouvrir d'un très beau gisant du XIIIe siècle, (voir la planche), qui ne lui a jamais appartenu et qui recouvrait, très probablement, autrefois, un des deux tombeaux d'évêques décrits par les PP. de Ste-Marthe et qui se trouvaient dans la crypte à côté de celui du saint.

Le sarcophage et le gisant ont été examinés par de nombreux archéologues, notamment par les membres des deux Congrès tenus, à Dax, en 1882 et en 1888, sous la présidence de M. Léon Palustre et de M. le comte de Marsy, tous deux directeurs de la Société Française d'Archéologie pour la conservation des Monuments Historiques, et tous sont unanimes à reconnaître que la cuve a bien l'aspect des sarcophages du IIIe et du IVe siècles, et qu'elle peut bien être contemporaine du martyre de saint Vincent ; tous aussi voient, dans la statue du couvercle, qu'ils datent sans hésitation du XIIIe siècle, la représentation d'un évêque ou plutôt d'un abbé ; ce qui leur fait penser que c'est un abbé et non pas un évêque, c'est que la crosse est tournée en dedans et que le personnage sculpté, au lieu d'avoir des gants, tient le bâton pastoral recouvert d'un velum très apparent, à l'endroit où est placée la main.

Le tombeau était réputé contenir les ossements du patron de Dax et de son frère, à l'exception des fragments qui avaient été donnés aux diverses églises sous le vocable de St Vincent, et dont le plus important était celui que les vicomtes de Maremne avaient obtenu pour celle de la paroisse de Tosse, où ils tenaient leur cour. C'était, d'après de vieux textes et la tradition, *tout un bras*, et à Tosse, comme à Dax, les serments judiciaires se prêtaient, la *main étendue sur les reliques du saint.*

Aussi ne nous est-il pas possible d'admettre la légende rapportée, à la fois, par le Gallia Christiana et les *Mémoires* de Tolède. Nous ne croyons pas que le corps du saint martyr ait été incinéré et ce sont, encore, d'après nous, les Espagnols qui, pour mieux l'accaparer. ont imaginé de faire jeter dans l'Adour, par les exécuteurs des ordres de destruction de Dioclétien, l'urne contenant ses cendres, et de les faire voguer, ensuite, et on ne sait par quelle voie, *jusqu'à Burgos,* qui ne communique pas avec la mer. C'est en vain que, pour rendre la chose vraisemblable, des commentateurs complaisants du texte espagnol ont transformé Burgos en Bourg-sur-Gironde. (1)

Ce qu'il y a de plus sûr, c'est que pendant la persécution, les reliques des deux saints furent cachées par les fidèles et que, comme le dit la charte de la cathédrale de Dax, d'accord en cela avec la tradition, elles furent,

(1) Nous parlerons plus loin de la révélation de Maxima et de la version admise par les anciens bréviaires du diocèse.

quand le libre exercice du culte redevint possible, placées dans un tombeau *qui est très probablement celui dont nous venons de parler*.

Elles y sont paisiblement restées, malgré les nombreuses dévastations que les Vandales, les Wisigoths, les Normands et les Maures ont fait subir depuis aux églises de la contrée, et il était réservé aux Vandales de la Révolution de profaner, une dernière fois, les restes sacrés du premier évêque de Dax, et de les priver, peut-être pour toujours, d'un culte public que, nous le reconnaissons, il n'est pas prudent de leur laisser rendre. Il leur faudrait pour cela une authenticité plus que probable qu'il leur sera malheureusement difficile d'acquérir aujourd'hui.

Quoiqu'il en soit, des misérables, dont l'un avait appartenu, comme sacristain, au service de l'église, traînèrent péniblement, pendant la nuit, sur le cimetière, deux des tombeaux qui étaient autrefois dans la crypte ; ils en brisèrent les couvercles et, très étonnés de n'y trouver dedans que des ossements, ils les jetèrent à terre et prirent la fuite. Ces ossements furent, heureusement, recueillis par une pauvre femme de St-Vincent, qui les cacha avec soin, comme l'avaient fait les fidèles du temps de Dioclétien. Mais, avec les ossements des saints, elle dut forcément ramasser aussi, sans pouvoir les distinguer les uns des autres, ceux de l'évêque ou abbé représenté sur le couvercle de son tombeau qu'ils brisèrent et, peut-être même, ceux d'un autre mort assez récemment enterré dans le cimetière de St-Vincent, à moins que ces derniers ne proviennent d'une tombe récente dans laquelle Josephe Darjou, c'est le nom de la pauvre femme, avait caché son précieux trésor.

Après la Révolution, M. l'abbé Darjou, ancien vicaire de St-Vincent, et fils de Josephe Darjou, devint curé de la paroisse qu'il administra de 1803 à 1811. Il remit dans le sarcophage qu'il plaça, nous l'avons vu plus haut, sur l'autel latéral de gauche, tous les ossements et les débris d'objets divers recueillis et cachés par sa mère

Ils furent examinés, une première fois en 1846, le 12 Février, par M. Henri Dussault, vicaire général honoraire et Supérieur du Grand Séminaire de Dax, délégué par Mgr de Lanéluc, évêque d'Aire, qui procéda, en outre, à une véritable enquête dans laquelle il entendit, sous la foi du serment, les témoins ci-après :

Jean Dussartou, forgeron, âgé de 80 ans, Salvate, Marie Dussault, âgée de 80 ans, Anne Dussault, âgée de 74 ans, Mlle Délisse, âgée de 74 ans, et Marie Dumartin, résidant alors à Peyrehorade, âgée de 69 ans

Le résultat de cette enquête ne parut pas suffisant à Mgr l'Evêque d'Aire pour permettre de rendre aux prétendues reliques de St Vincent un culte public. Elles furent placées dans une caisse en fer-blanc et déposées dans la sacristie, et Monseigneur recommanda néanmoins, dans le doute, de les traiter avec respect et vénération. Nous avons lu cette enquête, et nous avouons qu'elle n'a produit que des présomptions très graves, mais cependant insuffisantes au point de vue auquel on se plaçait alors.

Le 19 Janvier 1885, le contenu de la caisse en fer-blanc a été de nouveau examiné, avec l'agrément de Monseigneur Delannoy, évêque d'Aire et de Dax, par une commission de la Société de Borda, composée de deux médecins, assistés de trois archéologues et, du procès-verbal dressé par cette commission officieuse, dont un exemplaire a été envoyé à l'évêché, un autre déposé aux archives de la Fabrique de St-Vincent et un troisième dans celles de la Société, il résulte que les ossements en question appartiennent à quatre squelettes différents :

1° A celui d'un jeune homme de 14 à 15 ans, dont le décès ne remonte pas à plus de 100 à 150 ans, et qui a séjourné longtemps en terre avant d'être mis dans le sarcophage ; 2° à celui d'un adulte, qui n'a jamais été mis directement dans la terre et qui paraît remonter à cinq à six siècles ; 3° à deux autres adultes ; ces derniers sont tellement vieux et tellement friables qu'on peut à peine les toucher sans les faire tomber en poussière, quoiqu'ils n'aient pas, eux non plus, séjourné en terre. Ils sont beaucoup plus anciens que ceux du précédent squelette et, comme eux, n'ont jamais subi l'action du feu. Il est possible qu'ils remontent au III° siècle.

Avec les ossements se trouvaient des fragments de bois sculpté ayant, évidemment, fait partie d'une châsse qui, d'après les archéologues qui les ont étudiés, serait de l'époque mérovingienne.

On peut, d'après nous, conclure avec une vraisemblance se rapprochant de la vérité, de tout ce qui précède, que ces ossements, du moins ceux des troisième et quatrième squelettes, qui sont très incomplets, sont tout ce qui reste des reliques de St Vincent et de Lœtus, après leur destruction partielle produite par leur vétusté, après l'enlèvement plus ou moins considérable résultant des dons faits à certaines églises de la région, et peut-être aussi leur ustion partielle dont nous parlerons plus loin.

Le second squelette a pu avoir appartenu à l'évêque ou à l'abbé du XIII° siècle, représenté par le gisant que nous avons décrit, et le quatrième provient, vraisemblablement, comme nous l'avons déjà supposé, d'une sépulture moderne du cimetière de St-Vincent, dans laquelle Madame Darjou aura caché les ossements des saints après la profanation de leur tombeau.

# SA CRYPTE — SES TROIS CATHÉDRALES ET LES CIMETIÈRES QUI LES ENTOURAIENT

D'après le Martyrologium Gallicanum, (suppl. 1108), St Vincent aurait érigé, de son vivant, sur l'emplacement où fut, plus tard, déposé son tombeau, une église, *sa première cathédrale*, et il l'aurait dédiée à la Ste Vierge : « *Primo-« que illic ecclesiam quam in crypta initiavit in honorem « Sanctæ deiparæ consecravit.* »

Ce texte indique qu'il commença par creuser une crypte sur laquelle il bâtit ensuite son église ; il semble même signifier qu'il célébra, pendant quelque temps, les saints mystères dans la crypte avant de construire la partie supérieure de sa cathédrale primitive.

Si on en croit le Gallia Christiana (T. I, col, 1037. A), il aurait, peut-être, construit également un monastère attenant à son église, et c'est dans ce cœnobium, et non pas dans la crypte, ni dans l'église, qu'il aurait été enseveli « *in monasterio ejus postea appellato Sancti Vincentii de « Aquis sepultus est.* »

Nous verrons plus bas si les découvertes archéologiques faites, à St-Vincent, soit, en 1854, par M. Dompnier, soit, en 1892, par les membres de la Société de Borda, viennent ou non confirmer les énonciations de ces deux textes.

Quoiqu'il en soit, l'église bâtie par St Vincent, si elle a jamais existé, dut être bientôt détruite, et son monastère aussi, et elle fut remplacée, en 506, par une seconde cathédrale, une véritable basilique, par les soins de l'évêque Gratian qui, d'après le Gallia Christiana « *totum*

« *se convertit ad restaurandam beati Vincentii ædem,* « *superstitionibus paganorum fodatam* ».

Les mémoires de Tolède vont même jusqu'à dire que cette basilique fut consacrée, le 1er septembre, jour de la mort du saint ; ce qui tendrait à prouver, qu'il ne faut pas ajouter une trop grande foi à la légende qui dit que, sous le successeur de Gratian, qui s'appelait Illidius, une jeune fille du nom de Maxima, avait eu une vision dans laquelle St Vincent et son frère Lœtus lui avaient révélé le lieu, où ils avaient subi le martyre, *le jour où ils avaient été mis à mort*, le 1er septembre, et le genre de tourments qu'ils avaient endurés, et l'endroit de leur sépulture. Or, c'est sur cette révélation que se fonde l'opinion de ceux qui veulent que saint Vincent et son frère aient été brûlés vivants.

Il résulterait de plus, de cette légende, de nombreuses invraisemblances. Gratian aurait construit son église sans savoir où reposait le corps du saint ; on aurait oublié le lieu où il avait subi le martyre ; Illidius et ses contemporains n'auraient pas laissé la moindre trace de cette révélation ; après moins de trois siècles, on aurait complètement perdu le souvenir de choses qui ne s'oublient pas et que la tradition locale conserve mieux que les légendes faites par des étrangers qui les embellissent et les dénaturent, pour faire de l'extraordinaire et mieux frapper, au loin, l'imagination populaire. Le Bréviaire de Dax du XVIe siècle, découvert à Tonlouse par M. l'abbé Cazauran, modifie, du reste, complètement le récit que d'autres ont attribué à Maxima : une partie seulement des ossements des saints auraient été brûlés postérieurement à leur martyre, mis dans une urne et jetés dans l'Adour, et cette urne aurait été s'arrêter aux pieds des murs du Castrum de Dax (et non pas à Burgos). Cette urne recueillie par les chrétiens de la ville, aurait été cachée dans un temple païen.

Maxima n'aurait pas indiqué le jour du martyre de St Vincent.

Ainsi présentée, la version est parfaitement conciliable avec les autres. Elle nous signale même l'existence d'un temple païen dans le voisinage de l'église de Gratian, et explique comment il se fait qu'on n'ait trouvé que quelques ossements dans le sarcophage qui a été, sans aucun doute, le tombeau du premier évêque de Dax.

La cathédrale de Gratian fut brûlée par les Normands. En 960, l'évêque Gombaud, un grand bâtisseur, construisit une troisième et dernière cathédrale, à St-Vincent, et il fit sculpter sur la porte principale de cette basilique, comme sur celle de St Caprais, de Pontonx, qu'il avait également restaurée, le monogramme du Christ, qui servait à cette époque de marque distinctive, comme d'armoiries à la famille de Navarre à laquelle il appartenait, par sa mère Navarra. (Dyptiche de Compaigne).

Quoique les véritables armoiries ne datent, croit-on, que des croisades, les familles de la contrée avaient déjà, au X^e^ siècle, des signes et des marques spéciales, équivalant à des armoiries. Le fait a été constaté par M. Bascle de Lagrèze, dans son *Histoire de la Navarre Française*. Ce savant magistrat de la Cour de Pau, dont l'érudition était connue et appréciée par tous ceux qui s'occupent d'histoire et d'antiquités, avait même, comme Compaigne, trouvé qu'avant d'avoir des *chaînes* dans ses armes, la maison de Navarre y portait un monogramme du Christ, dont celui de St Vincent de Xaintes était évidemment la reproduction.

En 1050, le siège épiscopal de Dax fut transporté dans l'intérieur de la ville ; la basilique de Gombaud perdit son titre de cathédrale, qui fut attribué à une nouvelle église romane, construite intra muros, achevée en 1045.

L'évêque et les chanoines quittèrent l'évêché de Saint-

Vincent, qui occupait l'emplacement de la maison actuelle de Mademoiselle de Laluque, et vinrent s'établir entre la cathédrale nouvelle et les remparts du Sud. L'évêché de St Vincent n'était, très probablement, que la continuation du cœnobium reconstruit par Gratian, en même temps que l'église. Nous dirons plus bas ce qui porte à le penser.

L'ancienne cathédrale de Gombaud fut démolie pour les besoins de la défense de la ville de Dax, en 1523, ou même un peu plus tard, car, à cette date, Haubardin de Luxembourg, qui avait fait raser plusieurs églises et plusieurs couvents situés en dehors des remparts, n'osa rien entreprendre contre l'édifice qui abritait l'ancien tombeau du patron de la cité, qui lui semblait inviolable ; il dut en référer au Gouverneur de l'Aquitaine, le seigneur Gaston II de Candale, qui ordonna plus tard sa démolition.

On dut construire, dès le XVI° siècle, une église sur les ruines de la troisième cathédrale ; cette dernière dut être remaniée à diverses époques, puisque nous avons vu qu'elle avait à l'origine une crypte, comme l'ont constaté les PP. de Sainte-Marthe. Elle vient de disparaître, à son tour, et on la remplace, à l'heure qu'il est, par une construction tout ce qu'il y a de plus moderne.

En 1854, on abaissa au niveau du sol de la route le cimetière qui était, de temps immémorial, autour de l'église de Saint-Vincent, et qui se trouvait en contre-haut du chemin d'un mètre environ.

Ces travaux de déblaiement furent heureusement surveillés par un archéologue, M. Dompnier de Sauviac, qui a rendu compte des constatations et des découvertes qu'il a faites, à cette occasion, dans la brochure que nous avons plusieurs fois citée.

Il eut, de plus, la bonne idée de dresser, avec l'aide de

son beau-frère, le Baron de Behr, père de notre excellent collègue et ami, le plan de l'église actuelle et de ses alentours, et d'y faire figurer toutes les constructions anciennes qu'il découvrit, et à l'aide desquelles il lui fut facile de reconstituer celui de l'extérieur de l'ancienne basilique de Gombaud, qui était placée et orientée comme celle qu'on vient de démolir.

Nous n'avons pas cru pouvoir mieux faire que de reproduire ce plan de M. de Dompnier, en y ajoutant les découvertes nouvelles qu'il nous a été donné de faire dans l'intérieur de l'église, et dont il sera question ci-après.

Il résulte d'une façon évidente, des constatations faites par M. Dompnier, que la cathédrale de Gratian ne se trouvait pas à la même place que celle de Gombaud. Il en a, en effet, découvert une partie de l'abside, construite en petit appareil, semblable à celui de la chapelle de 512, bâtie par l'évêque Maximus, à côté de la cathédrale actuelle de Dax, et ces substructions se trouvaient à l'Est de l'église de Gombaud, aux points G et H du plan (voir notre plan). Rien n'indiquait qu'il y ait eu une crypte en dessous de l'abside de Gratian, dont la courbe donnée par les murs découverts indique qu'elle était plus grande que celle de 960.

Dans les déblais du cimetière, M. Dompnier découvrit aussi un grand nombre de sarcophages en pierre, dont plusieurs étaient, évidemment, carlovingiens ou mérovingiens, comme le prouvent les objets et les armes qu'ils contenaient, mais dont d'autres remontaient, sans contredit, à l'époque gallo-romaine : l'un d'eux renfermait cinq urnes cinéraires. Etait-ce un tombeau païen ? Ou bien les chrétiens d'Aquitaine ont-ils, aux premiers temps de leur conversion, continué à incinérer quelques-uns de leur morts, comme semblent le prouver les sculptures du portail du XIII^e^

siècle de la cathédrale de Dax et celles de celui de l'église de St-Seurin, de Bordeaux, qui est de la même époque et où on voit, sur le linteau qui représente la résurrection des morts, des ressuscités sortant de tombeaux, et *d'autres d'urnes funéraires ?*

Nous serions, assez volontiers, de ce derniers avis, et nous inclinons à penser qu'il n'y a eu de cimetière à Saint-Vincent, que depuis le martyre du saint, et que tous les tombeaux qu'on y a découverts appartiennent à des chrétiens qui ont voulu reposer à côté de celui de l'apôtre dé la Novempopulanie, depuis le IIIe siècle jusqu'au moyen-âge. Nous verrons, du reste, que toutes les sépultures que nous avons découvertes étaient mérovingiennes ou carlovingiennes.

Voilà, en résumé, tout ce que l'on savait sur St Vincent, sa crypte, ses églises et le cimetière, quand a commencé, le 15 février 1892, la démolition de l'église que nous avons tous connue.

En l'examinant avec soin, avant sa démolition, nous avons pu faire les constatations suivantes :

1° Tous les murs extérieurs de l'abside, à partir de R jusqu'à C, en passant et en tournant par les points Q et D, reposaient sur des fondations en grand appareil, ayant appartenu sans aucun doute à l'abside de 960. Ce qui fait que la nouvelle n'était, en quelque sorte, que la réédification de l'ancienne ;

2° La nef de l'église de Gombaud s'arrêtait à la ligne F.F', et la porte principale de cette église était en a. b. Cette porte existait, encore intacte, avec ses pieds-droits et son tympan, au milieu duquel était placé le monogramme suivant, que nous avons vu être celui dela famille de Navarre, ce qui lui donne une importance exceptionnelle.

On remarquera les deux C qui y figurent en sus de toutes les lettres du mot KRYSTOS et les entrelacs carlovingiens qu'on retrouve exactement semblables sur les marques de fabrique des faïences de Bordeaux, et sur d'autres signes anciens spéciaux à cette ville dont le port a la forme d'un croissant, (Portus Lunœ). Ces entrelacs sont formés par la combinaison des trois croisssants réunis.

3° L'avant-corps V. Z. M. était nécessairement un vaste porche probablement destiné aux catéchumènes, et dans lequel devait se trouver, comme à Marciac, le baptistère;

4° La partie V. U. T. S. était un des bras du transept, qui offrait cette particularité, qu'il était à l'extrémité de la nef. Le mauvais effet produit par cette disposition anormale était corrigé, extérieurement, par les dimensions du porche.

La démolition nous a, tout d'abord, démontré que, comme nous l'avons dit plus haut, l'église reconstruite au seizième siècle a été plusieurs fois remaniée depuis. Elle fut peut-être même l'objet, vers la fin du XVIIe siècle, d'une seconde reconstruction ? On lit, en effet, dans un vieux texte cité par Saintourens, dans ses « MATÉRIAUX DE L'HISTOIRE », le passage suivant : « *Lorsque la vieille* « *église de St-Vincent fut démolie, il y a environ 90 ans,* « *on y trouva plusieurs monuments qui attestaient l'anti-* « *quité d'une partie de cet édifice qui avait été plusieurs* « *fois ruiné par les ennemis, notamment les tombeaux des* « *premiers évêques et des chanoines. Le respect pour les* « *morts détermina à recouvrir ces tombeaux sans les* « *déplacer. On eut le tort de ne point prendre note des* « *inscriptions gravées sur la plupart de ces tombeaux et sur les murs de deux caveaux qui avaient été découverts.* »

Ce texte nous donnait un espoir qui a été, en grande partie, déçu, car, en fait d'inscription, nous n'en avons trouvé que trois, et les caveaux se sont réduits à la crypte de l'église de Gombaud, dont nous aurons à parler assez longuement.

Les deux premières inscriptions n'ont rien de funéraire : elles étaient sur deux dalles en pierre de Bidache, formant des losanges de 0 m. 90 de côté, et au sommet de l'angle de ces dalles, tournées du côté de l'autel. Elles étaient ainsi conçues :

AGENOV
ILLOI RD LA
MAISON DVGROS

Ces inscriptions sont intéressantes, non seulement à

cause de l'agencement bizarre et presque énigmatique des lettres qui les composent, mais surtout à cause de l'indication qu'elles donnent. Elles sont la réalisation matérielle du droit *d'agenouilloir et d'église* qu'avaient les maisons Capcazalières et que l'on trouve toujours stipulé dans les actes translatifs de ces propriétés de franc-alleu spéciales à l'Aquitaine.

Le Capcazal du GROS est la maison habitée par Madame veuve Ozanne, dans la rue de l'Eglise. Elle appartenait, à la fin du siècle dernier, à une famille Ducasse, qui a joué un rôle important dans l'administration de la paroisse et de l'ancienne communauté de St-Vincent.

C'est chez ces Ducasse et dans la *Maison du Gros*, que s'était retiré, pendant la Révolution, M. l'abbé Tachoires, curé de St-Vincent, qui avait eu l'abbé Darjou pour vicaire; c'est chez eux qu'il est mort, en 1821.

M. Dompnier parle, ainsi que plusieurs autres auteurs, d'une inscription qui est malheureusement perdue, aujourd'hui, et sur laquelle il avait pu lire les quelques mots suivants entre lesquels se trouvaient de nombreuses lacunes :

Moribus et meritis vita atq... hic jacet in tumulo Macarius ordine prœsul cellam osulsens... tet patria generatus.

Abbas egenis . . . . . . . . . . . . . . . . .
. . . . . . . . . . . . . in puerili venit ad almum
F Cœnobi . . . . . . . . . . . . . . . . . edoctus
Principibus patriœ . . . . . . . . . . . . . . .
. . . . . . . . . . hœresim. . . . . Simionacam

Cette inscription était sur le couvercle du tombeau de St Macaire, évêque de Dax, vers 1060.

Elle était la reproduction, ou du moins, une imitation

Gisant du xiii^e Siècle,
trouvé dans l'église de St Vincent de Xaintes.

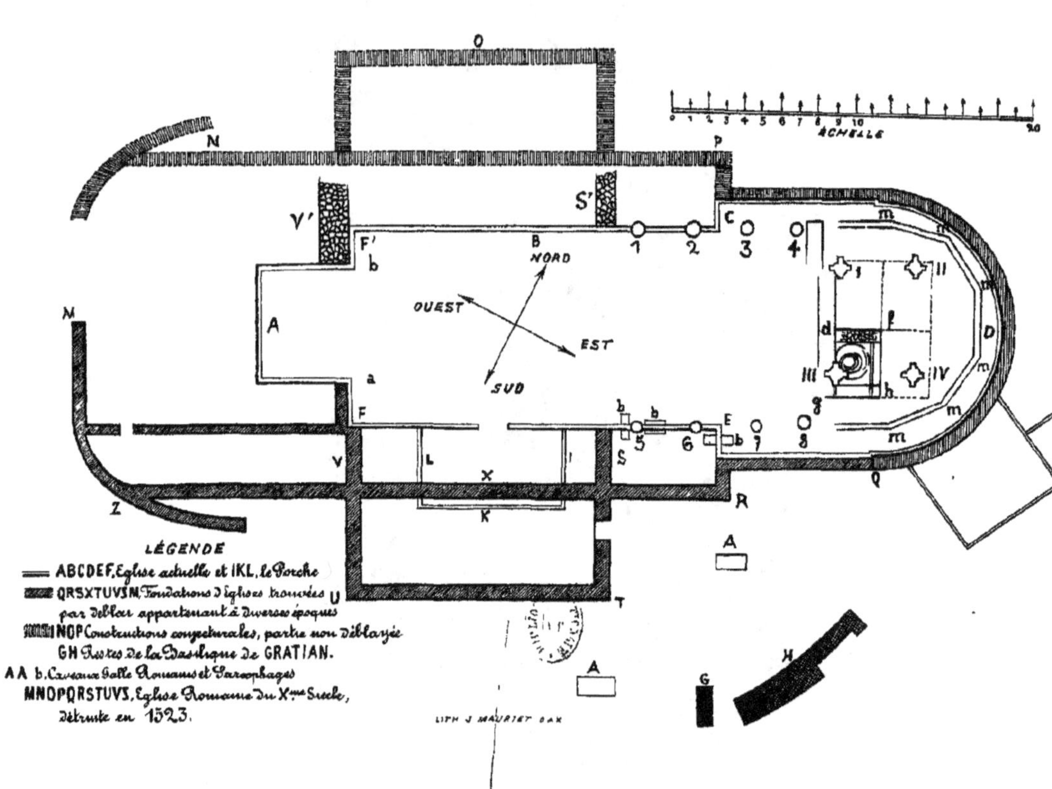
NORD
OUEST
EST
SUD
ÉCHELLE
LÉGENDE
ABCDEF, Eglise actuelle et IKL, le Porche
QRSXTUVSM, Fondations d'églises trouvées par déblai appartenant à diverses époques
INOP Constructions conjecturales, partie non déblayée
GH Restes de la Basilique de GRATIAN.
AA b. Caveaux Gallo Romains et Sarcophages
MNOPQRSTUVS, Eglise Romane du Xme Siècle, détruite en 1523.
LITH. J. MAURIET. DAX

# PLANCHES

A Mettre

à la suite de

# L'AQUITAINE

*HISTORIQUE & MONUMENTALE*

4e Trimestre 1894.

# PLANCHES

*A Mettre*

à la suite de

# L'AQUITAINE

*HISTORIQUE & MONUMENTALE*

4e Trimestre 1894.

dans la forme et la facture des vers latins qui la composent, d'une autre bien plus ancienne et bien plus intéressante, dont nous n'avons pu retrouver que le tiers ou la moitié, et qui était sur une plaque de marbre, employée comme moellon dans la maçonnerie du clocher, datant évidemment de la fin du XVII<sup>e</sup> siècle, de la restauration dont parle Saintourens.

Notre si regretté collègue et collaborateur M. Emile Taillebois, dont nous continuons l'œuvre, a pu étudier, quelque temps avant sa mort, ce curieux monument. Il nous a laissé des notes que nous considérons comme un pieux devoir de publier, telles qu'il les a écrites. Elles sont complètes et nous ne pourrions qu'en modifier la forme sans rien y ajouter au fond.

---

# INSCRIPTION CAROLINGIENNE

TROUVÉE

## Dans la démolition de l'église de St-Vincent-de-Xaintes

« Naguère, il existait encore à Dax une église, sous le vocable de St Vincent-de-Xaintes, l'apôtre qui christianisa le Sud-Ouest de la Gaule, au IIIe ou IVe siècle, et qui fonda l'église portant son nom, près des murs de Dax, église dont il fut l'évêque. Cette première église fut détruite et remplacée, en 506, par l'évêque Gratian ; de nouveau détruite, elle fut remplacée par la cathédrale bâtie en 960, par l'évêque Gombaud ; une nouvelle destruction arriva en 1523 ; cette église fut refaite à plusieurs reprises ; enfin, en 1786, elle fut reconstruite, tout en restant composée de quelques parties plus anciennes.

« Dernièrement, vu son insuffisance et son délabrement, on décida de la démolir et d'en faire une neuve ; cette décision fut prise grâce aux nombreuses démarches et à la vive persévérance de M. l'abbé Dulau, curé de Saint-Vincent, à qui on doit le succès qui est arrivé.

« La surveillance de la démolition et des fouilles, au point de vue archéologique, fut confiée à M. le Curé, à M. Dufourcet et à moi, nous deux représentants de la Société de Borda ; nous fîmes diverses découvertes intéressantes dont je n'ai pas à parler ici ; je citerai seulement : une belle mosaïque gallo-romaine, des colonnes de marbre de la même époque, de beaux chapiteaux, de nombreux sarcophages mérovingiens, etc., etc.

« Vers le 15 février, les ouvriers, en démolissant le clocher, jetèrent en bas, d'une grande hauteur, une énorme plaque en marbre blanc micacé de Lauhossoa, qui a dû être placée dans la tour du clocher, au milieu des matériaux, lors de la reconstruction de 960, par Gombaud.

« Les ouvriers, apercevant une pierre avec inscription, prévinrent M. le Curé ; M. Dufourcet et moi arrivâmes peu à près. En questionnant les ouvriers, M. l'abbé Dulau sut que la pierre, dont on voyait la cassure, avait une seconde partie qui avait été séparée par le choc et que les ouvriers, sans y prendre garde, avaient chargé cette seconde partie dans une voiture de moellons et l'avaient jetée dans un amoncellement de pierres où on ne pouvait la chercher ; nous prîmes nos mesures pour qu'elle fut retrouvée lorsqu'on enlèverait les pierres ; et, deux mois après, nous fûmes en possession de tout ce qui avait été perdu. (Voir la planche).

« L'inscription était enfin complétée, du moins dans la

partie existant encore, car il en manque encore un tiers environ qui a été détruit depuis longtemps, sans doute en 960, quand cette plaque a servi pour la construction.

« Nous la fîmes alors transporter au Musée de Borda ; j'en pris un estampage sur lequel il était plus commode de l'étudier.

« Aujourd'hui je puis la décrire et rendre compte de tout ce que M. Dufourcet et moi nous croyons y trouver.

« Cette inscription est pour nous de la fin du VIIIe siécle ou du commencement du IXe. Elle est gravée en lettres de cette époque, d'un relief exceptionnel, très bien exécutées et d'une forme variée, dont j'aurai à m'occuper plus loin. C'est évidemment une inscription funéraire, quoique nous n'ayons pas pu la traduire, vu les abréviations, les monogrammes et surtout le manque du tiers final de l'inscription (ou de la moitié).

« Elle contient six lignes, dont une, la dernière, est en rebord sur le devant du marbre, qui était, évidemment, le couvercle d'un sarcophage.

« Nous n'avons pu y lire que les mots ci-après, qui ne donnent pas de phrase ayant un sens complet :

MORIBUS ET MERITIS VITA A.....
✠ OC YACET IN T....
.... CELLAM ODVL FENSI....
. .. CERTI : POST : $\overline{2}$ QVERENS....
.. . ENSIS : APRTI I SE (D)....

« Et sur le rebord :

.... HVM CERET TM

« Dans la croisette de la seconde ligne, il semble y avoir les lettres suivantes ainsi disposées :

TE
IN.IP — SVI
I
III

« En examinant l'inscription en détail, nous avons pu faire les remarques suivantes :

« *1re ligne.* — MOR liés ; O ovale ; Les I s'évasent dans le haut en forme d'Y. B dans la forme du b minuscule français ; *b*, ancien b byzantin ; ET liés ; ME liés ; AE ou AC liés.

« *2e ligne.* — Croix carolingienne avec l'inscription : .... O ovale se terminant en haut et en bas en queue comme un I. — C carré. — Les I comme ci-dessus. — A barré dans le haut. — C romain, mais bouclé aux deux bras.

« *3e ligne.* — C ordinaire mais sans boucles ; LA liés ; A finissant en haut par 2 crochets ; O ovale finissant en haut et en bas par 2 crochets adossés, V patté en bas ; L lié à V et se terminant en haut en forme d'Y.

« *4e ligne.* — C carré (|⊐) mais avec les deux bras terminés par des triangles creux ; E oncial — T en forme d'I (Y mais avec une barre au-dessus) — O comme celui de la 1re ligne — S avec le bas en queue de serpent ; 2 points en triangle ; q minuscule (en forme de 2 arabe) avec un trait d'abréviation au-dessus ; QUE liés en monogramme ; le pied de E se retourne en arrière en forme de crochet.

« 5e ligne. — NSI liés -- Deux points triangulaires -- AR ou APR liés en monogramme ; L et I séparés, mais avec deux crochets au-dessus, tournés en sens différents comme un S coupé en deux et couché en travers ; l'I est moitié plus petit que les autres lettres.

« *6e ligne* sur le rebord. -- VM liés et peut-être même un C carré à la suite ; S couché.

« Toutes les autres lettres des 6 lignes ont la forme romaine.

« En composant les diverses formes des lettres de cette inscription, notamment les E, les C et les O, avec celles données par MM. Le Blant et Jullian, dans leurs ouvrages, et les B avec ceux des monnaies Byzantines si bien décrites par M. Sabatier, on voit que l'inscription que nous étudions ne peut pas remonter plus haut que 741, époque à laquelle on voit la première apparition du *b* pour remplacer le B. Cette inscription est donc, suivant toutes probabilités, de la fin du VIIIe ou du commencement du IXe. »

La démolition des murs de l'église moderne de Saint-Vincent n'a amené aucune découverte importante, si ce n'est celle de deux fûts de colonnes, l'une en marbre panaché de Campan, l'autre en marbre blanc des Pyrénées, encastrées dans le mur, au Nord, aux points 1 et 2 du plan. Elles étaient placées debout, à une distance telle l'une de l'autre, que nous avons cru, tout d'abord, que c'étaient les montants d'une porte latérale qu'on aurait faite avec des matériaux anciens, car il était déjà évident pour nous que ces deux fûts provenaient d'un édifice gallo-romain.

On se souvient que nous avons constaté, dans notre étude sur la villa de Sarbazan, que les marbres employés dans la contrée, pour la construction ou l'ornement des monuments gallo-romains étaient, toujours, le Campan panaché et le blanc de Louhossoa, de Batsouriguère, ou des autres carrières, aujourd'hui presque toutes épuisées, qu'on exploitait autrefois dans les Pyrénées.

Ce n'est que lorsqu'on est arrivé à arracher la pierre des fondations anciennes et à faire les fouilles nécessaires pour l'établissement des nouvelles, que nous avons commencé à pouvoir faire des constations et des découvertes archéologiques intéressantes.

Nous avons, en premier lieu, constaté que c'était avec raison que M. Dompnier avait supposé l'existence d'un transept Nord, symétrique au transept Sud, pour l'église de Gombaud. Les murs V' et S' correspondent, en effet, à ceux figurés sur le plan en V et en S, et tout porte à croire que, si nous avions continué nos fouilles plus au Nord, nous aurions trouvé le prolongement des substructions V' et S. et les traces d'un mur parallèle à celui qui, sur le plan, va du point U au point T.

Nous avons seulement remarqué que l'épaisseur des deux murs V' et S', surtout celle de V' est beaucoup plus grande que celle indiquée par M. Dompnier.

Tous les murs de l'église du X^e siècle étaient appuyés sur des sarcophages en pierre, à couvercle prismatique. Il y en avait, sur certains points, deux étages directement superposés les uns aux autres, et ceux qui se trouvaient en dessous étaient tellement semblables à ceux de dessus, qu'ils n'étaient, évidemment, pas beaucoup plus anciens. Tous étaient du type des cercueils en pierre découverts à Neuvic (Charente-Inférieure) et que M. de Caumont attribue à l'époque mérovingienne.

Comme à Neuvic, il y en avait, et il y en a encore, un grand nombre à St-Vincent. Partout où on creuse la terre, dans un certain rayon autour de l'église, on est sûr d'en rencontrer. Toutes les fermes du voisinage en ont, à côté de leur puits, qui servent d'auge pour abreuver le bétail.

Quelques-uns de ces sarcophages, surtout ceux de la couche inférieure, peuvent bien être gallo-romains ; mais, comme nous l'avons expliqué plus haut, nous croyons qu'ils sont tous chrétiens et que la plupart sont de l'époque mérovingienne, comme le prouvent les quelques objets que nous avons trouvés dans ces tombes. Quelques-uns sont même, indubitablement, carlovingiens. La chose ne saurait être douteuse, car on a retiré de deux d'entr'eux deux pièces de monnaie dont M. Taillebois a donné la description suivante :

1. — Charles-le-Chauve (840-877), denier de Melle (Metallum). Billon *variété inédite*) Poids : 2 gr. 20 c.

A/. — ✠ CARLVS REX. FR. entre deux grénetis. Dans le champ, croisette, cercle de grénetis autour.

R/. — ✠ METALO. en deux lignes, dans le champ. L'A n'est pas barré.

M. Gariel a publié des pièces à peu près semblables, qui portent : METVLLO, mais en légende et avec un monogramme dans le champ ; ou METXVLLO placé de même en légende ; ou METALLVM placé en deux lignes dans le champ.

2. — Une pièce identique à la première, si ce n'est pour le poids, qui n'est que de 2 gr. 10 c.

On a aussi trouvé, à côté des sarcophages inférieurs, cinq petits bronzes romains, un de Gallien, trois de Constantin I et un de Constantin II, ce qui semble confirmer notre opinion et indiqner que ces tombeaux sont, tout au plus, du IV° siècle et peuvent bien, par conséquent, être chrétiens.

Pour n'avoir plus à revenir sur les monnaies découvertes dans les fouilles qui nous occupent, nous renvoyons nos lecteurs à l'étude qui en a été faite par M. Taillebois, (Bulletin de la Société de Borda, 1892, p. 143). Ils y trouveront, décrites, des monnaies très intéressantes de Henri II de Navarre, de Henri IV, de Louis XIII, de Gaston, prince de Dombes, de Frédéric-Maurice de la Tour, duc de Bouillon et prince de Sédan, (le Grand Turenne), etc., etc.

Nous leur signalons, tout spécialement, une jolie baquette en cuivre, de Henri IV, du poids de 70 c. sur laquelle on voit :

A/ — HENRI 4 D. G. REX. D. B. (Dominicus Benearnensis). Champ écartelé aux 1er et 4e de la vache ; aux 2e et 3e de H couronné.

R/. — GRATIA. D. SVM. Q. SVM. Croisette dans un cercle à quatre lobes avec un trèfle à chaque angle.

Cette pièce est fort intéressante pour notre numismatique locale.

Poey-d'Avant n'a connu ce type qu'en or et en argent. Hoffmann est seul à avoir parlé de celles en cuivre qui sont très rares.

Monsieur Dompnier avait trouvé, en 1854, dans des tombeaux semblables à ceux que nous avons ouverts, et qui étaient, comme les nôtres, dans le vaste cimetière qui entourait l'emplacement où furent bâties, successivement, les trois cathédrales dédiées à St Vincent de Xaintes, une agrafe de ceinturon qu'il attribuait, à tort, au XIe siècle, et qui est, évidemment, de la fin de l'époque mérovingienne ou du commencement de la carlovingienne.

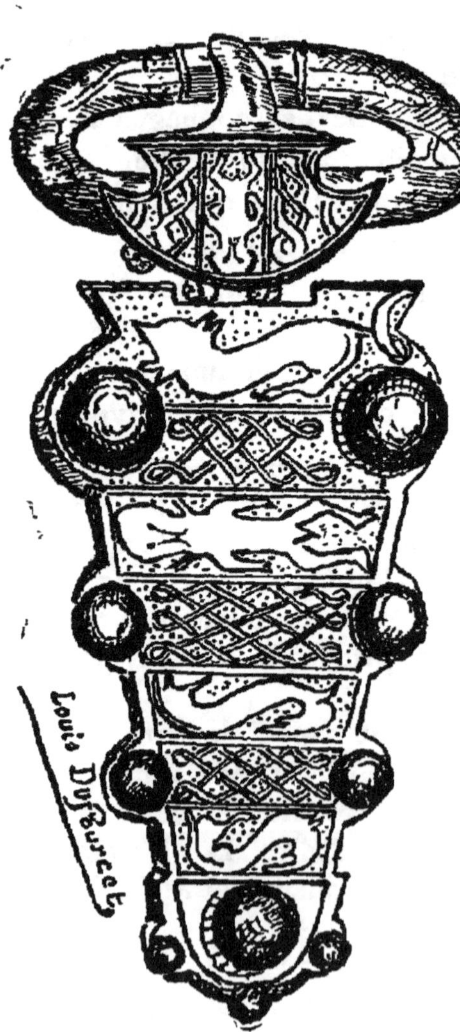

Les entrelacs et les autres ornements qu'on y voit dessinés ne laissent pas de doute sur son âge archéologique.

Elle ressemble beaucoup à une boucle qui figure dans les collections du Musée de

Tours et qui est classée comme mérovingienne. Les

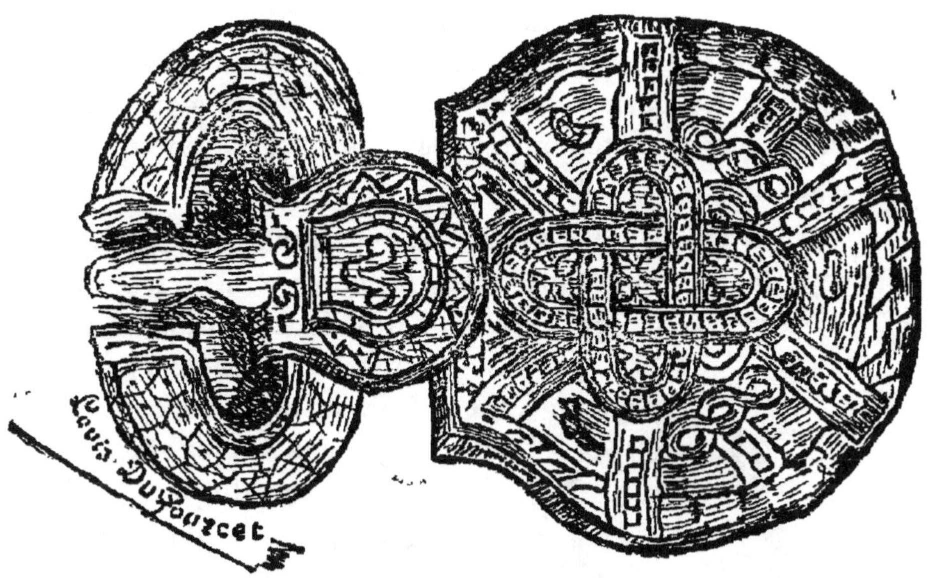


animaux de l'agrafe décrite par M. Dompnier rappellent aussi ceux qui se voient sur une autre agrafe mérovingienne que M. de Caumont a rencontrée à Mâcon dans une collection privée, et qui représente Daniel dans la fosse aux lions.

Notre prédécesseur, pour les fouilles de St-Vincent, découvrit encore dans ces tombeaux divers objets intéressants, entr'autres des pointes de lances qu'il a données, avec raison, comme étant mérovingiennes, et trois petites fioles, en verre, destinées, comme le dit M. de Caumont, à contenir de l'eau bénite, et que nos aïeux, les Mérovingiens et les Carlovingiens, plaçaient pieusement dans les sarcophages contenant les restes de leurs parents ou de leurs amis.

Nous aussi, nous avons trouvé dans des sarcophages sept de ces vases funéraires. Deux sont en terre et cinq en verre. Ceux en terre ont des formes gallo-romaines. Le premier est haut de 17 c., et le second de 11 seulement. On peut voir les mêmes formes et les mêmes dimensions, au Musée de Borda,

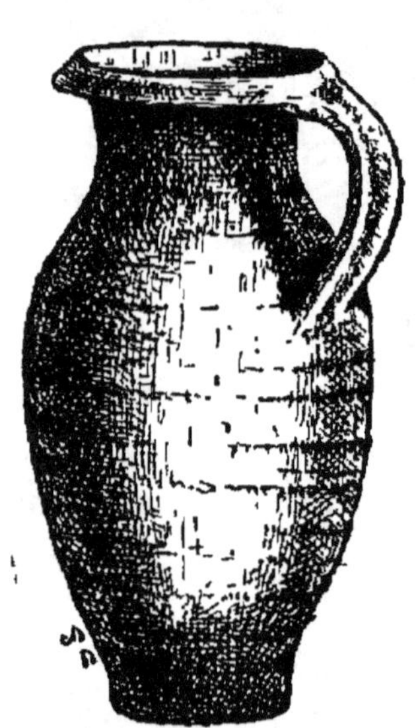

dans la collection d'objets découverts par M. Frédéric Moreau dans le cimetière mérovingien de Caranda, devenu célèbre par les magnifiques trouvailles que cet habile et intrépide fouilleur y a faites. Tous les archéologues connaissent le superbe album dans lequel ce savant chercheur a reproduit, avec un luxe qui n'a d'égal que l'importance de ses constatations, les innombrables objets de toute sorte qu'il a eu l'heureuse chance d'exhumer et dont il fait profiter ceux qui, comme lui, aiment à étudier ces restes du passé, ces souvenirs de ceux qui nous ont précédés sur le sol de la patrie. Deux de nos vases en verre ressemblent beaucoup à ceux qu'on voit, en grand nombre, dans l'album

Caranda. On dirait de véritables verres de Bohême ; de couleur bleuâtre et irisée, ils sont ornés de dessins faits de filets blancs, appliqués, qui produisent un effet des plus gracieux.

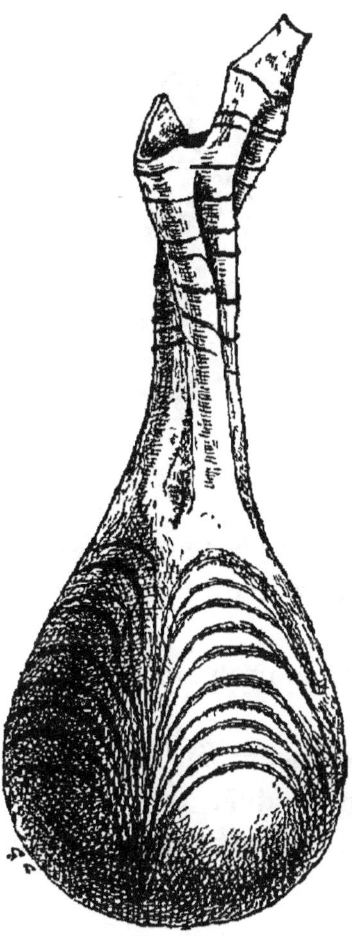

L'un est d'une forme aussi élégante que bizarre. C'est un ballon de 7 c. de diamètre surmonté de quatre tubulures de 8 c. de longueur, pliés en torsade et débouchant dans un goulot commun évasé en entonnoir.

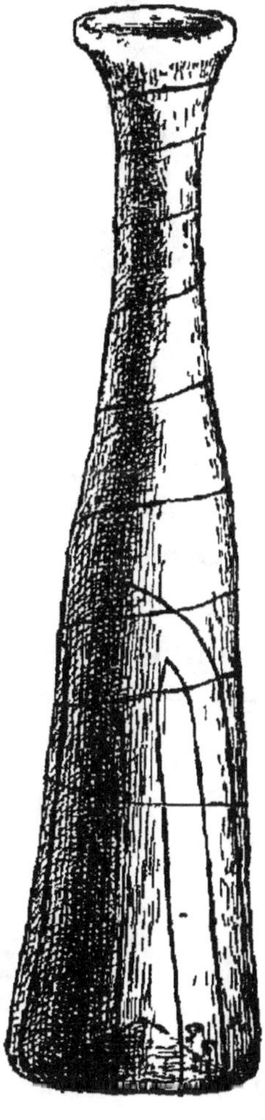

L'autre a 20 c. de haut et se rapproche un peu, comme dimension et comme aspect, des fioles dans lesquelles les pharmaciens mettaient leurs sirops, il y a quelques années encore.

Le troisième, tout petit, haut de 10 centimètres, au plus, ressemble encore plus à ces fioles de pharmacie du commencement de notre siècle.

Le quatrième est identique de forme

avec les fioles trouvées par M. Dompnier ; il n'a que 6 c. de haut.

Le cinquième est une ampoule d'un verre vert et irisé. Son diamètre est de 5.6 ; son épaisseur de 1 c., et sa hauteur, avec son goulot, de 7 c.

En la voyant, on pense involontairement à la sainte ampoule de Reims.

Aucun des sarcophages de St-Vincent ne portait d'inscription. Deux ou trois seulement avaient, du côté de la tête et sculptée, plus ou moins grossièrement, sur le plan

incliné de leur couvercle, une croisette dont la forme équivaut, elle aussi, à une date approximative.

En continuant la démolition des fondations des murs de l'église moderne, on ne tarda pas à découvrir que les deux colonnes en marbre, dont nous avons parlé plus haut, étaient bien à leur place primitive; qu'elles reposaient encore sur leurs bases antiques et, au lieu de deux, on put bientôt constater qu'il y en avait huit sur deux rangées parallèles de quatre, disposées symétriquement et à égale distance les unes autres, au Sud d'un carré de mosaïque, (voir sur le plan les colonnes 1, 2, 3, 4, 5, 6, 7 et 8, et le carré d, f, g, h).

Des murs, dont nous avons retrouvé les substructions et d'autres constatations que nous avons pu faire, nous ont amenés à penser que le panneau de mosaïque d, f, g, h, n'est que le quart d'un pavement plus grand, dont nous avons tracé les dimensions sur le plan, en lignes pointillées, et que ce sol, si richement décoré, devait être, évidemment, celui de la cella d'un petit temple romain dont la double colonnade antérieure formait le péristyle. Peut-être y avait-il une semblable colonnade au Nord de la cella, de façon à donner à notre petit temple dacquois la forme classique d'un périptère carré qui, pour être complet, aurait dû avoir de chaque côté de la cella deux rangées de colonnes qui auraient disparu lors de la construction de la crypte dont il sera question ci-après.

Peut-être aussi, et la chose est au moins très vraisemblable, ce temple était-il celui dédié à la déesse Lucine, dans lequel St Vincent fut, d'après une de ses légendes, conduit pour sacrifier aux idoles et près duquel il subit le martyre, avec son frère Lœtus ? Quoiqu'il en soit, ces colonnes, leurs bases et les chapiteaux que nous avons trouvés, tout à côté, sont, à ne pas en douter, romains et on ne peut plus intéressants pour les archéologues et les simples amateurs d'antiquités locales.

Toutes les bases sont attiques, c'est-à-dire garnies de deux tôres ; mais leurs formes et leurs dimensions varient et changent à chaque rangée de deux colonnes parallèles. Elles sont toutes en marbre blanc ; tandis que les fûts qu'elles supportent sont, alternativement, en marbre blanc ou en marbre panaché de Campan.

Les chapiteaux sont tous aussi en beau marbre blanc, ressemblant à du marbre d'Italie.

Nous n'avons pu en retrouver que deux entiers et les débris de deux autres.

Le premier de ceux qui sont complets est d'un beau modèle corinthien avec des feuilles d'acanthe très saillantes et admirablement découpées. (Voir la planche).

On vient d'en découvrir un tout pareil près de Cazaubon (Gers), en faisant des fouilles pour la construction d'un pont pour le chemin de fer de Mont-de-Marsan à Nérac. M. Pettit, ingénieur en chef du département des Landes, en a communiqué la photographie à la Société de Borda.

Le second est composite : les volutes en sont gracieuses et, entre chacune d'elles, on voit des sculptures qui varient sur chaque face : ce sont, ou des pommes de pin, ou des grappes de raisin supportées par des tiges, ornées de feuilles dont les pétioles semblent former une croix. (Voir la planche).

La corbeille est ornée de deux dessins géométriques, en creux, qu'on retrouve, mais dans un autre genre, sur certains chapiteaux de Périgueux.

Les restes des deux autres, (voir la planche), semblent suffisants pour faire dire qu'ils étaient aussi composites : ils rappellent, eux aussi, les ornements de certaines corbeilles de Périgueux et, en même temps, de celles du temple St-Jean, de Poitiers, et des autres chapiteaux cités par Caumont comme étant d'origine romaine, quoique se trouvant dans des édifices mérovingiens, pour la construction desquels on les a utilisés.

A quelle époque remontait le temple qui nous occupe ? Si c'est celui de Lucine, il devait être antérieur à la seconde moitié du III^e^ siècle. Nous croyons qu'il est, en effet, plus ancien que ne sembleraient l'indiquer quelques détails de ses chapiteaux que l'on retrouve dans des sculptures du IV^e^ siècle et même dans celles du roman primitif, et qu'il peut bien remonter au II^e^ siècle, ou au commencement du III^e^. Nous trouvons la preuve de notre opinion dans ce fait que, loin de construire des monuments païens à Dax, au IV^e^ siècle, on les détruisit tous à cette époque, et on en employa les matériaux comme moellon en bâtissant les remparts ; dans cet autre fait, que nous avons trouvé à St-Vincent, dans l'enceinte même du temple, des quantités de moulures et de fragments en marbre blanc, semblables à celles que nous rencontrons dans toutes les fouilles qu'on fait dans notre ville, avec les restes les plus anciens de l'époque gallo-romaine ; et enfin dans l'aspect et l'ornementation de la mosaïque de la cella qui, pour nous, est la plus antique de celles qu'il nous a été donné de découvrir dans la région. (Voir la planche).

On y voit bien la large bordure nattée de la cour du couvent de Sordes et la torsade de Sarbazan ; mais la grande rosace centrale, avec ses trois cercles concentriques et ses dessins rayonnants ; les accolades des encoignures ; la forme du pot de fleurs qui se voit dans la partie placée au Nord ; la variété et le nombre des couleurs des cubes blancs, noirs, jaunes, rouges, bleus et verts de diverses nuances ; tout nous amène à la faire remonter plus haut, comme date, que celles de Sordes, de Labastide-d'Armagnac, de St-Cricq-Villeneuve, de Gëau, de Saint-Sever, de Pont d'Oly, de Taron, etc. etc., et à l'attribuer avec une grande probabilité, sinon avec une certitude, au IIe siècle.

Nous ne serions pas éloignés de croire que le temple de Lucine, en admettant que ce soit bien celui dédié à cette divinité païenne, ait été détruit et reconstruit! Ce qui semble l'indiquer, c'est que les matériaux qui le composaient, en dernier lieu, étaient plus ou moins disparates, et semblaient provenir, surtout les bases, des colonnes et les chapiteaux de monuments différents.

Il est très possible que les Chrétiens l'aient, à un moment donné, démoli ou bien simplement modifié pour en faire une église, comme ils le firent souvent, on le sait, dans les premiers siècles, et que les païens l'aient ensuite restauré pour le rendre à sa première destination.

St Vincent, lui-même, a fort bien pu y célébrer les saints mystères, après l'avoir transformé en temple chrétien, car le Martyrologium Gallicanum ne dit pas qu'il bâtit une église, mais bien qu'il la consacra à la Sainte Vierge, après avoir précédemment commencé par se servir d'une crypte pour y réunir les fidèles « *Primoque illic ecclesiam quam in crypta initiavit in honorem Sanctæ Deiparæ consecravit*. Ne serait-ce pas le véritable sens de ce texte que nous avons déjà cité plus haut, en lui en attribuant un autre?

Ce qu'il y a de sûr, c'est que nous n'avons pas trouvé la moindre trace de cette première église, que St Vincent aurait construite, pas plus, du reste, que de la crypte qui l'aurait précédée.

Il y a, paraît-il, un souterrain qui va de la maison de Mademoiselle de Laluque, dans la direction du Couvent des Dominicaines, en passant par dessous la route. Il est aujourd'hui muré, et nous n'avons pas pu le visiter. Ne serait-ce pas là qu'était, à proximité du temple transformé plus tard en église, la crypte de St-Vincent ?Ces cryptes primitives n'étaient, souvent, que de véritables couloirs réunissant des carrés un peu plus larges ; des catacombes comme ceux qui constituaient la crypte de St-Seurin, de Bordeaux, avant son agrandissement à l'époque carlovingienne.

Nous avons bien découvert, dans l'enceinte de la dernière église de St-Vincent, une crypte dont la voûte surbaissée et lourde devait être supportée par les quatre piliers massifs I, II, III et IV du plan, et dont le pourtour est dessiné par le mur à pans coupés, m, m, m, m, m, m. Mais cette crypte faisait évidemment partie de l'église de Gombaud, qui était de la fin du X° siècle. Elle était placée dans l'abside, en dessous d'un chœur surélevé, entouré d'un déambulatoire, et devait contenir le tombeau du Saint. On voyait, encore, en d, la longue marche en pierre sur laquelle s'agenouillaient les pèlerins qui venaient vénérer ses reliques, et cette pierre portait les traces du sellement de la grille en fer qui séparait la crypte de la nef.

Le pilier III a été bâti sur le coin de la mosaïque de la cella du temple, et le dallage de la crypte était de 0,20 c. environ, en dessus de ce pavement plus ancien.

Rien dans ce que nous avons vu sur l'emplacement de l'église en démolition, qui était, nous le savons, à peu près le même que celui de l'église de Gombaud, ne nous a révélé l'existence, sur le même point, de celle bâtie, en 509, par l'évêque Gratian. M. Dompnier avait donc raison, en attribuant à cette église les substructions H et G de son plan.

Nous croyons devoir lui attribuer aussi un chapiteau et

un fût de colonne qui avaient été employés pour la construction de la sacristie qu'on vient de démolir, à Saint-Vincent, il y a quelques jours, longtemps après l'église, et que M. le Curé a eu la bonne idée de conserver. Nous lui en sommes d'autant plus reconnaissants, que ce chapiteau est un rare spécimen de ceux de son époque. (Voir la planche.)

Il est en calcaire, grossier, et son tailloir est orné d'entrelacs. Sa corbeille est formée par des palmettes se rapprochant de celles qui devinrent d'un usage très commun à l'époque carlovingienne, associées à des entrelacs plus aigus que ceux du tailloir. Ces derniers ne sont cependant pas aussi ronds que ceux du commencement de l'âge mérovingien.

Nous reproduisons, en finissant, et sans trop oser nous

prononcer sur leur compte, deux corniches en marbre blanc ornées, l'une de dessins géométriques qu'on dirait carlovingiens, l'autre de feuillages qui ressemblent à ceux qui ornent des chapiteaux romains de Néris. Ont-elles appartenu au temple romain, ou à l'église de Gratian, ou même à une restauration de cette église, faite deux cents ans après sa construction ? C'est ce que nous ne nous permettons pas de décider. La comparaison de ces sculptures, qui sortent de l'ordinaire, avec celles de Néris, nous fait cependant pencher un peu du côté de ceux qui y verront, nous n'en doutons pas, des restes du temple de Lucine.

J.-E D..., G. C..

Mosaïque de la Cella du Temple Romain de St Vincent de Xaintes

Inscription, du VIIIe ou IXe Siècles, Trouvée à St-Vincent.

Chapiteau et Colonne de l'Eglise de Gratian.

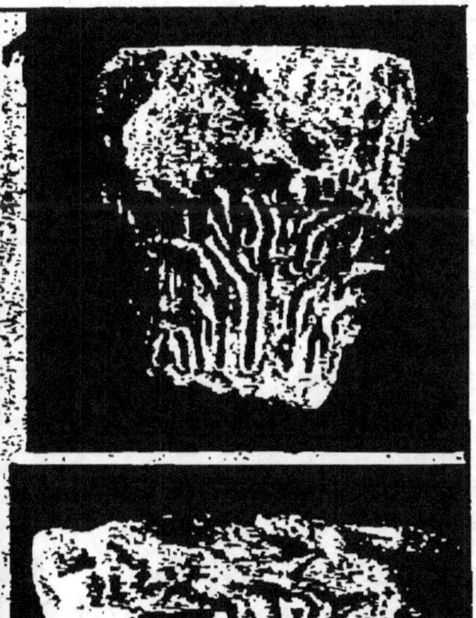

Débris de Chapiteaux Corinthiens.

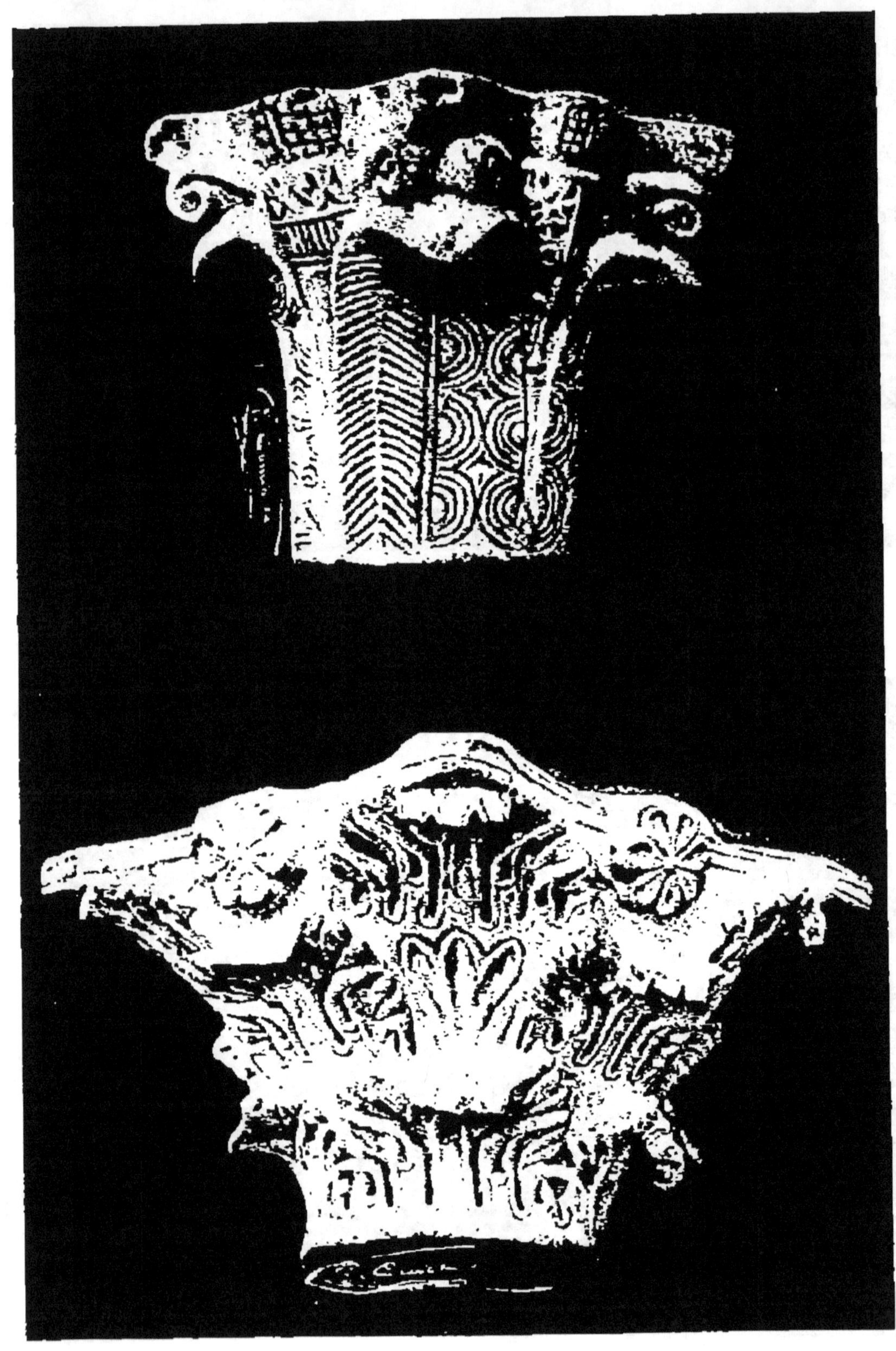

Chapiteaux du Temple Romain de St Vincent de Xaintes.

LA

# VILLE ET L'ABBAYE

# DE SORDE

---

UN manuscrit de la Bibliothèque Nationale, (fonds latin n° 12,697), contient l'histoire complète de la petite ville landaise, qui est l'objet de notre étude, et de son antique abbaye. Il est daté de 1677 et débute par la poétique description, ci-après, qui nous servira, à nous aussi, d'introduction :

« L'abbaye et le monastère de St Jean de Sorde, appelé « en latin *Monasterium Sordense*, ou bien *Sancti Joannis de* « *Sordua*, est situé à l'extrémité de la Gascogne, dans le « diocèse d'Acqs, entre les deux Gaves, l'un desquels se « nomme Gave béarnais, à cause qu'il traverse le Béarn et « arrouse la ville de Pau ; l'autre Gave se nomme Gave « d'Oloron, pour prendre les eaux des montagnes de ce « pays. Le monastère est bâti au bord du rivage du Gave « d'Oloron, sur une hauteur qui le rend assouré contre les « inondations assez fréquentes de cette rivière ; son éléva- « tion le rend aussi agréable qu'on scaurait souhaiter ; il « est à la vue d'une très grande campagne qu'on découvre « sans peine de toute part, laquelle est accompagnée de « tout ce qui peut rendre un lieu délicieux, on voit au bas « d'un petit jardin et au pied du monastère la rivière du « Gave d'Oloron, laquelle est coupée par une forte digue

« qui faict un canal pour conduire l'eau au moulin de « l'abbaye, situé au fond du jardin. Au delà de la rivière, « ce ne sont que champs aussi agréables par leur beauté « que utiles à cause de leur fécondité, et ce qui rehausse « ce territoire fertile, c'est un costeau qui commence à « s'élever, peu à peu, à trois quarts de lieue au delà de la « rivière, et qui représente en raccourcy tout ce qu'il y a de « plus beau dans la plaine ; au delà du costeau, on voit « paroistre le sommet des monts Pyrénées, pendant plus « de quinze ou vingt lieues de largeur, toutes blanchis- « santes à cause de la froideur de l'air qui les environne « et qui métamorphose, pour ainsi dire, l'eau de cette « blancheur admirable ; à quoy il faut ajouter la pureté de « l'air qui y est admirable pour la santé. »

Sorde est, en effet, situé au confluent des gaves de Pau et d'Oloron, dans un pays ravissant, et c'est une des localités du Sud-Ouest qui offrent, à tous les points de vue, le plus d'intérêt et le plus de ressources pour les observateurs, pour les chercheurs de toute sorte, pour les artistes et pour les admirateurs de la belle nature.

La terre y est d'une fertilité vraiment extraordinaire. On y cultive le maïs, le froment et les fourrages, dans la plaine alluviale qui borde les gaves, et les mêmes céréales, ainsi que la vigne, sur le plateau qui domine cette plaine et dont la surface est formée par un épanchement glaciaire, venu par la vallée d'Oloron, et qui a recouvert un soulèvement de calcaire nummulitique, riche en fossiles, et très curieux à étudier pour les géologues.

C'est dans ce calcaire, qui ressemble à celui qui a donné son nom à Peyrehorade (*petra forata*) et à celui du phare de Biarritz, si savamment décrits dans les bulletins de la Société de Borda par son ancien et regretté président, M. Henri du Boucher, que sont creusés les grottes, ou abris sous roches, découverts par lui et son collègue M. Raymond Pottier, en 1872, et qui ont été, depuis, fouillées par MM. Louis Lartet et Chaplain-Duparc. Ces derniers explorateurs ont publié les résultats de leurs fructueuses recherches dans une brochure, illustrée avec luxe, tirée, malheureusement, à trop peu d'exemplaires, et qu'il est très difficile de se procurer.

Ces grottes furent habitées, à l'époque du renne, par des populations d'une race analogue à celle de Cro-Magnon, que l'on croit, aujourd'hui, n'être autre que celle des *Proto-Ibèriens*, les aïeux des Basques, et qui constituent l'élément ethnique le plus important des peuples Aquitains.

Comme ceux de Brassempouy et de Lourdes, les troglodytes de Sorde se livraient à la chasse et à la pêche et devaient, pour leur défense personnelle, faire la guerre à de nombreuses bêtes féroces dont on a trouvé des ossements dans leurs grottes, au milieu des débris d'autres animaux qui leur servaient, évidemment, pour leur nourriture. On y a, en effet, découvert, pèle-mèle, des os et des dents de lions, d'ours, de tigres, de hyènes et d'un grand chat se rapprochant du tigre et, en même temps, des ossements fendus pour en extraire la moëlle et provenant de bœufs et de chevaux sauvages et même de rennes.

Plusieurs dents de lions étaient percées pour devenir des pendeloques de colliers. Elles étaient ornées de dessins au trait, gravés à l'aide de burins de silex, et ressemblant à ceux qui se sont conservés, par tradition, et que l'on retrouve encore sur les batons des Basques, les *makilas*, et sur les *canaoüles* en bois qui soutiennent les clochettes eu cuivre que portent à leur cou les vaches et les brebis, en Béarn, dans les Landes, et même dans les *ganaderias* espagnoles. Cette constatation, faite par de nombreux archéologues, est d'accord avec les données de l'anthropologie pour établir, d'une façon qui n'est plus douteuse, la descendance directe des Aquitains des Ariens qui habitaient notre contrée à l'époque de la pierre taillée et que certains auteurs appellent, avec raison, *Proto-Ibériens*.

On a pu très bien se faire une idée, à Sorde, de ce qu'était cette race primitive, car on y a découvert, dans la grotte du *Pastou* et dans une de celles qui sont tout à côté, plus de trente squelettes complets, dont on a examiné avec soin les crânes, et l'un d'eux, celui d'une femme, offrait même cette particularité curieuse qu'il était percé d'une pointe de flèche en silex restée encore dans la plaie.

Avec ces squelettes, on a trouvé des quantités de silex, des pointes de lance et de flèche, des burins, des nucleus et surtout des grattoirs finement retouchés. Il y avait, aussi, quelques ossements et des bois de cerfs ou de rennes, travaillés pour en faire des bâtons de commandement, ou des instruments divers et, plus ou moins sculptés ; mais il résulte de l'ensemble des découvertes qui ont été faites dans cette station que ses habitants étaient bien moins artistes que leurs compatriotes et contemporains de Brassempouy. Il n'y avait pas parmi eux des sculpteurs émérites comme ceux qui nous ont laissé la statuette, récemment décrite par M. Dubalen (Bulletin de la Société de Borda 1893, page 34), et les autres objets en ivoire qui ont amené M. Piette à créer, dans sa classification préhistorique, spéciale à Brassempouy, son époque éburnéenne. (Bulletin de la Société de Borda, 1892, page 269).

La beauté du site, la fertilité des deux vallées et du plateau placés au confluent des deux gaves, les avantages qu'offrait l'extrémité du promontoire pour l'établissement d'un vaste oppidum, tout était fait pour attirer l'attention des Romains, à leur arrivée dans le pays. Ils s'y établirent, tout d'abord en vainqueurs, sur le plateau qu'ils fortifièrent; puis ils ne tardèrent pas à fusionner avec les populations celtibériennes de la plaine et les gallo-romains résultant de cette fusion firent, bientôt, de SORDI une localité importante qui devint une des étapes de la voie *ab Asturica ad Burdigalam*.

Cette voie figure dans l'itinéraire d'Antonin et ses stations, en France, étaient les suivantes :

*Carasa* — Garris (près St-Palais),
SORDI — Sorde,
*Aquis Tarbellicis* — Dax,
*Mosconum* — Laluque,
*Ségosa* — Lévignacq,
*Losa* — Louse, (près Sanguinet),
*Boïos* — La Teste
*Burdigalam* — Bordeaux.

On montre encore, à Sorde, la tranchée qui coupe en deux l'*oppidum du Pastou*, par lequel passait, dit-on, la voie romaine et que l'on désigne sous le nom de *Chemin de Charlemagne*, qui y passa nécessairement, en allant en Espagne et en en revenant, après la débâcle de Roncevaux.

On appelait aussi cette tranchée *Chemin de la Caoutère*, évidemment parce qu'il conduisait à la *chaudière bouillante* de Dax, aux sources chaudes, auxquelles on donnait anciennement, à cause de leur température, le nom de *caoütères*, dont on a fait, plus tard, CAUTERETS, non seulement pour la station pyrénéenne si connue qui s'appelle toujours ainsi, mais même pour Dax dans certains vieux textes. C'était ce nom que portaient toutes les eaux chaudes et celles dont la température était moins élevée étaient désignées par le diminutif *caoüterot*.

Entre Sorde et Dax, la voie passait par Cauneille; par le

vicus de Pouillon, qu'on appelle toujours le *vic*, et à proximité duquel il existe encore un pont romain ; par Saugnacq et par Narosse, où elle rejoignait, à *La Crouzade*, l'*iter ab Aquis ad Tolosam*.

Sorde dut être très florissant à l'époque gallo-romaine. On y retrouve les restes de deux magnifiques villas placées à quelques centaines de mètres l'une de l'autre.

Celle de Baratdevin a été découverte, il y a déjà longtemps, par M. Henri de Lobit de Monval, un ami de M. Caumont, qui fut un de ses premiers disciples et représenta seul, jusqu'à il y a quelques années, dans les Landes, la Société Française d'Archéologie, qui y compte aujourd'hui de nombreux adhérents.

Elle a été explorée, plus tard, par M. Dompnier de Sauviac qui en parle dans ses *Chroniques du Diocèse et de la Cité d'Acqs* et par M. Sanguinet, architecte. Nous l'avons visitée, nous-mêmes, bien des fois : on y voit, non seulement des substructions, mais encore, chose rare, des murs en élévation très bien conservés et toute une abside d'une chapelle, construite, vraisemblablement, au IVe siècle ou au Ve siècle. Il y avait déjà, à cette époque reculée, des chapelles dans presque toutes les villas d'une certaine importance, comme le prouvent une loi d'Honorius, de l'an 398, et divers autres textes cités par M. l'abbé Degert dans une intéressante communication faite par lui à la Société de Borda, en 1891 (voir le bulletin de cette année, p. 243). Plusieurs conciles avaient ordonné la construction de ces oratoires dans les grandes propriétés privées, et c'est ce qui fait que tous les emplacements où il y a eu des villas s'appellent, encore de nos jours, des *glezias* ou *gliziaous*, ce qui veut dire églises. Cela vient, peut-être, aussi de ce que, à l'origine, de même que dans les villes on célébrait les saints mystères dans les *basiliques ;* de même on fit, à la campagne, les offices divins dans les villas. On choisissait, partout, les plus belles demeures des hommes pour en faire les temples de Dieu.

C'est ce qui amena aussi la transformation en *cœnobiums* et en *abbayes* de beaucoup de ces villas, et c'est ce qui dut arriver, nous le verrons plus bas, pour la seconde villa de Sorde, qui est devenue la célèbre abbaye *Sancti Joannis de Sordua.*

Mais, avant de parler de cette abbaye et de la ville de Sorde, disons quelques mots des magnifiques mosaïques que l'on découvre à Baratdevin, sur une étendue de plus d'un hectare ; de celles qui se trouvent dans le chœur de l'église et qui ont été l'objet, au dernier Congrès de Dax, d'une discussion aussi savante qu'intéressante ; et enfin de celles qui pavent, à une profondeur de 0 m. 60, tout le sol de la cour de M^me^ Dufaur, dont les constructions dépendaient autrefois de la maison de l'abbé de Sorde.

Les mosaïques de Baratdevin ont le plus grand rapport

avec celles que M. le Baron de Bouglon a découvertes dernièrement à Géau, près de La Bastide d'Armagnac et que nous avons visitées, pendant la tournée que nous avons faite, il y a deux ans, dans la partie Nord-Est du département des Landes. Il est facile de se rendre compte de cette ressemblance en comparant le dessin ci-dessus avec la planche n° 2.

Comme celui de Géau, le pavement de Baratdevin a tout l'aspect d'un *lithostrotum* des quatre premiers siècles de notre ére. Il ressemble aussi, comme facture, comme couleur et comme dimensions des cubes, qui sont tous en marbres de différentes couleurs ou en brique rouge de divers tons, à celui qui se trouve chez Madame Dufaur (voir la planche n° 3). Celui-ci pourrait bien cependant être, d'après nous, un peu plus ancien.

Pas plus que son voisin de Baratdevin, ce dernier n'est pas comparable, comme finesse, comme coloris et surtout comme composition, aux remarquables mosaïques qui décorent le sol de l'abside de l'ancienne église de l'abbaye.

Ces mosaïques sont, avec raison, classées parmi les *Monuments Historiques*. Elles ont été sérieusement étudiées, pour la première fois, en 1882, par les archéologues réunis en congrès, à Dax, à l'instigation de la Société de Borda, sous la présidence de M. Léon Palustre, l'éminent directeur, d'alors, de la Société Française d'Archéologie, aujourd'hui son directeur honoraire, et voici d'après le procès-verbal des séances. de ce Congrès, le résumé de la conférence qui fut faite par M. Palustre lui-même, à son retour à Dax, pour rendre compte de l'excursion à laquelle avaient pris part une vingtaine de ses collègues en archéologie, parmi lesquels nous devons signaler M. Ledain, président de la Société des Antiquaires de l'Ouest et M.

le comte de Chasteigner, qui ont, on le sait, une compétence spéciale en la matière :

« Le pavement de l'abside se compose de huit carrés,
« formant des panneaux distincts, avec bordures et sépara-
« tions très nettes, et juxtaposés comme des tapis qu'on
« aurait mis à côté les uns des autres pour couvrir le sol
« d'un appartement. Deux de ces carrés sont encore
« admirablement conservés, les autres n'existent que par
« morceaux, et les parties qui manquent ont été remplacées
« par un dallage des plus communs.

L. Dufourcet

« Le premier, placé immédiatement contre le maître-
« autel, est composé de cercles entrelacés, formant, en
« s'entrecoupant, des dessins géométriques très originaux.
« Le centre est occupé par un cercle plus petit, coupé, lui
« aussi, par quatre demi-cercles en entrelacs. Aux quatre
« coins du carré, sont dessinés, en noir sur fond blanc, quatre
« autres entrelacs résultant de la combinaison de trois demi-
« circonférences réunies en étoiles et semblables à ceux que
« l'on voit sur le chrisme de St Vincent de Xaintes,
« ce qui pourra, peut-être, servir à retrouver la date
« de ce monogramme. Entre ces gracieux ornements et
« le centre des panneaux et, par conséquent, toujours
« dans les quatre angles de la figure, se trouvent dans le
« bas, à gauche, deux oiseaux qui semblent prêts à se
« battre ; au coin opposé, un lèvrier poursuivant un
« lièvre et, aux deux autres angles, des animaux fantasti-
« ques dont les queues entrelacées sont terminées par des
« palmes.

« Le second carré est encore plus remarquable : il est « formé de rinceaux de vigne, avec larges feuilles et raisins « dessinés avec art et comparables, certainement, aux « ornements du même genre que l'on trouve dans les plus « belles mosaïques romaines d'Italie. »

Nous avons cru devoir ajouter à la description de M. Palustre deux dessins ci-dessus, qui la complètent.

Nous avons pu également faire reproduire deux des principaux fragments des autres panneaux dont il ne

reste, malheureusement, que des traces. Ils donneront une idée de ce qu'ils devaient être, et nos lecteurs pourront les comparer, avec nous, à d'autres mosaïques de la région.

Le procès-verbal du Congrès de 1882 dit encore, à propos de celles de Sorde :

« A première vue, M. Palustre, M. Ledain et leurs « compagnons d'excursion virent bientôt que ces mosaïques, « composées de tout petits cubes noirs, blancs et rouges « (ces derniers faits avec des morceaux de poteries), de « différentes dimensions suivant les panneaux, n'étaient pas « en place et qu'ils avaient l'aspect de pavements remontant « à une époque bien antérieure à la fondation de l'abbaye « de Sorde, (au Xe siècle), et à la construction de son église « (aux XIe et XIIe siècles).

« Ayant consulté des textes anciens, cités par M. « Dompnier de Sauviac, dans sa *Chronique du Diocèse « d'Acqs* ils acquirent bientôt la certitude que l'abbaye de « Sorde avait été bâtie sur l'emplacement d'une villa gallo-« romaine et que, dans le parc qui servait autrefois de pro-« menade à l'abbé du couvent, on avait constaté, il y a « quelques années, l'existence de mosaïques qui, disait-on, « couvraient une grande surface. Ils se transportèrent à « l'endroit indiqué par ces textes, firent creuser le sol et, à « o m. 60 de profondeur, ils se trouvèrent en présence d'un « pavement divisé en panneaux et en tout semblable à « divers fragments de la mosaïque intérieure de l'église, « même facture, mêmes bordures, mêmes cubes, noirs, « rouges et blancs. Pas de doute possible, les mosaïques de « l'abside provenaient de la villa et elles remontaient au « IVe siècle, alors que jusqu'à l'heure on les avait données « comme étant contemporains de l'église.

« Tout dernièrement encore, (le procès-verbal date de « 1882), dans un ouvrage qui vient de paraître, M. Gerspach, « chef de bureau des Manufactures Nationales, au Ministère

« des Beaux-Arts, donne, d'après M. Lafollye, le dessin des « deux principaux panneaux, et les attribue aux X$^{e}$ ou XI$^{e}$ « siècles, en disant, néanmoins, que le *médaillon central est « une ingénieuse invention où les* ORNEMENTS ANTIQUES *se « mêlent à des animaux dont l'art héraldique va bientôt « s'emparer.* »

La question semblait irrévocablement jugée quand elle fut soulevée de nouveau, en 1888, par plusieurs membres du Congrès que tint, cette année-là, à Dax et à Bayonne, la Société Française d'Archéologie et qui fut présidée par le savant successeur de M. Palustre, M. le comte de Marsy.

En voyant, à son tour, les mosaïques de Sorde qu'il trouva, lui aussi, on ne peut plus remarquables, il crut devoir donner raison à M. Gerpach et pouvoir soutenir, avec lui, qu'elles étaient du XI$^{e}$ siècle. Une discussion des plus intéressantes s'engagea, sur les lieux, entre lui et quelques congressistes qui étaient de son avis, MM. Ledain et Barthéty, qui étaient de celui de M. Palustre, et MM. Guignard, de Chasteigner et le comte Lair qui émirent une opinion intermédiaire. On fit valoir, de part et d'autre, des arguments aussi ingénieux que probants, surtout pour la science de ceux qui les mettaient en avant, et chacun, comme cela arrive souvent, se retira en conservant, plus que jamais, sa conviction.

Les choses en étaient là quand, au mois de novembre 1891, nous fîmes les fouilles de Sarbazan. Nous y découvrîmes, on s'en souvient, six pièces pavées de mosaïques, et l'une d'elles, celle de l'Atrium, était pareille, comme genre et comme dessin, au panneau de Sorde, formé de rinceaux entrelacés de vigne, que M. Palustre compare *aux plus belles mosaïques romanes d'Italie*, tandis que pour M. Gerspach, ces ruisseaux et cette vigne *n'ont plus rien de l'antiquité classique.*

Aussi n'hésitons-nous pas à répéter ici ce que nous avons déjà écrit dans notre compte-rendu des fouilles de Sarbazan :

« On retrouve des rinceaux presque semblables au « Glezia de St-Sever, à Taron (Basses-Pyrénées) et ce qui « est plus intéressnnt, à Sorde dans le chœur de l'église.

« Cette dernière constatation tranche, d'après nous, « définitivement la question, si controversée, de savoir si « les mosaïques de l'ancienne et célèbre abbaye sont gallo- « romains, comme le soutiennent MM. Palustre, Ledain, « Barthéty, etc., ou si on doit les faire descendre jusqu'au « XI° siècle, comme le prétendent MM. de Marsy, Gerspach « et Laffollye. Il ne peut plus être douteux qu'elles soient « l'œuvre des ouvriers du II° ou du III° siècle, (ou du com- « mencement du IV°), qui ont fait certainement tous les « pavements anciens qu'on rencontre dans la région, à « Sarbazan, à St-Sever, à St-Cricq-Villeneuve, à Taron, au « Pont d'Oly, à Bielle, dans les Basses-Pyrénées. Ils « avaient des séries de panneaux et de bordures dont ils « variaient l'agencement, mais qui étaient les mêmes « partout. »

Les lecteurs de l'*Aquitaine* pourront, enfin, comparer les dessins géométriques du modillon central de l'abside de Sorde avec ceux qui se voient sur la mosaïque du temple romain de St Vincent de Xaintes, et toutes ces comparaisons les convaincront, indubitablement, de la vérité de notre thèse. Ils estimeront tous avec nous que les mosaïques de Sorde sont bien gallo-romaines, comme toutes les autres que l'on rencontre dans la contrée.

Les villas, comme l'a fort bien expliqué M. l'abbé Degert, dans son *Etude Critique sur la Dénomination et l'Origine des Gleyzious*, que nous avons déjà citée, se composaient, non seulement la maison du maître, mais encore du domaine rural dont cette maison était le centre, et des nombreuses habitations des esclaves, des affranchis et des colons nécessaires pour l'exploiter.

De là est venu le mot *village*, qui a dû signifier primitivement l'ensemble de toutes ces constructions accessoires de la villa. L'agglomération qu'amena à Sorde la proximité des deux villas importantes de Baratdevin et de celle qui devint, plus tard, l'abbaye, dut être relativement considérable, puisque l'itinéraire d'Antonin en fait une station de la voie romaine de Saragosse.

Aux laboureurs de l'époque gallo-romaine vinrent, nécessairement, s'ajouter, au moyen-âge, des artisans et des ouvriers de toute sorte, qui là, comme partout où il y eut des abbayes, se groupèrent autour des moines qui les faisaient vivre, les instruisaient et les protégeaient.

A la fin du XIIIe siècle, cette population de laboureurs et d'ouvriers éprouva, comme toutes les autres du même genre, le besoin d'assurer ses franchises communales et de se mettre, en construisant des remparts et des portes fortifiées, à l'abri d'un de ces coups de main, de ces surprises si fréquentes pendant la guerre qui désola le pays, à cette époque qui le transforma, tout entier, en un véritable champ de bataille.

Comme Roquefort, Sorde devint une Bastide ; son acte de paréage est, évidemment, celui que signale M. Paul Raymond, dans la préface du cartulaire dont nous aurons à parler longuement et au bas duquel sont appendus deux sceaux en cire jaune portant, comme inscription, le premier : S'(igillum) CONVENTVS MONASTERII

SORDVENSIS ; le deuxième : S. (igillum) A(rnaldi R(aimondi) DEI GRACIA ABBATIS SORDUE.

Cet acte de paréage dans lequel figurent l'abbé de Sorde et le Roi de France, représenté par Eustache de Beaumarchais, Sénéchal de Toulouse, est aux Archives nationales; il est daté du 16 décembre 1290.

Ce qu'il y a de sûr, c'est que la *ville* de Sordes (qui est appelée ville, comme toutes les Bastides) a, comme elles aussi, sa place centrale carrée, dont il reste quelques maisons avec l'auvent traditionnel, ses remparts et ses portes. L'une d'elles a même, nous l'avons déjà fait remarquer dans notre notice sur *Sarbazan-Roquefort*, les plus grands rapports de ressemblance avec celle que nous avons vue dans cette dernière localité et qui est désignée sous le nom de porte Castaings (Voir la planche annexée à cette notice).

Les maisons actuelles de Sorde sont presque toutes des XVI,[e] XVIIe et XVIIIe siècles. Elles sont construites sur les alignements anciens des rues de la Bastide, et ont de grandes portes charretières, à arc surbaissé, sur la clef de voute desquelles est gravée une clef.

Quelques-unes de ces maisons portent, sur leurs façades, des inscriptions : la plus curieuse est celle qui se voit sur l'ancien presbytère et qui est ainsi conçue :

(Clef) I H S (with cross above H) 1680

AEDICVLAM HANC TIBI
SOLI DEO VOVEO
PETRVS LARTIGVE
RECTOR HVIVS LOCI

Pierre Lartigue, curé de ce lieu (Sorde), voue à Dieu cette petite maison.

On a longtemps attribué à Charlemagne la fondation de l'Abbaye de Sorde, mais il est aujourd'hui parfaitement démontré que les deux diplômes sur lesquels on basait cette opinion sont apocryphes. On peut les voir à la Bibliothèque Nationale où ils sont déposés. Le premier nous apprend que c'est dans la dixième année de son règne que le grand empereur, qui a laissé son nom, nous l'avons vu plus haut, au chemin par lequel il passa, pour traverser Sorde en se rendant en Espagne, aurait fondé ce monastère ; le second, tout différent du premier, dit que c'est la quatorzième année du même règne.

Il est généralement admis que la maison de StJean de Sorde est fille de St Michel de Pessan, du diocèse d'Auch et que les Bénédictins vinrent s'établir dans notre abbaye landaise à la fin du IX^e^, ou au commencement du X^e^ siècle ; dans tous les cas après l'an 817, car elle ne se trouve pas dans le catalogue des abbayes de Gascogne dressé à cette époque. Elle fut l'objet d'une donation importante de la part de Guillaume Sanche, comte de Gascogne, vers 975. (Cartulaire).

Il est possible qu'il n'y ait pas eu à Sorde de moines réguliers avant 817, mais il n'est pas douteux pour uous que l'ancienne villa gallo-romaine ait été transformée en cœnobium dès le IV^e^ ou V^e^ siècle. Peut-être ce premier monastère était-il fermé en 817 et a-t-il été acquis par les Bénédictins de Pessan, comme les ruines actuelles ont failli l'être, il y a quelques années, par ceux de Bel-loc d'Urt qui l'auraient, en quelque sorte, fondé à nouveau.

La liste des abbés de Sorde donnée par le *Gallia Christiana* ne remonte qu'à 1060. On y trouve la longue et intéressante série ci-après, dans laquelle figurent bien des noms connus et encore honorablement portés dans la région :

Le plus ancien est Guillaume I d'Orgon, ou de Goron, qui était, en même temps, archidiacre de Dax, en 1060. Viennent ensuite : Hélas, moine de St-Sever, vers 1061. — Brasco. — Geraldus, mort en 1105. — Ainerius. — Guillaume II de Martel, en 1119. — Arnaud I d'Ysest ; il devint évêque d'Oloron. — Bertrand de Samadet, en 1147. — Arnaud II, Bunio ou Bonion, vers 1150. — Guillaume Bernard de Camer, 1167. — Bernard I de la Carre, ou Lescarre, nommé en 1176. - Guillaume II, ou Arnaud Guillaume de Biran, nommé, en 1212, évêque de Tarbes. — Arnaud III de Bordes, de 1212 à 1254. — Jean I. — Raymond Arnaud de Caupenne, mort en 1284. — Forton de Caupenne. — Pierre Guillaume, cité en 1305, en 1310 et en 1317 dans divers textes anciens. -- Bernard II, en 1324. Pierre I, en 1325, 1330 et 1343. - Jean II, 1343, 1346. — Guillaume Raymond de Donay, 1347 et 1349. — Jean III, 1349, 1355. — Guillaume IV, décédé en 1362. — Pierre II, de 1363 à 1384. — Bernard III, 1384 à 1386. — Bertrand Guillaume de Serres, 1391 à 1399. — Bernard IV de Moneins, en 1401. — Bernard V d'Anglade, 1402 à 1409. — Bernard VI de Sendos, 1416 à 1430. — Pierre III de Favars, 1430 à 1438. - Jean IV, 1440. — Guillaume V de Laulan ou de Lauhan, 1441 à 1454. — Arnaud IV d'Abbadie, de 1454 à 1468. — Brunetus Fabien de Acrimonte (de Gramont), de 1469 à 1473. — Pierre IV de Foix, cardinal archevêque de Bordeaux. — Arnaud Guillaume de Gramont, de 1486 à 1488. — Yspanus de La Vie, 1489 à 1501. — Etienne de Pamiers, de 1501 à 1509. — Jean V de Gramont. — Yspanus II de La Vie, de 1511 à 1518. — François de La Vie, jusqu'en 1528. — Charles de Gramont, évêque d'Aire, de 1228 à 1544. — Jean VI Gomard, en 1547 et 1575. — Jean VII de Villeneuve, de 1575 à 1602. — Raymond de La Salle de Susigaray, de 1602 à 1638. —

Philibert de Gramont, de 1635 à 1653. — Vincent de Castel, mort en 1679 ; il fit de grandes réformes et affilia le menastère à la congrégation de St-Maur. — M. de Buffetot de Gramont, de 1679 à 1682. — Louis de Montesquieu d'Artagnan, qui était, en même temps, abbé d'Arthous.

A cette longue liste, nous n'avons pu ajouter que deux noms : ceux de Charles Antoine de la Roche-Aymon, en 1731, et de Jean Cayrol de Médaillan, en 1773.

Un des derniers moines de Sorde fut évêque constitutionnel pendant la Révolution.

Comme toutes les abbayes de la contrée, celle qui nous occupe fut détruite par les calvinistes, et on trouvait, dans les archives du monastère, le curieux récit de cet épisode des guerres de religion.

« Année 1569. Ce bourg de Sorde, qui est en Gascogne « à trois lieues d'Orthez et qui, cinquante ans auparavant, « pendant le règne de Henri d'Albret, père de Jeanne, « *avait si fort souffert de la part des Espagnols qui le « pillèrent et l'incendièrent*, n'eut pas un sort plus doux « de la part des Béarnais ses voisins. *Les Espagnols « n'avaient fait que brûler le bourg*, le nouvel Attila, fléau « des églises et des lieux consacrés à la Religion, « (Montgommery), dirigea le fer et la flamme contre le « monastère et les moines qui l'occupaient. Un détache- « ment commandé par ce général, voulant sortir de « Bellocq, se jeter sur le bourg de Lahonta qui est vers le « Nord sur la frontière du Béarn, dans lequel même une « partie du territoire est enclavée, fut repoussé par les « habitants qui avaient pris les armes. La troupe tourna « alors sa marche vers Sorde. Bientôt l'abbaye devint la « proie du soldat et de l'embrasement. Il s'y conserva, « néanmoins, une partie du bâtiment, quoique les mémoi

« res apprennent que *l'incendie dura quinze à seize jours.*
« On poursuivit en même temps les religieux dont quel-
« ques-uns se sont jetés dans le Gave Béarnais qui passe
« auprès du monastère, se sauvèrent à la nage ; trois
» d'entre eux furent saisis, attachés à des piliers de
« l'église et cruellement arquebusés. »

« A peine cette première désolation était-elle passée,
« que le baron d'Arros faisant des courses dans le pays,
« se jeta de nouveau sur Sorde, et le monastère fut ruiné
« JUSQU'AU POINT D'ÊTRE RÉDUIT EN UN MONCEAU DE
« CENDRES.

D'après Hugues du Temps, la prise de Sorde par Montgommery aurait eu lieu le 20 septembre 1569 ; le Baron d'Arros aurait achevé, ou à peu près, la destruction de l'abbaye le 19 novembre de l'année suivante, après que le seigneur de Montamat, à la tête d'une foule de gens armés, l'avait déjà à moitié détruite, le 7 mars précédent, c'est-à-dire le 7 mars 1570.

La ville et l'abbaye de Sorde ont donc été, on peut le dire, complètement détruites au XVI^e siècle. C'est ce qui explique qu'on y trouve si peu de constructions antiques, car il n'y a absolument que l'église, avec ses absides romanes et sa nef gothique, qui remonte à une époque antérieure, et encore elle porte de nombreuses traces des dégradations que lui firent subir les Espagnols, Montgommery et le baron d'Arros, et probablement des dévastations nouvelles qui durent résulter d'un dernier assaut des troupes commandées par le duc de la Force, en 1616.

Peut-être resta-t-il cependant debout une partie du couvert du cloître, celle appuyée contre l'église ? C'est ce qui semble résulter de l'examen d'une gravure de 1678, publiée par le *Monasticon Gallicanum* dont nous donnons une reproduction. (Voir la planche). On remarque, en effet, dans ce *Prospectus Monasterii Sordensis*, que le cloître n'a plus son promenoir que d'un seul côté et que les arcs en plein-cintre et les colonnes qui les soutiennent semblent appartenir au roman du XIe ou du XIIe siècle, comme les absides construites évidemment à cette même époque.

En rapprochant la date de ce plan cavalier avec la liste des abbés du Gallia Christiana, nous voyons encore que, en 1678, ou, tout au moins, un peu avant 1679, Vincent de Castel fit de grandes réformes à Sorde et affilia le monastère à la congrégation de St-Maur. On est donc en droit de supposer que ce fut cet abbé, réformateur, qui releva de ses ruines l'abbaye détruite en dernier lieu par le baron d'Arros et qu'il construisit les bâtiments représentés par la gravure. (1) Ils ont du reste l'aspect et le style des constructions du XVIIe siècle.

Il est facile de voir, aussi, que ces constructions ne sont pas celles, aujourd'hui en ruines, que nous avons pu photographier. (Voir la planche). Ces dernières n'ont que deux étages, tandis que celles de 1678 en ont trois et sont disposées d'une façon toute différente.

De plus, le corps principal E du *prospectus* est placé plus loin du Gave. Il en est séparé par le *terreus agger* R, une terrasse plus large que celle qui existe encore aujourd'hui et par l'*Ortus Monachorum* S. S, auquel on deecendait par un escalier monumental et qui était situé sur l'emplacement occupé actuellement par une remarquable galerie souterraine, (voir la planche) avec ses voûtes monumentales et ses grandes baies donnant sur la rivière et dans laquelle les bateaux pouvaient pénétrer. Cette galerie, unique dans

(1) On voit en effet, dans le « *Clergé de France* » la phrase suivante qui confirme notre opinion : « La Congrégation de « St-Maur, qui a été introduite dans l'abbaye de Sorde en 1666, « a rebâti les lieux réguliers et a travaillé à rétablir l'église. »

son genre, ne remonte donc pas au XVIIe siècle, elle fut construite au XVIIIe seulement, et il est facile de constater qu'elle est appuyée contre le mur de soutènement de l'ancien *agger terreus.* (1)

Ce mur est porté comme ayant un mètre d'épaisseur dans un plan, trouvé chez les PP Bénédictins, par M. l'abbé Haristoy, curé de Ciboure, et qui est, à n'en pas douter, une copie de celui qui servit à la dernière restauration de l'abbaye, au XVIIIe siècle.

Cette restauration fut, comme nous l'avons dit plus haut, une véritable reconstruction. Les bâtiments principaux ne sont plus à la même place, et leur distribution, ainsi que leur destination a complètement changé. On en trouve facilement la preuve dans la comparaison des deux plans et de leurs légendes.

Celui de M. l'abbé Haristoy est parfaitement conforme à l'état actuel des lieux, mais il est moins complet que le premier, car il ne reproduit pas, comme lui, l'*Œdes abbatis*, la partie des bâtiments réservés à l'abbé avec ses vastes dépendances, qui sont devenus la propriété de la famille Dufort et ont subi de nombreuses modifications, qui en ont dénaturé l'agencement et le style. On y voit cependant des croisées qui remontent, évidemment, comme les décharges servant d'écuries, à la première moitié du XVIIe siècle. Ce sont, pour sûr, les restes des constructions H, I, K, L, du *prospectus* de 1678. La *Chors abbatis* Q est dans le même état qu'autrefois, et c'est en dessous, sur toute sa surface, qu'on trouve les belles mosaïques dont il a été question ci-dessus.

(1) Cette galerie ressemble par son aspect et sa perspective à celle des grottes de Ferrant, près St-Emilion (Gironde) dont M. S. Piganeau vient de publier une vue dans le 4e trimestre de 1892, du « Bulletin de la Société Archéologique de Bordeaux. » Cette dernière est, du reste, comme celle de Sorde, du XVIIIe siècle.

On ne représente, dans le plan du XVIIIe siècle, que l'abbaye proprement dite. Elle fut donnée, après la Révolution, à l'hôpital de Villencuve-de-Marsan, qui la vendit, en 1821 ou 1822, à M. de Bedouich, père de la propriétaire actuelle, qui veille, avec un soin aussi intelligent que scrupuleux, à la conservation de ces pittoresques et importantes ruines.

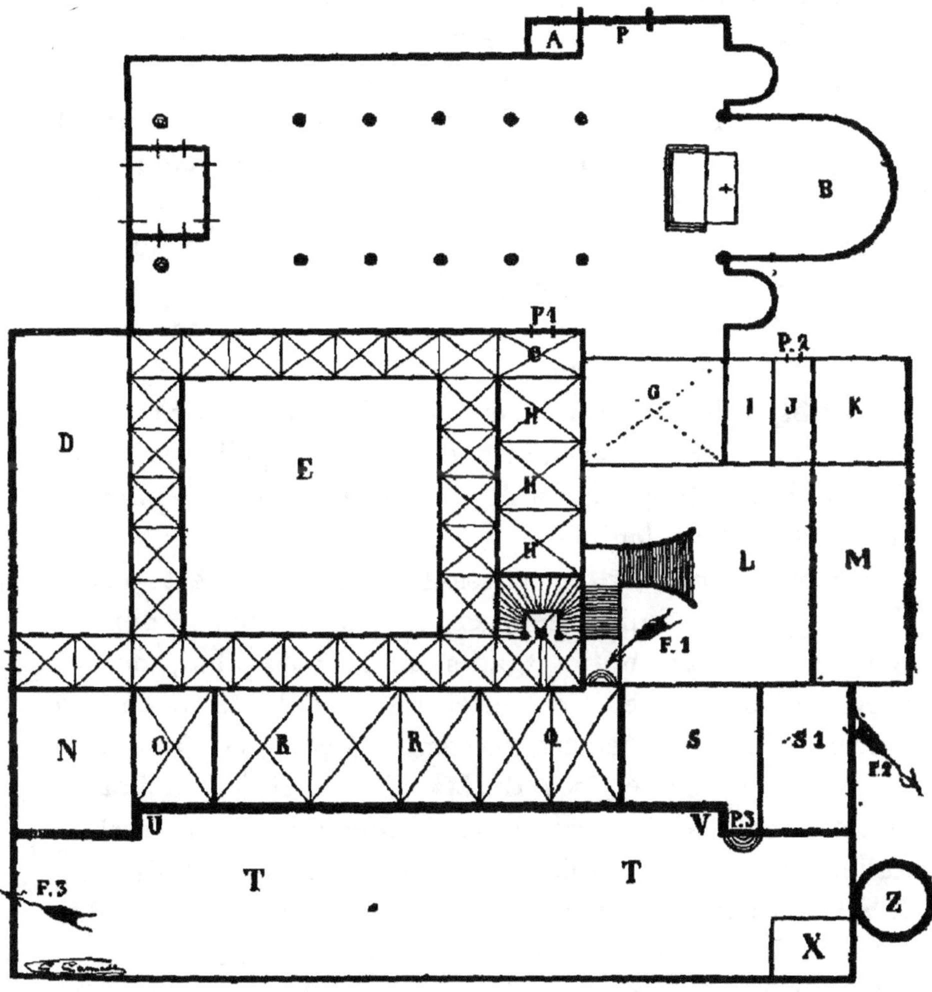


**Plan du Monastère de Sorde, XVIIIe Siècle**

*Légende* : A Clocher de l'église ; B Chœur ; C Avant-chœur ; D Grenier des dîmes ; E Préau du cloître et Cimetière ; F 1 Escalier conduisant à la fameuse galerie du Gave ; F 2 Abbaye (indication de sa situation par rapport au Monastère ; F 3 Moulin (même indication) ; G Sacristie ; H Salle du Chapitre ; I Porterie ; J Couloir ; K Autre Porterie ; L Cour découverte et Escalier extérieur ; M Ecuries ; N Appartement du P. Prieur ; O Salon du P. Prieur ; P Porte de l'église ; P 1 Porte Claustrale ; P 2 Porte Extérieure du Monastère ; P 3 Porte sur la Terrasse ; Q Cuisines ; R Réfectoire ; S Parloir général ; S 1 Parloir particulier ; T Terrasse en dessous de laquelle se trouvent des caves desservies par une longue galerie voutée qui donne aussi accès aux bateaux du Gave ; U, V Mur d'un mètre d'épaisseur ; X Château d'eau ; Z Tour de l'Abbé.

Ce plan offre sur l'autre l'avantage de nous donner la configuration exacte, et à une assez forte échelle, de l'église, avec sa vaste nef, son transept, son abside et ses deux absidioles, dont la forme et la disposition est celle de beaucoup d'églises bénédictines et nous rappelle celle de l'Abbaye d'Arthous, qui a été l'objet d'une de nos premières études archéologiques.

Faisons remarquer, en passant, que l'autel est placé, dans le plan, au milieu de la croix des transepts, comme dans les temps primitifs, tandis que, aujourd'hui, on l'a reculé dans l'abside. Cet autel est très beau, il est en marbre, travaillé avec art, ressemble à ceux de la cathédrale de Dax, des églises du Mas d'Aire et de Pouillon et est, comme eux, l'œuvre d'une compagnie de marbriers italiens qui étaient établis, croit-on, à Pau, aux XVII^e^ et XVIII^e^ siècles. Plusieurs d'entr'eux devaient être des artistes remarquables, surtout celui qui sculptait les anges adorateurs qui ornent habituellement leurs autels. On trouve le nom de l'un des derniers de ces marbriers habiles sur le tailloir d'un des chapiteaux de l'église du Mas ; on y lit, en effet, l'inscription suivante : « *Maseti fecit opus, anno 1771.* »

Prise dans son ensemble, l'église offre un développement grandiose de 49 mètres de long sur 38 de large. Son élévation est avantageuse et rappelle, comme le fait observer avec raison M. Cénac Moncaut dans son « *Voyage Archéologigue et Historique* » les belles proportions de la basilique de St-Sever. L'abside centrale, consacrée aujourd'hui au chœur, est plus haute et plus profonde que les chapelles latérales, mais elle n'a pas, comme elles, conservé toute sa pureté de style. Les deux absidioles sont restées telles qu'elles ont été construites à l'époque romane : leurs arcs triomphaux reposent encore sur leurs colonnes, moitié-engagées, avec leurs bases à deux tores, griffées aux angles, posées sur un soubassement de o m 60 c. Les quatre chapiteaux sont des plus remarquables : ceux de la chapelle de gauche, en regardant l'autel (voir la planche) représentant : l'un, Daniel dans la fosse aux lions ; l'autre, le Christ nimbé entouré de quatre personnages aux visages grimaçants : ces deux chapiteaux portent sur leur tailloir des inscriptions. De la dernière nous n'avons pu, avec l'aide de M. l'abbé Lahargou, déchiffrer que ces deux mots : DEI TRADICCIO ; c'est donc la scène du jardin des oliviers. prélude de la Passion du Sauveur. Sur le premier chapiteau, on lit très distinctement ces mots : HISTORIA. DANIEL. PROPHETAE.

A l'entrée de l'absidiole de droite, on voit sur une corbeille à volutes, une vierge nimbée, assise et portant sur ses genoux l'Enfant Jésus, que deux anges adorent. (Voir la planche).

Voici textuellement la description que donnait M. Cénac

Moncaut, du quatrième et dernier chapiteau. C'était, d'après lui : « Le Christ emmailloté, porté sur un linge par « les saintes femmes qui se disposent à le déposer dans le « sépulcre. L'une d'elles est à genoux, l'autre regarde le « ciel ; les deux colombes symboliques planent sur la tête « nimbée du Sauveur. Des anges, les ailes déployées, « semblent guider les saintes femmes ; une espèce de « niche représente la grotte où le Christ doit être enseveli »

M. Léon Palustre est d'accord avec M. Cénac Moncaut, pour la description et l'âge de l'ensemble des constructions de l'église, sur laquelle nous reviendrons tout à l'heure. Il admet aussi l'interprétation que cet archéologue a donnée des trois premiers chapiteaux, dont nous venons de parler, et qui confirme que ce nous venons d'en dire nous-mêmes ; mais, pour le quatrième, il ne saurait y voir l'ensevelissement duChrist par les saintes femmes. Il y trouve, avec raison croyons-nous, la représentation des préparatifs de la fuite en Egypte. (Voir la planche). Un ange avertit la Sainte famille du danger que court l'Enfant Jésus ; Saint Joseph et la Sainte Vierge l'emmaillottent pour l'emporter et, sur l'une des faces de la corbeille, le démon semble en colère, de ce que l'Enfant Dieu va lui échapper.

Plus heureux que son prédécesseur, M. Palustre a également trouvé le symbolisme du portail de l'église, qu'il compare avec celui de Mimizan et qui, comme lui, est du XII$^{e}$ siècle, et non pas du XIII$^{e}$. La première des voussures représente les vierges folles et les vierges sages, qu'on retrouve aussi sur le magnifique portail gothique de l'ancienne cathédrale de Dax ; la seconde, les douze mois de l'année comme à Mimizan. Un seul mois se reconnaît encore très facilement, c'est le mois d'octobre. Il est figuré par un paysan qui conduit les porcs à la glandée ; la troisième contient les statues de douze personnages qui sont probablement les douze apôtres, ou, peut-être, comme à Dax, des prophètes ou des martyrs. Ils sont tellement défigurés, qu'il est impossible de se prononcer.

A côté de ce portail, qui s'ouvre sur le transept Nord, se trouvait autrefois, dans une niche fermée par une grille en fer, une petite chapelle extérieure destinée, comme celle de Roquefort, aux pèlerins de saint Jacques de Compostelle, ou plutôt aux prêtres qui les accompagnaient et qui pouvaient y dire la messe quand ils passaient avant le jour, sans déranger personne pour se faire ouvrir l'église.

Pour tout le reste du monument, nous ne saurions mieux faire que de résumer, en y ajoutant quelques observations personnelles, ce qu'en dit M. Cénac-Moncaut :

Extérieurement, les trois chevets sont très élégants ; la distance de 1 mètre qui les sépare a permis d'ouvrir dans la grande abside trois belles fenêtres qui sont encore ornées de leurs colonnettes et de leurs archivoltes. De hautes colonnes, moitié-engagées, s'élancent de la hauteur des accoudoirs, où les reçoivent des piédestaux en application, jusqu'à la corniche qui fut détruite au XIIIe siècle. Une ligne de billettes continue les archivoltes sur toute l'étendue de l'abside.

Sur les pierres d'appareil, layées en travers, du mur extérieur des trois absides, on remarque de nombreuses marques de tâcherons, parmi lesquelles figurent une quantité de clés de toutes formes et de toutes dimensions. Il existe, peut-être, une certaine corrélation entre ces clés, qui ne sont que des signes d'appareillage et celles, beaucoup plus modernes, que nous avons signalées sur les portes de beaucoup de maisons de Sorde ? Le regretté M. Taillebois, qui, le premier, a fait cette observation, avait cru devoir la consigner dans les procès-verbaux du Congrès de 1888, dont il était secrétaire général.

C'est au XIIIe siècle, peut-être même au XIVe seulement, que le chevet principal fut découronné, exhaussé sous forme polygonale et voûté en berceau ogival En construisant le transept, l'arc triomphal disparut pour faire place à un mur qui reçut un triphorium qui a été obturé depuis.

La grande nef, formée de cinq travées, porte des traces de superpositions les plus étranges et fut évidemment construite avec les restes de l'ancienne église romane. Ces traces ont été atténuées, il est vrai, par une récente restauration, dont nous nous abstenions de parler, et qui a, fort heureusement, respecté les parties les plus intéressantes, pour nous, du monument, c'est-à-dire les trois absides.

Les archives de l'abbaye de Sorde, dont des extraits ont été souvent cités par des auteurs anciens, n'existent plus, ou il n'en reste que peu de chose, aux archives départementales : cinq pièces seulement datées de 1787 à 1789.

Il en résulte qu'au moment de la Révolution les revenus de l'Abbaye s'élevaient encore à 29622 livres, consistant en récoltes de biens fonds et en dîmes prélevées dans douze paroisses.

Il n'y avait plus, à cette époque, que sept religieux dirigés, par un prieur claustral, qui s'appelait dom Capdeville.

Le monastère proprement dit, sans parler de l'habitation de l'abbé comprenait 22 chambres, le réfectoire et la salle du chapitre.

A l'église, ou à la sacristie, se trouvait un magnifique christ en ivoire.

Si les archives de Sorde ont été détruites ou perdues, un document important, qui en faisait partie, a été conservé, grâce à M. l'abbé Lugat, le regretté et érudit curé-doyen de Villeneuve-de-Marsan, décédé il y a deux ans, et qui avait eu l'heureuse idée d'en confier la publication au savant archiviste des Basses-Pyrénées, M. Paul Raymond, décédé, lui aussi, il y a quelques années. (1)

Ce précieux manuscrit, auquel Oihénard et Marca ont fait de nombreux et importants emprunts, le premier pour sa « *Notitia Utriusque Vasconiæ* (1638), le second pour son *Histoire de Bearn* (1640) est un CARTULAIRE-NOTICE. Il était composé, primitivement, de cinquante feuillets, mais il est aujourd'hui réduit à quarante-quatre ; les manquants sont ceux qui portaient les numéros 1, 8, 9, 16, 35 et 36. Chaque feuillet a 0.25 c. de hauteur et 0 m. 165 de large et il contient 17 lignes. Il n'y a pas de lettres ornées ; mais en tête de tous les actes, on voit des rubriques et des capitales en rouge.

Le parchemin est bien préparé, l'encre bien conservée, l'écriture régulière est évidemment, pour M. Raymond, du XIVe siècle.

Le volume possède encore sa reliure ancienne : deux ais de hêtre recouverts d'une basane rose assujettie par cinq clous de fer à tête, sur chaque plat. Les fermoirs ont disparu, il n'en reste qu'un petit crochet en fer.

Il ne contient que quelques chartes transcrites *in-extenso*,

(1) Cartulaire de l'Abbaye de St-Jean de Sorde, Publié pour la Première Fois sur le Manuscrit Original par Paul Raymond, Archiviste du Département des Basses-Pyrénées. (Paris, Librairie Archéologique de Dumoulin, Quai des Augustins, 13. — Pau, Librairie de Léon Ribaut, rue Saint-Louis, 1873).

et ne donne en général que des résumés, ou des extraits d'actes originaux.

Ces actes concernent le recrutement des moines qui apportent tous une dot en nature, ce qui explique l'accroissement de la fortune immobilière de l'abbaye qui, à un moment donné, étendit son autorité sur un pays relativement considérable, sans empiéter, chose digne de remarque, sur les biens des abbayes voisines : Divielle, Cagnotte, Larreule, Sauvelade, Lahonce et Arthous.

On y trouve aussi des détails curieux sur les mœurs de l'époque et des indications précieuses pour l'histoire des paroisses de la contrée pendant les XI$^e$, XII$^e$ et XIII$^e$ siècles.

Bien des familles qui existent encore pourraient y puiser des renseignements pour établir leur généalogie.

Ce cartulaire doit être, actuellement, la propriété des héritiers de M. l'abbé Lugat. Le département devrait chercher à l'acquérir pour le déposer dans ses archives, ou bien la Société de Borda pourrait, au besoin, s'imposer un sacrifice pour en enrichir sa bibliothèque.

Nous espérons qu'on saura apprécier sa valeur, et nous serions heureux d'avoir, par ce que nous venons d'en dire, contribué à sa conservation. Car notre but, en publiant l' « *Aquitaine Historique et Monumentale,* » est, non seulement de décrire et de faire connaître l'histoire et les monuments anciens de notre région, mais encore et surtout, de conserver ce qui nous reste de ces monuments antiques et de signaler, pour en assurer la mise en lieu sûr, les vieux titres et les documents qui ont, pour notre histoire locale, l'importance du vieux cartulaire de Sorde.

J.-E. D., G. C.

# POMAREZ ET AMOU

---

## TASTOA
## ET GOTHIACUM

---

Ce titre ne fait qu'indiquer les points les plus saillants de cette étude qui contiendra le résumé des nombreuses excursions et des fouilles faites, depuis quelques années, dans une partie du département des Landes peu connue et peu explorée jusqu'à l'heure, et offrant cependant plus de choses intéressantes que beaucoup d'autres, plus riches en apparence, pour ceux qui, comme nous, s'occupent de rechercher le passé de notre province.

Dèjà, en 1883, l'un de nous publia, dans le bulletin de la Société de Borda, le récit d'une promenade archéologique qu'il avait faite, l'année précédente, en compagnie du R. P. Labat et d'Emile Taillebois, à Castel-Sarrazin. (1)

Ce travail est, aujourd'hui, incomplet, grâce aux nombreuses découvertes qui ont eu lieu depuis dans cette curieuse région, où il y a certainement encore beaucoup à découvrir, et c'est pour mieux la faire connaître et pour la

(1) « De Dax à Castel-Sarrazin. -- Excursion Archéologique, Historique et Géologique, » par M. Eug. Dufourcet. -- Bulletin de la Société de Borda, Huitième Année, page 9.

signaler aux chercheurs qui auraient plus de loisirs et plus de ressources que les membres de notre modeste Société locale, que nous nous sommes décidés à lui consacrer un chapitre de l'*Aquitaine Historique & Monumentale*. Nous y rencontrerons, nous l'espérons, de quoi donner satisfaction à tous ceux qui ont bien voulu nous encourager dans l'œuvre importante que nous avons eu la témérité d'entreprendre.

Le pays que nous allons étudier se compose de l'extrémité occidentale de la traînée glaciaire, dite du Pont-Long, dont nous avons déjà parlé bien des fois, et des deux rangées de coteaux qui l'encadrent et la dominent, au Nord et au Sud, coteaux qui ne sont, pour la plupart, que les premiers plans d'un plateau plus élevé et plus ancien. On y voit aussi, de distance en distance, quelques soulèvements ophitiques parfaitement reconnaissables, de loin, à leur forme et à leur hauteur.

La plaine inférieure, la traînée proprement dite, n'est, en réalité, qu'une vallée profonde comblée et nivelée par les glaces descendues des Pyrénées, après avoir été creusée par le courant violent de leur première débâcle. Elles durent demeurer encombrées par ces glaces et par les boues provenant de leurs fontes pendant des années et des années. Cet encombrement dura d'autant plus longtemps que la glace se renouvelait sans cesse, entraînant avec elle des débris de roches triturées, des cailloux roulés et des graviers qui finirent par se recouvrir d'une couche boueuse et de terres enlevées aux coteaux voisins appartenant aux terrains que les géologues appellent les sables fauves du pliocène.

Tous ces éléments géologiques transportés par le glacier reposent sur des terrains sédimentaires du miocène, formés de couches lacustres et marines, prouvant que, grâce à des changements de niveau, qui restent à expliquer, le sol landais a été recouvert tantôt par les eaux douces de vastes étangs, tantôt par celles de la mer. Le savant et regretté Raoul Tournouer a été un des premiers à constater cet important phénomène.

Les coteaux durent, nécessairement, être habités avant les plaines boueuses dont nous venons de parler, aussi n'est-ce que sur ces coteaux que nous avons trouvé des silex taillés par éclat et tout l'outillage des tribus nomades qui vinrent parcourir notre contrée sans s'y installer à poste fixe. Sur la traînée glaciaire, au contraire, et dans les cavernes des flancs des coteaux qui l'enchassent, on rencontre des stations dans lesquelles l'homme de l'âge du renne a dû longtemps séjourner, et il est, aujourd'hui, généralement admis que les troglodytes de Brassempouy, célèbre grotte située à quelques kilomètres d'Amou, et les constructeurs des nombreux tumulus qui se voient sur les landes de Mimbaste, de Clermont, d'Estibeaux, de Pomarez, d'Ozourt, d'Arsague, de Castel-Sarrazin et d'Amou, en un mot sur toute la traînée qui nous occupe, appartiennent à une même race. celle dite de Cro-Magnon, qui n'est autre que la race Ibérienne et qui se mélangea, plus ou moins, plus tard, avec la race celtique et surtout, d'après nous, avec la race Ligurienne.

L'invasion ibérienne s'était étendue, il n'est plus permis d'en douter, sur une grande partie de la France et de l'Europe. Elle fut, croit-on, à un moment donné, coupée en deux par l'arrivée des Celtes et refoulée, à la fois, vers le Nord et vers le Midi. Certains savants prétendent que les Ibères du Nord, pourchassés par de nouvelles invasions, remontèrent peu à peu, avec le renne, jusque dans les régions les plus septentrionales du globe dans lesquelles ils trouvèrent le climat des anciennes traînées glaciaires des Pyrénées et des montagnes du centre de la France qui s'étaient réchauffées avec le temps, et que les races hyperboréennes, même les Esquimaux, auraient une certaine communauté d'origine, malgré la différence de la couleur de leur peau, avec nos Ibères méridionaux, représentés par les Basques, qui sont restés presque sans mélange.

Ce qu'il y a de sûr, c'est que le langage des Basques a conservé quelques rapports avec celui de ces populations, aujourd'hui si éloignées et si différentes, et que l'anthropologie trouve, également, entre les deux sous-races, certains rapports de ressemblance, malgré l'influence des milieux et des climats qui ont agi sur elles depuis des siècles.

L'archéologie peut, aussi, fournir des arguments sérieux aux partisans de cette thèse, plus étonnante en apparence qu'elle ne l'est en réalité, quand on réfléchit et qu'on arrive à se faire une idée exacte sur l'origine et la dispersion des peuples et sur la formation des différentes races humaines dérivant toutes d'une souche commune.

Nous avons, avec MM. de Chasteigner, Leo Testut, Taillebois, de Behr, Charles Lavielle et de nombreux membres de la Société, éventré plus de 50 tumulus, tous situés sur le territoire des communes qui font l'objet de notre étude actuelle ; la grotte de Brassempouy a été fouillée par MM. Edouard Piette, de Laporterie, Dubalen, etc., et tout dernièrement, visitée par le Congrès de l'Association Française pour l'Avancement des Sciences, qui s'est tenu, à Pau, en 1892, et, chose indiscutable, tout ce qui a été trouvé dans ces diverses recherches, soit dans la grotte, soit dans les tumulus, ressemble à s'y méprendre, aux objets encore en usage chez les Esquimaux, représentés avec luxe dans un mémoire on ne peut plus intéressant pour nous, qui a paru, il y a quelques jours, dans les magnifiques publications illustrées OF THE SMITHSONIAN INSTITUTION DE WASHINGTON, et intitulé : « *Ethnological Resultats of the Point Barrow Expédition, By John Murdoch* »

Nous regrettons vivement de ne pas pouvoir reproduire, nous mêmes, un certain nombre de ces objets des deux provenances, landaise et américaine, nos lecteurs auraient pu se convaincre de l'identité, c'est le mot des silex taillés, des pierres polies, des pointes de flèches, des perles de colliers, des ossements, des plaques d'ivoire, ou des bois de renne sculptés, des poteries, etc., etc., de tous les ustensiles et des armes dont se servent, ou se servaient, les Esquimaux et nos Proto-Ibères.

Nous pourrions aussi, comparer certaines choses encore en usage chez les Ibères hyperboréens, avec d'autres conservées également chez les Celto Liguro-Ibères pyrénéens, et nous retrouverions sur les *makilas* basques, et sur les *canaoüles* (colliers en bois auxquels sont suspendues les clochettes des brebis et des vaches, dans les Landes et dans le Béarn), les mêmes dessins d'ornement que sur des bâtons de commandement et sur de véritables *canaoüles* en usage, également, chez les Esquimaux.

Bien plus, et ici la chose a une importance telle, que des dessins s'imposent pour plus de clarté dans notre

démonstration : nous avons, bien des fois, constaté que la plupart des tumulus, fouillés par nous, n'étaient pas des monuments funéraires et quils ne pouvaient être que des *huttes en terre* effondrées. Les Esquimaux ont encore leurs *tumulus-huttes*, faits en terre, ou en neige durcie, qui ont l'aspect, la distribution et la disposition que devaient avoir les nôtres ; rien n'y manque, pas même le petit monticule, que nous trouvons toujours à côté du grand, et qui couvrait la porte d'entrée.

Les objets sculptés en ivoire sont analogues, sinon semblables chez les deux peuples, et l'époque éburnéenne de Brassempouy, qui est actuellement l'objet de tant de discussions entre les prehistoriciens, a existé et dure encore chez les Mongoloïdes du Nord qui en sont toujours à l'âge du renne.

Les tumulus des Landes que l'on trouve en allant de Dax à Pomarez et à Amou, sont tous alignés le long de deux voies anciennes venant de Dax, et se bifurquant à

Mimbaste, à un point jusqu'auquel leur trajet est commun depuis la métropole des *Tarbelli*. Celle qui est le plus au Sud semble se diriger vers Oloron et l'Espagne, et celle du nord, va, évidemment, du côté de l'antique capitale des Benarnenses, (Lescar), qui est située dans le prolongement de la même trainée, jalonnée dans toute sa longueur par des tumulus.

De cette dernière voie se détache un embranchement qui la fait communiquer avec TASTOA, dont nous aurons à parler bientôt. On peut se convaincre de la vérité de nos allégations à cet égard, en jetant les yeux sur une carte dressée par l'un de nous (M. Camiade), et publiée par lui dans le bulletin de la Société de 1885.

Ce fait que les tumulus sont généralement construits le long des voies de communication a été constaté, un peu partout, notamment par M. le pasteur Charles Froissard, sur les autres traînées glaciaires descendant des Pyrénées.

Les constructeurs de ces tumulus et de ces routes vivaient, nécessairement, à une époque où la civilisation était déjà relativement avancée chez nous. Les Ibères qui formaient le fond de leur race avaient déjà dû fusionner avec quelques tribus celtiques ou d'autres peuples envahisseurs qui leur avaient apporté les métaux, le bronze et le fer que l'on trouve dans leurs tertres-huttes et, plus tard, l'or et l'argent. Ils eurent, en effet, des monnaies faites avec ces deux métaux, car une pièce en or, que nous n'avons pas vue avait été amenée à la surface du sol, près de Tastoa, par une taupe, et recueillie par un paysan d'Estibeaux qui la vendit à un bijoutier d'Orthez et, il y a deux ans, une autre paysan de Pomarez, découvrit sur le bord de la voie celtibérienne, allant, croyons-nous, de Dax à Lescar, tout un trésor composé de près de 400 monnaies en argent, petit module, que M. Taillebois, a attribuées aux Tarbelles et qui ont été, depuis la mort de ce regretté collègue, savamment étudiées par M. Adrien Blanchet, sous-bibliothécaire, au cabinet de Médailles de la Bibliothèque Nationale, et par M. Duverger, conservateur du Musée de Borda. M. Taillebois leur assignait une antiquité de plus de vingt siècles.

On croit généralement, que quoique située sur le territoire des Tarbelles, notre traînée de Pomarez était, comme tout le Pont-Long, la propriété des *Osquidates campestres*, qui n'étaient autres que les *Osquidates Montani*, qui prenaient ce premier nom quand ils descendaient dans la plaine. Il est, en effet, certain que les bergers des vallées d'Ossau et de Baretous sont restés pendant des siècles, presque jusqu'à nos jours, les propriétaires de toutes les landes d'origine glaciaire de la contrée, jusque dans le Bazadais.

Le clan d'Osquidates qu'on pourrait appeler de Pomarez, ou plutôt de Tastoa, formait un centre de population très dense, si on en juge par les nombreuses buttes disséminées le long des routes et surtout par l'importance et l'étendue de la ville, ou gros bourg, qui en était la *tête*, la capitale, ce qui lui a, évidemment, valu le nom de TASTOA.

On rencontre, en effet, sur une superficie de plus de 50 hectares, d'anciennes landes communales appartenant à Estibeaux, Mouscardès, Tilh et Pomarez, des substructions qui ont déjà fourni de la pierre à tous les propriétaires voisins, et dans lesquelles on ferait des découvertes archéologiques précieuses, si on avait assez d'argent pour les fouiller complètement. Les quelques recherches que nous avons faites dans ce vaste champ d'exploration nous ont permis de constater que, à côté des objets semblables à ceux des tumulus, on trouvait, à Tastoa, des débris gallo-romains, même des poteries Samiennes avec inscriptions. Cette constatation amène logiquement, à conclure que la ville celtibérienne n'a été détruite que longtemps après l'occupation romaine, peut-être par les Barbares ou par les Maures, comme la tradition en conserve le souvenir pour l'incendie et la dévastation d'une autre ville disparue dans le voisinage et qui s'appelait *Gothiacum*.

Cette dernière était située à quelques kilomètres au Nord-Est de Pomarez, sur le premier plan des coteaux ophitiques de Gaujacq, dans un lieu qui fut depuis tellement abandonné, qu'il s'appela et s'appelle encore « *Las Craouste d'Herm* », le val du désert.

Nous avions lu dans les *Chroniques de la Cité et du Diocèse de Dax,* de M. Dompnier, qu'on avait découvert, en cet endroit, des substructions très importantes, les restes d'une petite basilique avec son abside et ses nefs latérales, les fondations de nombreuses habitations, des mosaïques, des armes et des monnaies romaines, etc. Nous avons voulu nous rendre compte, par nous-mêmes, de l'importance de ces découvertes, et les fouilles que nous avons faites nous ont donné la certitude que la ville, qui fut peut-être plus tard occupée par les Goths, ce que semble indiquer son nom, était, à l'origine, composée d'un groupe de villas romaines, construites à proximité d'un formidable camp permanent dans lequel se trouve, aujourd'hui, le jardin du château de Gaujacq. Ce château, lui-même, chose à noter, a conservé la forme et la disposition d'une villa ancienne qu'il a probablement remplacée.

Les Osquidates de Tastoa durent être longtemps

rebelles à la domination romaine et ils furent l'objet, de la part des vainqueurs, d'une surveillance spéciale. Nulle part, ceux-ci ne prirent autant de précautions défensives que dans les environs du territoire occupé par ces fiers montagnards qui ont su faire respecter pendant bien longtemps leur indépendance et leurs droits ; nulle part on ne voit autant de camps romains, aussi grands et aussi rapprochés, reliés entr'eux par des postes d'observation sur les points culminants.

Au bourg de Pomarez, dans le jardin de M. Bernède, à Amou, à Bonnut, à Castel-Sarrazin, à Bonnegarde, à Castelnau, à Estibeaux, de tous côtés des camps retranchés dominent la plaine. Celui de Pomarez, chose extraordinaire, est placé au niveau de la traînée ; il est vrai qu'il défend le passage d'un cours d'eau et qu'il commande d'un côté, la vallée du Luy.

Les Romains ne se contentèrent pas de fortifier exceptionnellement cette partie de notre département actuel ; ils en refirent complètement la voirie.

Le chemin allant de Dax vers Beneharnum, que nous n'hésitons pas à placer à Lescar, ne passa plus par Pomarez et la traînée glaciaire. Après avoir quitté à *la Crouzade* de Narrosse (le croisement des chemins), la voie se dirigeant vers Saragosse par Pouillon et Sorde, il traversa le Luy à Saugnacq, longea les coteaux de Mimbaste, où il remonta sur le plateau, coupa, en deux parties presque égales, la commune d'Estibeaux, et arriva un peu au Nord d'Orthez, par Mouscardez et Ossages, suivant une ligne jalonnée sur la carte par une série de lieux ou de maisons portant le nom significatif de *Hitte* (pierre fiche) et distants entr'eux d'une ou plusieurs lieues gauloises.

Une de ces hittes est encore en place à *la Crouzade*, on l'appelle *Peyre-lounque* (pierre longue) et elle est l'objet d'une légende qui est commune à toutes ces bornes milliaires frustes que l'on trouve encore dans la contrée et qu'on a eu le tort de prendre pour des menhirs. C'est la même pour le prétendu menhir de Ste-Colombe, pour la hitte qui se trouvait sur la lande de Rion, etc., etc. ; on peut la résumer ainsi : « Une femme s'en va par une route en « filant et portant sur sa tête la grosse pierre en question. « Arrivée à un carrefour, elle rencontre une fée qui lui « demande où elle va porter sa pierre ? *A Dax*, répond la « femme. La fée réplique, en gascon : *Disetz dounc si* « *Diou plats !* (dites donc s'il plait à Dieu.) *Plats ou noun* « *plats*, répond la femme, *peyre-lounque qu'anira à Dax*. « (que cela plaise, ou non, à Dieu, la pierre longue ira à « Dax.) *E dounc*, dit la fée, *paoüsats lè aqui, tan què plasi* « *à Diou peyre lounque que damourera aqui*. (Posez-la là, « et elle y restera tant que Dieu voudra), et elle y est « toujours restée depuis. » .

De Mimbaste partait un embranchement, moins important que la voie principale, *ab Aquis ad Tolosam*, et allant vers la cité des Tarusates, Aire ; il passait non loin de Tastoa et au milieu du groupe de villas qui, comme nous l'avons vu, composait la ville militaire de Gothiacum. On peut voir encore, à Gaujacq, une immense hitte dans la propriété à laquelle elle a donné son nom et qui appartient à M. Lamothe, juge d'instruction au tribunal de Dax. Cette route desservait, évidemment, à l'aide de petites voies spéciales, les nombreux postes que nous avons signalés dans cette contrée si fortement occupée par les Romains, et Amou, qui constituait probablement déjà, à cette époque lointaine, un centre d'une certaine importance, si on s'en rapporte à la tradition qui veut que ce soit Labienus qui l'ait appelée *Amor*, (en gascon *Amou*), à cause de la beauté du site dans lequel cette petite ville est placée. Pomarez tirerait aussi son nom, remontant lui aussi à la même époque, d'après la tradition, du mot latin *pomarium* (lieu où les fruits sont gardés ou vendus) à cause, peut-être, de l'*emporium* qui devait exister dans cette localité où l'on portait déjà, comme on y porte encore aujourd'hui, pour les y vendre, les fruits savoureux du *pagus Schalossiæ* qui était tout voisin et est devenu la Chalosse actuelle.

*Amor* dut donc être, très probablement le *vicus*, et *Pomarium l'emporium* d'un même *pagus* qui forma, plus tard, la baronnie d'Amou, une des premières dont il ait été fait mention dans notre histoire locale.

Ces deux localités existaient à l'époque Mérovingienne et elles devaient avoir, au commencement du moyen-âge, une importance réelle, comme le prouvent le donjon de l'une et l'abside de l'église de l'autre.

Entre les deux communes, presque à égale distance, se trouve le bourg antique de Castel-Sarrazin, qui, d'après nous, ne fut jamais occupé par les Maures, et dans lequel s'étaient fortifiés des saulniers Salisiens venus pour exploiter la source salée de Gaujacq qui se trouve tout à côté. C'était, primitivement, un poste avancé du grand camp de Gothiacum, et, plus tard, un seigneur local y établit un donjon sur motte dont on voit encore les ruines.

Pomarez est, aujourd'hui, un joli petit bourg pittoresquement placé à l'extrémité d'un promontoire formé par l'érosion du plateau produite par le Luy et par un ruisseau venant de Tilh. A la pointe extrême de ce promontoire, a été construit un vieux donjon servant actuellement de clocher à une église du XIVe siècle, et dont les baies ont été remaniées et mises en harmonie avec le style de l'église.

Ce donjon, qui ressemble beaucoup à ceux du Marsan

offre cette particularité que la tour extérieure contenant l'escalier présente plusieurs retraits successifs, qui font qu'elle est beaucoup plus étroite en haut qu'en bas. Elle est couverte par une toiture en poivrière et paraît remonter au XI$^{e}$ ou au XII$^{e}$ siècle. (Voir la planche).

La rue principale de cette intéressante petite ville présente l'aspect de celles que l'on rencontre dans les bastides de médiocre importance : elle n'a plus de galerie couverte que sur un côté. Il ne reste pas de traces de remparts, ni de fortifications anciennes ; pas même de maisons remontant au-delà du XVI$^{e}$ siècle. La halle est moderne et l'ancien château qui a appartenu, dit-on, autrefois, à une des branches de la famille de Gramont, a été remplacé par une habitation récemment construite.

Amou est un chef-lieu de canton, une véritable ville, qui dut aussi avoir son acte de paréage et ses franchises, car c'est encore une véritable bastide avec sa place traditionnelle, ses rues à angle droit y aboutissant, son église du XIV$^{e}$ siècle, au clocher élancé, et son mur d'enceinte, construit en galets du Luy, dont il reste tout un côté, au Nord. Peut être, n'y en a-t-il jamais eu au Sud, et la ville était-elle simplement défendue, de ce côté, par le canal qui conduit une profonde dérivation, du Luy, à l'ancien moulin seigneurial. Ce canal sépare la ville du forail et est bordé, d'une rangée de maisons en pans de bois et à galeries produisant à distance, un effet des plus pittoresques, et dont plusieurs remontent évidemment au XVI$^{e}$ siècle. (Voir la planche).

L'abside de l'église est romane ; elle avait, comme celle de Saint-Paul-lès-Dax, des arcatures extérieures, avec chapiteaux, qui ont été murées et dans lesquelles se trouvent, dit-on, les tombeaux de plusieurs barons d'Amou, dont le château se voit, au pied du coteau, au Nord, en dehors des remparts, quoique la motte féodale soit à une certaine distance, à l'Ouest. Il pourrait se faire qu'il ait été déplacé lors de sa reconstruction.

Le château actuel est une somptueuse habitation du XVII<sup>e</sup> siècle, offrant cette anomalie que ses croisées à meneaux sont, en apparence, du XVI<sup>e</sup> siècle. (Voir la planche). M. le baron de Claye, propriétaire de cet intéressant monument, et descendant des célèbres seigneurs de Caupenne d'Amou, a bien voulu nous donner le mot de cette énigme archéologique. Le plan de ce château a été fait à Paris, par *Mansard*, et l'exécution en a été surveillée par un vieil architecte du pays qui, trouvant les ouvertures trop grandes, crut devoir leur ajouter des meneaux, pour les consolider.

M. le baron de Claye nous a aussi donné un curieux renseignement à propos d'une petite maison noble, située en face du château et dont la porte (voir la planche), peut se comparer à celle que nous avons reproduite dans notre Etude sur la Ville de Hastingues, (voir la planche et celle qui se trouve dans le premier volume de l'Aquitaine Historique et Monumentale), comme elle, elle paraît être du XVII<sup>e</sup> siècle.

Ce castelet appartenait à un hobereau dont la famille soutenait depuis de longues années avec celle du château une véritable lutte du pot de terre contre le pot de fer, et qui ne trouva rien de mieux, pour y mettre fin, que de s'en aller à Pouillon, dans le Capcazal de Lamieussens, dont il devint propriétaire par voie d'échange, avec les capcazaliers qui portaient le nom de la maison et qui sont devenus la souche d'une famille Lamieussens honorablement connue, depuis, à Amou. Le capcazal de Lamieussens appartient aujourd'hui à notre collègue, M. Descande, qui y cultive d'après une méthode des plus pratiques, les belles vignes dont il a été plusieurs fois question dans les Bulletins de la Société.

On peut vo.r encore à Amou plusieurs portails vraiment monumentaux, à balustres et frontons grecs du XVIIIe siècle. Nous signalons, tout particulièrement, celui du presbytère.

La famille d'Amou jouait déjà un rôle important dans le pays quand les Anglais en devinrent les maîtres. Ses premières armoiries étaient d'azur à trois larmes d'argent, posées deux et une ; plus tard, à la suite d'alliances, elles furent écartelées, au un d'azur à six .plumes d'autruche d'argent, en sautoir, qui est de Caupenne ; au deux d'Amou ; au trois d'or à deux vaches passantes, l'une sur l'autre, de gueules accolées et clarinées d'argent, qui est de Béarn ; au quatre de gueules à deux clefs d'argent posées en pal, qui est de Saint-Pée.

On trouve, au commencement du XIIIe siècle, un évêque de Dax du nom de Gratian d'Amou ; il était frère de Raymond, seigneur d'Amou, qui vivait, en 1200, et dont le fils épousa Jeanne de Poylohaut.

Il n'y eut de ce mariage qu'une fille, Anne d'Amou, qui se maria avec Bertrand de Béarn.

Bertrand eut trois filles : l'aînée fut mariée à Guiche-Arnaud de Caupenne, qui appartenait à une très ancienne famille du pays, alliée à celles de Foix, de Lur et d'Albret.

Le fils de Guiche-Arnaud et d'Anne de Béarn-d'Amou, s'appela Archambaud de Caupenne. Il est qualifié, dans les actes, de seigneur d'Amou et de Saint-Cricq. Il se maria, en 1406, avec Marguerite Domessain, dont il eut un fils aîné, nommé Jean, un cadet, appelé Mathieu, et trois filles.

Jean I de Caupenne, baron d'Amou, épousa, en 1451, Anne de Gramont, et il eut un fils nommé Jean II. Celui-ci se maria, en 1490, avec demoiselle Anne d'Antin de

Gondrin. Le fils de Jean II fut Jean III, seigneur d'Amou et de St Cricq-du-Gave, marié, en 1535, à Françoise de de Saint-Pée, en Labour.

C'est après ce mariage que les armes d'Amou furent écartelées de Caupenne, d'Amou, de Béarn et de Saint-Pée.

Jean III eut un fils nommé Charles, baron d'Amou, seigneur de Saint-Pée, et une fille, Marie de Caupenne, qui épousa le seigneur de Bédorède, de Brutails et de Northon.

Charles fut sénéchal des Lannes, bailli et gouverneur du Labour. Il se maria, vers 1569, avec Marguerite de Bezolles et eut un fils, Jean-Paul, et trois filles.

Jean-Paul succéda à son père, dans le gouvernement du Labour ; il épousa, en 1390, Jeanne de Baylenx-Poyanne.

De ce mariage naquirent quatre enfants :

L'aîné fut Jean IV de Caupenne, baron d'Amou, bailli et gouverneur du Labour, capitaine de mille hommes, marié, le 1er décemdre 1633, à Madeleine de Massiot. Il mourut, en 1659, laissant cinq enfants, dont Léonard, le seul garçon, lui succéda. Une de ses filles, Anne de Caupenne, épousa Bertrand Pascal de Borda.

Léonard de Caupenne fut *marquis d'Amou*, seigneur de Saint-Pée, baron de Bonnut et d'Arsague, lieutenant du roy en Guienne. Il épousa, en 1660, Marie de Gassion, fille de M. de Gassion, président à mortier au parlement de Béarn, et eut de nombreux enfants, entr'autres Henri, *comte d'Amou*, dont le fils, Léonard II, se maria avec la fille unique de Messire Melchior d'Aspremont, vicomte d'Orthe, et devint le chef de branche des Caupenne-d'Aspremont, et une fille, appelée Dorothée, qui épousa, en 1690, le baron de Lataulade.

C'est la descendance de Léonard II, représentée par notre collègue, M. Maurice de Caupenne d'Aspremont, de

Saint-Pandelon, qui continue la lignée des barons ou des marquis de Caupenne d'Amou, la branche d'Amou n'ayant plus de descendants mâles du nom.

L'aîné des fils d'Henri d'Amou fut Jean V, marquis d'Amou, seigneur de Saint-Pée, baron de Pomarez et Castel-Sarrazin, marié, en premières noces, en 1692, à dame Olive Lecomte, de la Tresne, fille du premier président du parlement de Bordeaux, dont il n'eut pas d'enfants, et en deuxièmes noces, en 1706, à Jeanne de Bédorède-Gayrosse, sa parente.

Il eut, de ce dernier mariage, neuf enfants, dont l'aîné s'appelait Jean-Baptiste.

Jean-Baptiste de Caupenne, marquis d'Amou, seigneur de St-Pée, Pomarez et Castel-Sarrazin, fut lieutenant aux gardes françaises et lieutenant du roy, à Bayonne. Il avait épousé, en 1740, Marie-Charlotte de Menou. Il eut cinq garçons et une fille.

Le troisième, Jacques-David-Léonard, comte de Caupenne, marié à Françoise-Victoire de Bréthous, a figuré aux Etats-Généraux de Dax, en 1789. Ses trois fils, officiers supérieurs, sous le premier Empire, sont morts sans enfants, et sa fille, Corisandre, a épousé le baron de Garro.

L'aîné était Anne-Henry-Louis de Caupenne, marquis d'Amou, maréchal de Camp, commandant pour le roi à Bayonne, colonel du régiment de Languedoc-Infanterie, marié, en 1771, à Marie-Magdeleine-Gabrielle-Françoise-Sophie de Poudenx, mort en 1798, après avoir été longtemps détenu, comme prisonnier, au fort de Lourdes, des infirmités contractées pendant sa captivité. Il n'eut pas de descendants mâles.

Sa fille aînée, Zoé-Magdeleine-Sophie de Caupenne,

mariée, en 1800, à Jean-Paul de Claye de Girangy, a eu trois enfants :

Léonce, baron de Claye, propriétaire actuel du château d'Amou, père de notre sympathique collègue de la Société de Borda, M. Anatole de Claye, le vaillant écrivain, si honorablement posé de la presse parisienne, Thaïs, baronne de Sault, et Léopoldine, dame de Castelnau.

Nous recommandons, en finissant, à nos lecteurs qui voudront avoir des détails plus complets sur la famille d'Amou, et sur les diverses localités qui en ont dépendu, l'important et sérieux travail publié dans les bulletins de 1891 et 1892, par M. Gardères, sous le titre suivant : « *Les Seigneurs de Bonnut et d'Arsague. — La Maison Noble d'Amou et la Famille de Caupenne.* »

J.-E. D., G. C.

UNE

# VUE DE DAX

## EN 1612

---

# L'EGLISE DE ST-PAUL

---

## SA CRYPTE & SON ABSIDE

---

NOUS avons publié, en 1890, trois plans de Dax et une vue cavalière de la même ville. C'étaient, à cette époque, les seules représentations graphiques connues par nous de notre ancienne cité.

Le premier plan, que nous avons appelé plan du Génie, date, probablement, d'après le regretté M. Taillebois, de 1600 à 1601, et il est, pour sûr, antérieur à 1614 ;

Le second, connu sous le nom de plan de Classun, porte, sur les divers exemplaires qui existent, les trois dates de 1632, 1634 et 1638 ;

Le troisième, trouvé dans les archives du Château, en

1869, est antérieur à 1671 et remonte, peut-être, à 1654.

La vue cavalière, dont l'original est déposé à la Bibliothèque Nationale, avait déjà été reproduite dans le magnifique volume d'Arthur Loth, contenant la vie de notre illustre et saint compatriote, VINCENT DE PAUL, le grand apôtre de la charité.

Au congrès tenu, à Dax et à Bayonne, en 1882, par la Société Française d'Archéologie, notre savant collègue, M. Adrien Blanchet, avait produit un quatrième plan découvert pàr lui, aux Archives Nationales, et ayant pour titre : « *Carte particulière des environs d'Acqz, où l'on* « *voit la paroisse de St-Paul éloignée du Pont du Sablar* « *de la distance de 520 Toises.* » Ce plan n'indiquant pas, sur l'emplacement du Jardin des Barnabites, les constructions du Grand Séminaire qui y furent bâtics vers l'an 1660, doit remonter, nécessairement, à la première moitié du XVII^e^ siècle.

Le 12 mars dernier, un archéologue, aussi obligeant qu'érudit, M. H. de Montégut, correspondant honoraire du Ministère de l'Instruction Publique, à La Rochefoucauld (Charente), qui avait déjà communiqué à la Société de Borda un curieux diptyque en ivoire, de Sainte Quitterie, nous signala, dans les termes suivants, une découverte bien intéressante pour nous, qu'il venait de faire à Paris, en allant soumettre son précieux diptyque, du XV^e^ siècle, à l'appréciation des spécialistes :

« J'arrive maintenant à un autre objet qui ne manquera « pas certainement de piquer votre curiosité et celle de « vos confrères de la Société. Travaillant au Cabinet des « Estampes, le hasard me fit tomber sur un album de « dessins à la plume, fait par un amateur du XVI^e^ siècle

« qui a relevé les vues d'un certain nombre de villes de « France. (1)

« Parmi elles, j'ai remarqué celles de Mont-de-Marsan « et de Dax. Il est probable que vous avez déjà des vues « de ces deux villes à cette époque. Cependant, comme ce « sont des dessins originaux et que cet album est, à peu « près, inconnu, il est possible que ces dessins diffèrent « des vues que vous pouvez posséder de ces deux villes.

« Quoiqu'il en soit, je vais, à tout hasard, vous décrire « celle de Dax. La vue est prise devant le vieux pont. On « voit ce dernier ayant, à sa première arche, une véritable « défense, une muraille garnie de créneaux défendant le « passage.

« Puis, on suit parfaitement la vieille enceinte des murs « romains. On voit la cathédrale telle qu'elle était à cette « époque, et les principaux monuments de Dax.

« Ce signalement vous sera, je l'espère, suffisant pour vous permettre de savoir si ce dessin est connu et a été « reproduit de nos jours .. »

Nous pûmes, en effet, à l'aide de renseignements aussi complets, nous rendre bien vite compte de l'importance qu'avait, pour notre histoire locale, ce document nouveau et, après avoir vivement remercié M. de Montégut, nous nous empressâmes d'écrire à M. Adrien Blanchet pour le prier de faire faire, au plus tôt, pour nous l'envoyer, une reproduction photographique de la vue de Dax, nous

(1) D'après une seconde lettre de M de Montégut, que nous avons reçue alors que notre travail était déjà composé, l'amateur auteur du dessin à la plume est un Hollandais appelé Duwiert, qui a reproduit, avec une exactitude qu'on a pu vérifier ailleurs, notamment au château de La Rochefoucauld, les villes et les monuments qui l'avaient le plus frappé dans un long voyage qu'il fit en France au commencement du XVII^e siècle.

réservant de demander, plus tard, celle de Mont-de-Marsan.

M. Blanchet nous répondit en nous disant, entr'autres choses : « J'ai examiné l'Album. La vue de Dax (de 1612) « est intéressante à cause du pont fortifié beaucoup plus « que pour les murailles. Il y a aussi, au-dessus, une vue de « Tartas ; puis, après, des vues de *Roquefort en Tursan* et « de *Montemarsan* (sic). » Il nous donna, ensuite, des indications sur le prix de photographies à faire de ces diverses vues qui auront toutes, successivement, leur place dans « l'*Aquitaine Historique et Monumentale.* »

Pour le moment, nous nous sommes contentés de faire reproduire celle de Dax, et nous la présentons aujourd'hui à nos lecteurs en l'accompagnant de quelques explications et des remarques qu'elle nous a permis de faire, et dont certaines offrent un grand intérêt. (Voir la planche).

La vue n'a pas moins de 0,40 c. de long sur 0,15 c. de haut. C'est ce qu'on appelle, vulgairement, une vue cavalière, dans laquelle on a peu tenu compte des règles de la perspective et, à ce propos, nous nous demandons si ce nom de vue cavalière n'a pas été donné à ce genre de dessins parce que, sur tous, le point de vue est marqué par un cavalier qui observe, de loin, le paysage reproduit ? Ou bien, peut-être, a-t-on choisi pour cela un cavalier, à cause du nom déjà donné à ces panoramas traités d'une façon, il faut le reconnaître, souvent, un peu trop cavalière ?

Quoiqu'il en soit, la vue de Dax que nous étudions est datée, très lisiblement, de 1612. Elle porte, comme inscription, cette seule mention : « DAX », et, en dessous, *1612*, en chiffres arabes.

Le faubourg du Sablar, situé sur la rive droite de l'Adour, n'est représenté que par trois maisons éparses et une chapelle que sa situation aide à reconnaître. C'est, évidemment, *Noste Dame d'ou Cap d'ou Poun* (Notre-Dame du bout du Pont), qui occupait l'emplacement où sont construites, aujourd'hui, les maisons Agie, Craste et Marcadieu, en contrebas de la rampe du pont actuel, à gauche en allant à la gare, aux numéros 9, 7 et 5 de la rue Vincent de-Paul. Cette chapelle avait été, croit-on, construite en 1499, par Arnaud de Boirie, évêque de Dax.

Il y avait, dans presque toutes les villes de la région, des églises, ou des chapelles, construites au bout des ponts, à l'entrée des villes. Elles étaient généralement du XVe siècle et s'appelaient, toutes, *Noste Dame d'ou Cap d'ou Poun*. On sait que celle de Pau était l'objet d'une vénération telle que la mère de Henri IV, quoique protestante, l'invoquait au moment où elle mettait au monde celui qui annexa plus tard, comme le disent encore certains bons Béarnais, *la France à la Navarre*, en s'écriant : « *Noste* « *Dame d'ou cap d'ou Poun, ayudat-mè en aqueste hore.* « Notre-Dame du bout du Pont, secourez-moi à cette « heure. »

Le pont au bout duquel se trouvait la chapelle de Dax, avait été construit par les Romains. Il allait du Sablar, de la rampe qui existe encore entre la maison Cadrey et celle qui appartient à M. Robert Craste, à la tour Mirande, aujourd'hui démolie, c'est-à-dire, à peu près au point où se trouve la ligne séparative du jardin des Thermes et de la cour de l'établissement de Dax-Salin-Thermal.

Ce pont fut emporté par une crue de l'Adour, en 1770.

M. de la Serre, que nous avons déjà cité dans notre Etude sur la Ville de Dax, (Bulletin de 1870), en donnait, en 1568, la description suivante :

« Dessus la dite rivière (de l'Adour) a été basty fort « anciennement un grand et fort beau pont de pierre à « grands arceaulx et fort hault, avec un pont-levis au

« milieu, et sur le dit pont il y a deux fortes et belles tours « habitables et de défense dont l'une est depuis quelque « temps abattue le dit pont va respondre de dedans le dit « lieu de St-Paul à la porte de Nostre-Dame. Plusieurs « pensent que c'est le pont appelé, par les Romains, de « *Montrepoly*. »

Si on en croyait la tradition, il aurait été construit, comme le dit M. de la Serre, *fort anciennement*, si anciennement même qu'il remonterait au temps de fées. On se souvient, en effet, que dans les légendes relatives aux *Pierres Hittes*, que nous avons déjà plusieurs fois reproduites, les grosses pierres que les vieilles femmes portaient sur la tête, quand le Bon Dieu leur donna l'ordre de les déposer à l'endroit où plusieurs se trouvent encore, après avoir servi de bornes milliaires à nos voies celtibériennes et romaines, étaient toutes destinées à la construction du pont de Dax.

D'après l'aspect qu'il présente sur la vue que nous examinons, en ce moment, il est évidemment contemporain des remparts et fait partie du même système de défense : comme eux, il est flanqué de tours, en demi-lune, appliquées, de chaque côté, contre les piles, entre ses cinq arches et aux extrémités Une seule de ces demi-lunes a été supprimée quand on a construit la tour qui est placée en dessus du pont, vers le milieu, et une autre, du côté d'aval, a été remplacée par un éperon pour couper le courant, semblable à celui qu'on peut voir encore au pont de Cuchets, au bas des remparts. Ce dernier pont est, peut-être, plus ancien, lui aussi. que nous le pensions tout d'abord Il pourrait se faire qu'une partie, au moins, de la maçonnerie massive qui le compose remontât, comme le pont de Montrepoly et les remparts, au IVe siècle de notre ère.

La tour avec son pont-levis dont parle M. de La Serre,

est plutôt une porte fortifiée qu'une tour. Elle ressemble à l'ancienne porte du château, avec ses machicoulis, et doit être de la même époque, du XIVe siècle. Il est probable qu'elle fut construite pendant la domination anglaise, quand on donna au château sa forme définitive et qu'on remit en état complet de défense toutes les fortifications de la ville.

Cette tour, ou porte, avait bien pu être fortement endommagée en 1568, mais elle n'avait pas été démolie à cette époque, comme on l'a prétendu, car elle présentait, en 1612, tout l'aspect des fortifications du XIVe siècle, et la reconstruction de 1602 dont il est question dans les archives de la Ville ne dût être, certainement, qu'une restauration.

Thore la fait démolir, une seconde fois, en 1661 ; mais elle fut bien vite rétablie, si elle avait été réellement détruite à cette date, car on lit dans le manuscrit Cazenave que, le 18 mars 1665, Monseigneur de St-Luc, à son arrivée en ville, « *fut reçu à la porte la Tour qui est sur le* « *pont par MM. du corps de la ville.* »

Le pont se prolongeait jusqu'à la porte Notre-Dame, placée contre la tour Mirande et donnant accès dans la ville en passant dans l'intérieur du bastion Sainte-Marguerite. Ce bastion existait donc, en 1612, et c'est avec raison que nous l'avons attribué à Errard de Bar-le-Duc et à Sully, et non pas à Vauban, comme le faisait la tradition.

A droite, avant de passer sous la porte Notre-Dame, se trouvait une autre porte fortifiée par laquelle on allait sur la rive gauche de l'Adour, du côté de l'établissement thermal des Baignots qui existait déjà, et qui avait été, au moyen âge, un hôpital pour les pèlerins de saint Jacques de Compostelle.

Le château est plus exactement reproduit dans la vue de 1612 que dans celle de 1707. Le donjon y est représenté carré et avec sa forme et la hauteur qu'il avait, avant que le marquis de Poyanne l'ait fait baisser de 14 pieds. On y voit, aussi, un second donjon. C'est probablement celui que les vicomtes de Dax avaient placé, au XI<sup>e</sup> siècle, à côté de celui des anciens rois d'Aquitaine, que nous avons pu étudier pendant sa démolition et qui, d'après nous,

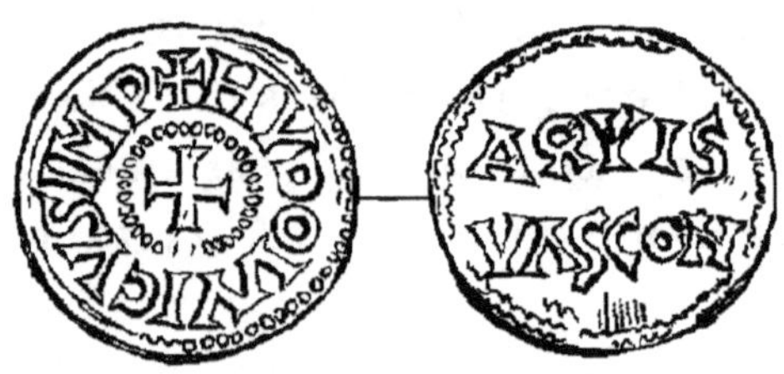

pourrait fort bien avoir été bâti par Louis le Débonnaire. Ce roi avait, d'après de vieux textes, un château dans notre ville, et il y a battu des monnaies des deux types que nous représentons.

Les remparts sont, comme dans la vue de 1707, soutenus, du côté de la rivière, par des contreforts dont on voit, du reste, encore la trace sur le parement extérieur des murs. Toutes les tours ne sont pas reproduites dans le dessin, qui donne, de plus, une trop grande longueur aux remparts qui vont du château à la tour d'angle, appelée tour de Cuchets, comme le pont qui se trouve presque à ses pieds.

La porte St-Pierre est déjà à sa dernière place, et non plus à l'ancienne porte Julia. Elle n'est pas défendue, comme elle l'a été bientôt après, par un ravelin en terre, mais bien par un véritable fortin, avec deux tours, dont il ne reste plus rien, et qui ont dû être démolies, avant 1632, si elles ont jamais existé, car on trouve le ravelin sur le plan de Classun qui a cette date.

Vers le milieu du panorama, juste en dessous du titre DAX, se trouvent deux clochers dont l'un, le plus à gauche, est très élevé. Il paraît appartenir d'après sa position dans le plan, à la chapelle des Pénitents. Ce clocher ne figure pas dans la vue de 1707, et nous en avons trouvé le motif dans ce fait que, d'après les archives, il n'aurait été bâti qu'en 1709. Il est fort possible, et la chose ne peut même avoir aucune autre explication, qu'il y eut à l'ancienne église de Notre-Dame de Pitié *(Pietat)*, dans laquelle les Pénitents furent établis par l'évêque Jean-Jacques Dussaut, sous l'invocation de saint Jérôme, en 1611, un clocher qui, comme la tour de la cathédrale ionique, se serait écroulé et aurait été remplacé, plus tard, par celui de 1709.

Le clocher et l'église que l'on voit tout à côté sont, sans aucun doute, celui et celle du couvent des Carmes, et leur proximité prouve bien que le premier n'a pu appartenir qu'à la chapelle des Pénitents.

On voit, ensuite, peut-être un peu trop à gauche du centre de la ville, quoique si on se place, comme nous l'avons fait, au point de vue marqué par le cavalier, c'est-à-dire sur le quai de l'ancien magasin de résineux de la famille Pouble, au Sablar, sa position soit, à peu près exacte, la cathédrale dont l'élévation et les grandes dimensions dépassent celles de toutes les autres constructions.

Cette cathédrale de 1612 est l'église gothique, dont nous

avons bien souvent parlé, et qui s'est écroulée en 1646, tandis que celle représentée dans la vue de 1707 est la cathédrale ionique actuelle.

Quoique le dessin que nous étudions soit probablement un peu fantaisiste, il nous donne cependant, sur notre ancienne cathédrale des renseignements précieux, qui nous suffiraient avec ceux que nous avons par ailleurs, et les constatations que nous avons faites avec M. Sanguinet, architecte, pendant les dernières démolitions, pour en reconstituer le plan et en donner une description d'une exactitude presque complète.

Nous avions déjà les dimensions de la nef et des bas-côtés, leur hauteur et la position du transept qui était, d'une travée, plus à l'est que celui de la cathédrale qu'on vient de restaurer ;

Nous connaissions, aussi, très exactement, ce qu'avait été le magnifique porche ogival, sous lequel se trouvait l'incomparable portail historié qui va être bientôt remonté dans l'intérieur de notre église ; les nombreuses sculptures rencontrées dans les décombres, en démolissant le mur d'enceinte du jardin de la sacristie, nous avaient donné une haute idée de la richesse des ornements intérieurs de l'antique basilique, plus belle certainement, plus grande et mieux décorée que ne l'est la cathédrale, cependant si remarquable et si bien restaurée de Bayonne ;

Le dessin de 1612, le seul que l'on connaisse représentant plus ou moins fidèlement notre monument dacquois, nous apprend, de plus, que le clocher qui surmontait le porche était un simple campanile et qu'on n'avait pas encore construit la flèche élancée qui aurait dû achever un aussi beau et si complet monument. Il nous fait voir aussi qu'il existait, à côté du transept nord, dont on remarque la large baie qui devait avoir de bien beaux vitraux, un second clocher, une tour à pans coupés, qui devait avoir appartenu à l'église romane de 1045, car son aspect, telle qu'elle est représentée, n'a rien de gothique. Enfin, nous trouvons dans ce dessin la longueur du chœur et de l'abside relativement à celle de l'ensemble de l'église, et nous sommes confirmés dans l'idée que nous avons émise, en 1879, et depuis, que l'abside s'étendait assez avant dans la cour de l'Hôtel-de-Ville, qui était autrefois l'évêché.

Le clocher de la chapelle des Ursulines ne figure pas dans la vue de 1612, tandis qu'il se trouve dans celle de 1707. La raison en est bien simple, c'est que leur couvent de Dax ne fut fondé qu'en 1654, par l'évêque Jacques Desclaux.

C'est pour la même raison qu'on n'y voit pas, non plus, l'église des Barnabites qui ne s'établirent dans notre ville qu'en 1631.

Le clocher élevé qui se trouve le premier, à gauche de la cathédrale, ne peut donc être que celui des Cordeliers, dont le couvent, remontant à 1226, se trouvait sur l'emplacement occupé, aujourd'hui, par l'Hôtel des Postes et le Théâtre, et dont le jardin est devenu les arènes des courses.

On savait, du reste, par les archives, que ce clocher avait *cent pieds de haut* et qu'il a été détruit par un incendie, en 1799.

La tour carrée, située à côté d'une grande maison, à proximité de la porte St-Pierre est, évidemment, le beffroi de l'Hôtel-de-Ville qui était construit dans la cour de la maison Lasserre, rue Large, n° 9.

Cet Hôtel-de-Ville avait été, en partie, détruit par un incendie occasionné par une explosion de poudre, et il fut réparé complètement, en 1727. On sculpta, à cette époque, sur la porte de sa façade principale, la statue équestre de

Louis XV. Un second incendie le détruisit complètement, à nouveau, au commencement de ce siècle, et, en 1814, dit J.-B. Thore, *il n'en restait plus que des décombres.*

---

# L'EGLISE DE SAINT-PAUL

## SA CRYPTE & SON ABSIDE

---

A l'angle, à gauche, au bas de la vue de Dax, est dessinée, dans un encadrement spécial de 0,06 c. de côté, l'église de St-Paul et, au devant de cette église, à une certaine distance au sud du clocher, on voit une immense grotte, dans laquelle sont placés trois sarcophages. Dans le haut de ce dessin annexé à celui que nous venons d'étudier, on lit l'inscription S<sup>T</sup> PAUL. Le T du mot saint, mis en abrégé, est placé en dehors de la ligne, en dessus entre S de Saint, et P. de Paul.

Saint-Paul, quoique formant une commune séparée est, en réalité, un faubourg de Dax. Son église est située sur un plateau qui n'est qu'à deux kilomètres, environ, de la cathédrale et elle dessert, à la fois, la commune proprement dite de St-Paul et tout un quartier populeux dépendant de Dax, appelé le Sablar.

Comme à St-Vincent-de-Xaintes, l'emplacement qu'occupe l'église, à St-Paul, paraît avoir été consacré au culte depuis les temps les plus reculés de notre histoire locale.

Il y avait, à l'époque gallo-romaine, un petit temple placé à côté de la source, dite depuis fontaine de la Médaille, dont les eaux étaient conduites à Dax, par un aqueduc dont Oihénart parle dans sa « *Notitia utriusque Vasconiæ* » dans les termes ci-après ; « Supersunt in Suburbano trans « Atturum omnem (quà ad D. Pauli Basilicam itur) reli- « quiœ veteris aquœ ductus. »

Tous les auteurs anciens et la tradition nous ont également conservé le souvenir de · cet aqueduc qui était supporté par de grandes arches en briques et recouvert de dalles en pierre calcaire, larges de six pieds. D'après Dompnier de Sauviac, (1) on voyait encore, au commencement du siècle, dans les prairies basses du Sablar, à droite en allant de la gare vers la ville, de vieux piliers en briques. Enfin, il y a une cinquantaine d'années, des travaux de déblais exécutés dans le jardin de la maison Truol, situé sur la pente du coteau de St-Paul, juste en dessous de l'endroit où est figurée la crypte dans le dessin de 1612, firent découvrir des substructions fort anciennes, dans lesquelles M. Hector Serres reconnut facilement la canalisation souterraine, sur ce point, de l'ancienne conduite d'eau.

Aussi, nous demandons-nous si la prétendue crypte de St-Paul, que nous avions toujours cru située en dessous de l'abside et qui, notre dessin nous l'apprend, se trouvait au Sud, en dehors de l'église, n'est pas, tout simplement, le réservoir voûté qui alimentait l'aqueduc et qui aurait été utilisé comme lieu de sépulture, après la destruction de l'aqueduc par les Normands, en 845 ?

Cette hypothèse, basée sur des constatations certaines, car l'auteur de la vue de 1612 n'a pas pu se tromper sur la situation de la crypte relativement à l'église, et la place où se trouvait l'aqueduc n'est pas douteuse, aurait l'avantage d'expliquer, jusqu'à un certain point, l'envahisssement

(1) Dompnier de Sauviac. — Chronique de la Cité et du Diocèse d'Acqs. T. I, p. 76.

par les eaux du coteau et de l'ancienne source de la Medaille, de la crypte, qu'on appelle avec raison, dans les anciens textes, *spelunque*, ce qui veut dire grotte, et rien ne ressemble à une grotte comme un réservoir voûté ; du reste, d'après un auteur, c'était une *caverne voûtée*.

On lit, en effet, dans la grande géographie de Büsching, traduite de l'allemand, à Strasbourg, en 1786, le curieux passage suivant :

« Derrière l'église de St-Paul, située à une petite « distance de l'Adour, à l'opposite de la ville, est une « spelunque, *ou caverne voûtée*, qui renferme trois tombeaux « de marbre antique qu'on a regardés comme merveilleux, « à cause d'une certaine mesure d'eau qui s'y trouve cons- « tamment. *Les auteurs philosophes en attribuent la cause au « flux de la mer qui n'en est éloignée que de 5 lieues et qui « doit y communiquer par des voies souterraines et des « espèces d'aqueducs spongieux.* »

Ces auteurs philosophes du XVIII^e^ siècle ne savaient évidemment pas que la *caverne voûtée* faisait, elle-même, partie d'un aqueduc qui n'avait rien de mystérieux, dans lequel les eaux de la source de la Médaille devaient continuer à pénétrer plus ou moins, quoique les tuyaux de conduite aient été, en partie, détruits et obstrués.

Le dictionnaire d'Expelly de 1764 donne, à peu près, la même légende. Il ajoute même que l'eau s'élevait dans les tombes au moment de la pleine lune, et que son niveau était très bas à la nouvelle lune.

La spelunque n'existe plus, mais deux des sarcophages qu'elle contenait, (le dessin de 1612, d'accord avec la tradition, en représente trois), ont été retrouvés par nous et sont déposés au Musée de Borda.

Ils sont en beau marbre blanc des Pyrénées et ressemblent à ceux que nous avons découverts, il y a deux ans, à

St-Vincent-de-Xaintes. Ils ne présentent ni sculptures ni inscriptions ; l'un d'eux a seulement, sur ses quatre angles, de petites colonnes fort simples. Pour nous, ils sont carlovingiens. Leur forme est, à peu près, semblable à celle d'un autre tombeau qui est sculpté sur l'un des bas-reliefs de l'abside, dont nous parlerons bientôt.

Nous savons, d'une façon positive, que l'église de St-Vincent, bâtie, une première fois, par le Saint lui-même, au III$^{e}$ siècle, puis détruite par les païens, avait été relevée de ses ruines, en 506, par l'évêque Gratian.

L'histoire nous apprend aussi que l'évêque Maximus avait construit une chapelle, en 512, à côté de la cathédrale de Dax. Nous en avons même retrouvé l'abside, il y a quelques années, en dessous de l'ancien cloître.

Mais rien ne nous indique la date exacte de la construction de l'église, consacrée à St Paul, ermite, qui dut remplacer le sacellum païen dont Oihénart dit dans sa notitia : « Nec procul inde in quodam sacello antiquus « lapis romanis litteris inscriptus. »

Les matériaux de ce sacellum durent être utilisés pour

cette première église, car on en retrouve encore, et en grand nombre, dans le soubassement et dans les murs de l'abside. Toutes les colonnes de marbre qui soutiennent ses arcatures extérieures et plusieurs de leurs chapiteaux n'ont même pas, suivant nous, d'autre origine. Il nous sera facile de le prouver quand nous en donnerons la description.

Ce qui est certain, c'est que, au Xe siècle, il y avait une église à St-Paul et que Lupus, vicomte de Dax, cousin de l'évêque Gombaud, fit donation *à l'ermite de St Paul* (sic) d'une partie de ses biens, d'après des indications précises que nous trouvons dans la charte de Lescar et dans les archives de la maison de Ravignan.

Cette donation prouve, évidemment, qu'à cette époque on devait restaurer, ou reconstruire, l'église dévastée par les Normands, en 848, et que Gombaud, surnommé le *grand bâtisseur*, dût s'occuper de cette restauration à laquelle il fit contribuer son cousin (1)

Ce fut, peut-être, lui qui fit sculpter pour cette église, plus petite que celle du XIIe siècle, les bas-reliefs en marbre de l'abside. Ils sont, d'après nous, de son époque, et les pierres d'appareil du soubassement portent, comme marques de tacherons, des croisettes carlovingiennes qui viennent confirmer le fait de la construction d'une église nouvelle à St-Paul, comme à St-Vincent, à une date qui doit coïncider avec celle de l'épiscopat de Gombaud.

Cette église carlovingienne fut-elle détruite par les Béarnais lorsqu'ils vinrent assiéger Dax, en 1107, et que

(1) La date de cette donation prouve encore que l'église de St-Paul n'a pas été fondée, comme on l'a dit, par les *Ermites de St Paul*, ou *Freres de la Mort*, qui ne furent établis, en France, qu'en 1620, par le R. P. Guillaume Callier. (Encyclopedie de l'abbé Migne. T. XXII).

le vicomte de Dax, Navarrus, fut tué dans une bataille livrée sous les murs de la ville ? On n'en sait rien, mais ce ne fut, vraisemblablement, qu'après que le mariage d'Eléonore d'Aquitaine, avec Henri d'Angleterre, eut fait passer toute la contrée sous la domination des Anglais, qu'on construisit l'église dont l'abside fait, encore aujourd'hui, l'admiration des archéologues et des artistes.

Le style de ce monument, ou plutôt de ce qui en reste, est d'accord, pour le faire supposer, avec les données de l'histoire : car tous ceux qui l'ont étudié l'attribuent à la fin du XIIe siècle, et leur opinion est corroborée par ce fait que, en 1169, Arnaud de Bayonne, alors évêque de Dax, excommunia un de ses cousins qui s'était emparé des oblations faites à l'église de St-Paul. Ces oblations étaient, évidemment, destinées à subvenir aux dépenses occasionnées par la reconstruction de cette église. (Compaigne et Manuscrit de Thore.)

La nef du XIIe siècle, si elle a jamais été terminée, fut, très probablement détruite, comme beaucoup d'autres l'ont été dans la région, soit pendant une de ces nombreuses révoltes qui obligèrent Richard Cœur de Lion, à venir faire, en quelque sorte, la conquête de la Gascogne ; soit lorsque Jean-Sans-Terre déposséda de l'Aquitaine son neveu, Arthur ; soit, enfin, lorsque, en 1288, Philippe-le-Bel vint assiéger et prendre d'assaut la ville de Dax, qui fut bien vite reprise par les Anglais.

Peut-être aussi s'effondra-t-elle, sous son propre poids, comme cela arriva, au dire de Viollet-le-Duc, à beaucoup d'églises romanes.

Au XIVe ou au XVe siècle, on dut reconstruire une nouvelle nef. Elle était séparée du clocher, car la porte qui le fait communiquer avec la nef actuelle est une porte extérieure *se barrant* en dedans et portant des traces nombreuses des assauts que le donjon avait dû subir, à la fin de l'occupation anglaise. Ce clocher est aussi du XIVe ou du XVe siècle. On orna, à cette même époque, les parvis du chœur et du sanctuaire de peintures avec inscriptions, représentant l'histoire d'Adam et d'Eve, le meurtre d'Abel, le déluge, etc.

Ces peintures avaient été découvertes, il y a 40 ans environ, par le savant abbé Pédegert, alors professeur au grand séminaire de Dax, qui les avait dégagées du badigeon qui les recouvrait. Elles ont été malheureusement détruites lorsqu'on a, il y a quelques années, restauré, pour la dernière fois, l'église de St-Paul, et bâti une nouvelle nef, sans voûte, et deux bas-côtés qui n'ont rien de monumental, quoiqu'ils soient l'œuvre d'un architecte des plus distingués, M. Durand, l'auteur des plans de l'église de Tartas, de celles de Peyrehorade et de Soustons, et de la basilique de Lourdes.

M. l'abbé Pédegert protestait énergiquement, dans une lettre qu'il écrivait à l'un de nous, quelque temps avant sa mort, contre la destruction de ces peintures murales, et il disait, avec raison, que ces fresques, sagement ravivées, auraient constitué un ornement bien préférable à toutes les peintures modernes.

En 1856, M. Leo Drouyn, un maître en Archéologie, fut frappé de *la beauté et de l'originalité* de l'église de Saint-Paul et, plus particulièrement, des sculptures de l'abside, et il en publia la description dans le Bulletin Monumental.

Ces mêmes sculptures ont été, aussi, l'objet de sérieuses études de la part des membres des congrès tenus à Dax, en 1882 et en 1888, et parmi lesquels figuraient des spécialistes, MM. Léon Palustre, le comte de Marcy, Ledain, de Lasteyrie, etc.

Le R. P. Labat, un archéologue aussi modeste que

savant, nous a laissé sur leur interprétation des notes précieuses, dont nous avons déjà tiré un grand parti pour la rédaction d'un mémoire communiqué au Congrès de 1882 et auxquelles nous ferons encore, aujourd'hui, d'importants emprunts.

Enfin, nos bas-reliefs ont été magistralement étudiés par M. le Chanoine Didelot, qui en a fait un chapitre de ses savantes publications sur l'ANAGLYTIQUE SACRÉE, dans la « REVUE DE L'ART CHRÉTIEN ».

Il ne reste plus, de l'église romane, que le chœur et le sanctuaire, encore la voûte est-elle moderne.

L'arc triomphal est un plein cintre. Il est supporté, de chaque côté, par une colonne à demi engagée, dont la base rappelle le XI$^{e}$ siècle et dont le chapiteau est orné de feuillages retournés, assez primitifs.

Trois baies éclairent le sanctuaire. Elles sont étroites et hautes, en plein cintre, encadrées entre deux colonnettes à empattements, à la base, et à feuillages, aux chapiteaux. L'archivolte est ornée de têtes de clous. Tout le fond du sanctuaire, intérieurement, est creusé de onze arcades, formant *un consessus* avec ses stalles dans de véritabfes niches aiguës, surmontées d'une archivolte, ou plutôt entourées d'une grosse moulure formant, à la fois, des colonnes sur les côtés, et une archivolte en dessus.

Mais c'est surtout l'extérieur de cette abside qui est remarquable :

Elle se compose (voir la planche), de cinq travées séparées par des contreforts très saillants, avec retraites en glacis, et offrant tous les caractères des contreforts du XII$^{e}$ siècle. Dans le sens de la hauteur, elle est divisée en deux parties et, entre les deux, se trouve un fort bandeau décoré de billettes. La partie inférieure, formant soubassement, est formée d'une arcature, en plein cintre, interrompue par les contreforts.

Au dessus du bandeau, se voient les magnifiques bas-reliefs, en marbre blanc, que nous allons examiner en détail, et aussi complètement que possible, ainsi que les chapiteaux du soubassement.

Mais avant d'entrer dans ces détails, constatons que les fenêtres présentent extérieurement les mêmes ornements qu'à l'intérieur, et que l'arcature inférieure repose sur des colonnes de marbre qui proviennent, sans aucun doute, d'un monument gallo-romain. L'angle saillant de l'arcature est couvert par un boudin, et l'entrados est orné d'une rangée de billettes.

La maçonnerie comprise entre les arcades et celle de l'ensemble de l'édifice est d'un appareil moyen et offre cette particularité que, sur plusieurs de ses parements, elle a conservé, dans sa taille, les lignes obliques et contrariées du système carlovingien, tandis que les moulures du consessus et quelques pierres du soubassement sont layées verticalement ou longitudinalement, comme on l'a fait au XIe siècle. Cependant la plupart des pierres sont ou brettelées au marteau, ou piquées à la smille, ou même polies, surtout celles des colonnes ; ce qui indique, pour le Midi de la France, la fin du XIIe siècle.

Il ressort évidemment, de ces diverses observations, que l'architecte de l'abside a utilisé des matériaux provenant de monuments plus anciens, comme l'ont fait, du reste, ceux qui ont construit l'église du Mas d'Aire et celle de St-Gerons de Hagetmau. Les marbres de Lourdes, de Campan et de Sarrancolin qui s'y trouvent et les beaux marbres blancs, de deux qualités différentes, proviennent, peut-être, ou du Sacellum payen, ou des temples, des thermes ou des palais de la cité tarbellienne, détruite par les Normands, en 845.

Les chapiteaux, dont nous aurons à parler plus loin, sont, du moins plusieurs d'entr'eux, aussi bien antérieurs au XIIe siècle, quelques-uns sont romains, et leur ordre a été interverti comme celui des panneaux des bas-reliefs. Nous allons tâcher de découvrir le sens mystique de ces chapiteaux et de ces panneaux en les décrivant et en nous aidant des savantes études dont ils ont déjà été l'objet.

Bien avant les réformateurs de l'enseignement moderne, l'Eglise avait compris l'importance de l'enseignement par l'image, et les inventeurs des *leçons de choses* n'ont fait qu'imiter les premiers sculpteurs chrétiens qui avaient représenté sur leurs chapiteaux d'abord, sur leurs bas-reliefs ensuite, les traits principaux de l'Ancien et du Nouveau Testament.

Les conciles de Nicée, de Constantinople et d'Ephèse, dont M. le chanoine Didelot résume les décisions et les travaux dans son intéressante brochure, nous donnent une juste idée de l'importance, de la signification et de l'objet de l'iconographie à ses époques reculées, où on n'avait pas, comme aujourd'hui, les livres et les publications imprimées et illustrées, pour instruire le peuple et pour graver dans sa mémoire les enseignements sacrés, en s'adressant à ses yeux et à son imagination.

Le concile d'Ephèse régla même « les méthodes de « parallélisme, de groupement, de classification, pour « ainsi parler, scientifique dont on s'est fort peu écarté « dans la suite des âges...

« Sixte III, aidé du saint et docte Cyrille, composa « avec toutes ces figures et leurs réalisations adorables, « un fond d'iconologie doctrinale. Ce fut une des premiè- « res et des plus savantes synthèses de l'art chrétien. Il « répartit son vaste sujet en plusieurs tableaux dont il

« décora les murs de la basilique de Sainte-Marie Ma-
« jeure. » (Chanoine Didelot).

Les allégories ne tardèrent pas à figurer dans l'ornementation sculpturale ; à côté de la représentation des faits, on vit bientôt celle des dogmes et des mystères, et la chose alla si loin, au XIe et au XIIe siècles, que saint Bernard put, avec raison, reprocher à l'école clunysienne de la pousser à l'excès et de se lancer dans un allégorisme par trop exagéré.

Ce reproche est certainement bien mérité pour certaines de nos sculptures de Saint-Paul, quoiqu'elles soient plus anciennes que celles dont parle Saint Bernard. L'imagination méridionale avait exercé sur nos architectes locaux une précoce influence et, peut-être, l'iconographie allégorique avait-elle été en honneur dans nos contrées, avant de l'être dans le Centre et dans le Nord de la France. La vogue de ces représentations mystiques ne fit, du reste, que croître à l'époque romane proprement dite et nous eûmes bientôt un peu partout, surtout au XIe siècle, de véritables hiéroglyphes dont il nous est quelquefois bien difficile de retrouver le sens, et dont on peut se faire une idée par les remarquables travaux de M. le chanoine Bessselière, sur les chapiteaux romans de la contrée. (Bulletin de la Société de Borda).

Les faits bibliques, les dogmes évangéliques, les préceptes de la morale, tout fut mis en action ; *on alla jusqu'à donner, en quelque sorte, un langage aux pierres en leur faisant représenter des mots et des phrases entières, des citations des livres saints ou des inscriptions commémoratives.* (Notes du R. P. Labat). C'est ainsi que cet érudit jésuite a pu lire sur le tombeau de Sainte Quitterie, à Aire, ces paroles de Saint Paul : « *J.-C. a été livré à la mort pour uous délivrer de nos péchés, et il est ressuscité pour nous soustraire à la mort.* »

Ce qui rend souvent encore plus difficile l'interprétation de ces hiéroglyphes chrétiens, c'est qu'on y trouve quelquefois mêlés des faits historiques, des paraboles, des symboles, des apologies et des allégories. Heureux quand on n'y voit pas intervenir la légende et même la fable, sans compter la satyre et les personnages grotesques qui apparaissent dès la fin du XIIe siècle.

On aurait tort de considérer ce mélange comme un système incohérent : outre qu'il est simplement apocalytique, comme l'est aussi souvent son thème, ne trouve-t-il pas son analogue et sa justification dans cette alliance, si reçue, de la métaphore et du terme direct dans nos phrases les plus classiques comme dans les plus usuelles ?

C'est en faisant application de ces principes à nos bas-reliefs de Saint-Paul, que le R. P. Labat y découvre la traduction matérielle de ces mots de l'apocalypse : « *Ils* « *ont vaincu le dragon par le sang de l'agneau.* » *C'est, pour lui, le salut offert par l'Eglise à tous les passants de ce monde.*

En examinant, un à un, les panneaux, nous allons voir si cette interprétation est exacte :

*Première Pierre.* — Elle est au Sud. M. Léo Drouyn en donne la description suivante :

« Ce premier bas-relief est composé de trois animaux « fantastiques : le premier, à partir de la gauche, est une « espèce de basilic, à tête de canard ; de son bec sortent « des flammes ; le bout de sa queue est formé par une tête « de monstre cornu. La tête du second animal est de « face, il tire la langue ; au bout de sa queue est une « autre tête de monstre cornu qui vomit des flammes ; une

« de ses pattes est levée et il entrecroise ses griffes avec « celle du troisième animal dont la tête est de profil ; deux « cornes ornent son nez ; une large et longue langue pend « au-dessous de son menton ; il vomit des flammes dont le « jet va frapper la tête du second animal ; il a deux « bosses ; la première est formée par une tête de monstre ; « vue de face et armée de cornes, la seconde est placée « sur sa croupe ; elle est formée par une tête de profil « avec cornes sur le nez. Sa queue se termine par une « tête de serpent ; de la gueule de cette tête sortent : un « dragon ailé vomissant des flammes, et un serpent armé « d'une corne et orné d'une crinière, il vomit également « des flammes. De la croupe du second et du troisième « animal sortent des doigts armés de griffes. Entr'eux « s'élève une tige ressemblant à une fleur de lis. »

« Il est impossible, » ajoute M. Drouyn, « de voir des « animaux fantastiques plus admirablement composés. » Mais, ce qu'il attribue *aux rêves bizarres d'une imagination en délire* pourrait bien, nous allons le voir, avoir un sens et, dans tous les cas, d'accord avec le savant archéologue bordelais, nous ne craignons pas de dire : « Tout cela est « plus effrayant que grotesque : c'est de la sculpture « vigoureuse bien dessinée et qui est loin d'être vulgaire. »

Ce premier panneau était originairement plus grand, il a été raccourci du côté gauche, et le morceau qu'on en a enlevé se trouve placé plus loin.

Pour M. le chanoine Didelot, c'est l'une des pages les plus intéressantes et les mieux réussies que l'on connaisse de la faune apocalyptique du moyen-âge. Elle est fort ingénieuse de composition, vigoureuse de ciseau et de modelé, d'une franche et droite allure, et on ne peut plus curieuse de configuration fantaisiste.

Il y voit la traduction du passage suivant du livre de l'Apocalypse, au IXe chapitre :

« *Et l'on vit des sauterelles semblables à des chevaux préparés pour le combat. Leur visage était comme des visages d'hommes...*

*Ces chevaux avaient des cuirasses de fer, et le bruit de leurs ailes était comme un bruit de chariots à plusieurs chevaux qui courent au combat.*

*Leurs queues etaient semblables à des scorpions. et armées d'aiguillons.*

*La puissance de ces chevaux est dans leurs bouches et dans leurs queues, parce que leurs queues sont semblables à des serpents ayant des têtes dont elles blessent.*

*Et les têtes des chevaux étaient comme des têtes de lions ; et il sortait de leur bouche du feu, de la fumée et du soufre.*

*Un autre prodige parut dans le ciel, un dragon roux qui avait deux têtes.* »

Puis, analysant en détail les sculptures du panneau, le savant chanoine ajoute :

« *Ce sont d'abord trois quadrupèdes prêts au combat, brillamment harnachés de cuirasses à maille de fer, le visage se rapprochant de visages d'hommes, l'un d'eux pourvu de fortes ailes.* »

« *Ils ont l'allure de chevaux et la tête comme des têtes de lions ; et l'on voit jaillir de leur bouche du feu, de la fumée et du soufre.* »

« *Leurs queues ressemblent à des scorpions armés d'aiguillons qui sortent très accentués d'acuité et de longueur.* »

« *Leur tête révèle une grande énergie. On sent que leur puissance est dans leur bouche, comme aussi dans leurs queues qui, conformément au texte sacré,* « SONT SEMBLABLES

« A DES SERPENTS AYANT DES TÊTES DONT ELLES BLES-
« SENT. »

« *A droite est un quadrupède à trois chefs ; il en affronte un autre, un émule de guerre, non moins opulemment caparaçonné.* »

« *Tous deux ont la queue à tête caudale ; chez l'un, celui de droite, la tête est d'un dragon ailé, allongeant un dard formidable ; chez l'autre, d'un scorpion dont le soufle est de flamme.* »

« *L'un étale, dans une gueule béante, deux effroyables rangées de dents. L'autre affecte un air de penseur intrigué et soucieux. Ils sont évidemment en pourparlers ; le statuaire n'a rien formulé qui nous permette d'interpréter ce qu'ils disent. A moins que ce ne soit très perfide, ce ne paraît rien de méchant. Ils se donnent la patte, les griffes croisées au dessus d'une variété de fleur de lis ; ils ont l'air de convenir ensemble d'une entente cordiale, mais non pas, à coup sûr, au profit du juste dont ils ne voient fleurir, entre eux deux, le symbole que pour s'animer contre lui d'une fureur mortelle.* »

« *Aux pieds du monstre à trois chefs serpente une couleuvre à trois têtes dont une tête caudale, autrement dit l'*AMPHISBÈNE, *qui marche indifféremment en avant ou en arrière.* »

« *Nous ne nous arrêterons pas aux divers sens figurés que les bestiaires antiques attribuent à cet informe produit zoologique ; mais il nous paraît d'une saine exégèse d'y voir, entre autres significations, celle de l'homme lui-même qui sent souvent deux hommes en soi* : « C'EST L'ESPRIT
« QUI CONSPIRE CONTRE LA CHAIR ET LA CHAIR CONTRE
« L'ESPRIT. »

Le R. P. Labat a donné une explication toute différente de ces hiéroglyphes apocalytiques et elle a été reproduite par l'un de nous dans une étude de l'abside de Saint-Paul, publiée par lui dans le bulletin du Congrès archéologique de Dax de 1882 : (1)

Pour lui, cette première partie se raccorde avec l'ensemble du bandeau qui nous montre LE MAL, LA DÉLIVRANCE DE CE MAL ET L'ETAT DU DÉLIVRÉ ; et ce premier tableau n'est que la représentation matérielle du mal sous tous ses nombreux aspects :

Le grand mal est dans l'animal qui cherche à régner en nous, tandis que c'est la raison qui devrait avoir le dessus. Adversaire terrible, il se triple encore par ses trois convoitises animales : c'est d'abord le *superbe* qui cherche à prendre son vol trop haut par l'ambition et dont l'arrière-pensée, la queue, est cet orgueil qui le porte à se croire plus de mérite que n'en ont les autres. C'est l'*avarice*, ce lion dévorant de la cupidité, dont la queue offre un second vice, *la ténacité*. C'est enfin la *sensualité*, celle-ci a autant de têtes que nous avons de sens. Trois dominent : la première est, selon les auteurs, *la gula*, la gourmandise, la seconde, celle des yeux ; la troisième, la moins honorable, celle du toucher. A la queue de ces trois premières, viennent la curiosité d'entendre et la sensualité de l'odorat.

Ne venons-nous pas de faire une seconde description plus complète, peut-être, que celle donnée par M. le chanoine Didelot à l'appui de sa thèse, de notre pierre historiée, de ces trois monstres qui se tiennent par la main, de la disposition et de la forme de leurs têtes multiples ? Il n'est pas nécessaire de pousser trop loin la confrontation des détails avec ceux des vices représentés,

(1) L'Eglise de St-Paul et son abside Romane, par M. J.-E. Dufourcet. Congrès de Dax, 1882.

surtout pour la dernière bête, la plus complexe ; cela cependant, serait facile.

Constatons la présence, dans ce premier panneau, non pas d'une, mais de plusieurs fleurs de lis qui pourraient bien vouloir indiquer le caractère royal des bêtes qui y figurent. L'esprit prophétique avait conservé, comme symboles, dans les écritures, les animaux royaux et syncrétiques de l'Egypte et de l'Assyrie. Aussi, saint Jean, dans son Apocalypse, en oppose-t-il trois à l'Agneau, et l'un à sept têtes et dix cornes ; ce qui donne encore à trois têtes la prédominance, comme dans notre sculpture, toute morale, et pour laquelle l'artiste qui l'a exécutée n'a, peut-être, pas assez servilement suivi les modèles qu'il avait sous les yeux, comme semblent l'indiquer certains menus détails.

Il existe, au Puy-en-Velay, un lion, à peu près, semblable à celui de Saint-Paul, et dont le dos donne naissance à une tête d'âne, et la queue à une tête de serpent

M. Didelot compare aussi, avec raison, les animaux fantastiques de notre premier bas-relief à l'amphisbène qui se trouve à la vieille église de Saint-Jean de Perpignan et qui représente une sorte de coq, mordant de son bec, en se retournant, l'extrémité de sa queue, en forme de serpent, terminée par une tête d'homme.

*Deuxième Pierre.* — Elle n'est évidemment pas à sa place, car on y voit la *Résurrection du Sauveur*, et elle ne devrait, par conséquent, venir qu'après le *Crucifiement* qui se trouve sur le septième panneau :

Deux anges soulèvent le couvercle d'un sarcophage dont la forme nous semble absolument carlovingienne : au dessus est placée une main d'un autre ange invisible tenant une croix, ou plutôt *une croisette* aussi carlovingienne et deux bras, munis d'encensoirs, qu'on dirait descendre du ciel, encensent, à la fois, la croix et le tombeau. Trois saintes femmes, couronnées comme des princesses et richement vêtues, arrivent en portant respectueusement des vases d'aromates. Elles les tiennent dans leurs mains qu'elles ont eu soin de recouvrir à l'aide de plis de leur long voile.

C'est avec raison que M. le chanoine Didelot fait remarquer la supériorité de ce tableau, au point de vue de l'art, sur les autres sculptures de Saint-Paul, « la scène est, « (dit-il), animée, naturelle, le geste aisé, l'allure souple et « libre, la représentation vivante, la technique d'un ciseau exercé. »

La composition traduit mot pour mot le narré évangélique.

« Deux anges apparaissent vêtus de blanc, l'un à la « tête, l'autre au pied du tombeau » assis et ailés ils soulèvent d'un commun effort « la pierre qui paraît « extrêmement lourde. »

Ce qui a le plus attiré, dans ce panneau, l'attention des archéologues et été l'objet de discussions aussi savantes que contradictoires, ce sont, sans contredit, les deux encensoirs que l'on est très étonné de rencontrer ici, à côté du tombeau et de la croisette qui le surmonte, et en compagnie de personnages dont les vêtements archaïques et les couronnes murales ne semblent pas laisser de doute sur leur haute antiquité. On admettait généralement, jusqu'à l'heure, avec le chanoine Martigny (Dictionnaire des Antiquités Chrétiennes) que « l'encensoir primitif, le « *Thuricremarium incensorium*, ressemblait à une urne et « était une sorte de coupe montée sur un pied pour que le « prêtre pût aisément le saisir par la base et le promener « autour de l'autel. »

« On y ajouta, bientôt, affirme l'illustre archéologue, un

« couvercle percé d'un grand nombre de trous destinés à « laisser passer la fumée de l'encens et, enfin, on eut « l'idée de le suspendre à des chaînes, MAIS CECI N'EUT « GUÈRE LIEU QU'AU XII$^{e}$ SIÈCLE. »

Notre embarras était grand, nous l'avouons, pour répondre à l'objection qu'on ne manquait pas de nous opposer quand nous faisions remonter nos bas-reliefs à l'époque carlovingienne et qu'on nous disait que les encensoirs de notre deuxième pierre de Saint-Paul étaient du XII$^{e}$ siècle, car ils sont suspendus par trois chaînes dont *l'une sert à soulever leurs couvertures*. Si encore ils n'avaient pas eu de couverture, nous aurions pu invoquer l'autorité de M. le chanoine Didelot, et son ivoire de Narbonne qu'il classe comme étant du X$^{e}$ siècle, et tout pouvait encore se concilier, mais les nôtres ont la forme de l'encensoir de Corneilha (Pyrénées-Orientales), nous devons le reconnaître, et ressemblent même beaucoup, nous en convenons aussi, à celui que l'on voit sur le tombeau du bienheureux Humbert, général de l'ordre des Dominicains, décédé à Valence (Drôme), en 1270.

Nous étions vraiment très embarrassés pour expliquer cette anomalie, et il ne nous paraissait pas, néanmoins, possible de renoncer à notre opinion relativement à l'âge de nos bas-reliefs, quand, en feuilletant le Dictionnaire des Antiquités Romaines et Grecques, d'Antony Rich, nous y avons, bien par hasard, découvert le dessin ci-après, qu'explique le texte suivant :

« TURIBULUM ou THURIBULUM. — *Encensoir*, vase qui « servait a brûler l'encens, par opposition à *acerra*, la « boîte dans lequel on le portait au temple, et d'où on le

« tirait, soit pour le mettre dans l'encensoir, soit pour en « jeter une pincée sur l'autel enflammé. Souvent, on « portait ce vase « suspendu à une « chaîne à l'aide « de laquelle on « le balançait pour « répandre la va- « peur odorante « dans les rues « (Curt. VIII. 9) « ou dans les tem- « ples (Virg. Œn. « XI. 481), comme cela se fait encore maintenant dans les « églises catholiques. LA GRAVURE REPRÉSENTE UN « ORIGINAL EN BRONZE DÉCOUVERT A POMPÉI. Une des « trois chaînes qui le suspendaient à la main est attachée « au sommet du couvercle, qui était ainsi un peu soulevé « chaque fois qu'on balançait le vase et permettait par là à « une bouffée de vapeur embaumée de s'échapper à chaque « mouvement. »

Les Romains connaissaient donc les encensoirs suspendus à des chaînes. Qu'y a-t-il d'étonnant, alors, qu'on en rencontre, d'ainsi faits, sur un panneau sculpté, à l'époque carlovingienne, dans un pays qui a tellement été imprégné des usages et des mœurs des Romains, qu'on en retrouve encore de nos jours de nombreuses traces, et que bien des objets, bien des outils, bien des meubles, y sont encore, Romains ?

Il est à remarquer, du reste, que les encensoirs de Saint-Paul ne sont pas, comme ceux du XIIe siècle, percés de trous pour laisser sortir la fumée. Ils ont, au contraire cette ressemblance avec le *turibulum* des Romains qu'ils sont pleins et qu'ils ne peuvent laisser passer la vapeur odorante que quand le couvercle se soulève.

*Troisième Pierre.* — Elle représente trois personnages semblables, assis et richement vêtus, nimbés, pieds nus, avec la barbe et un livre à la main.

Pour M. le chanoine Didelot, le nimbe, le livre sacré et les pieds nus sont les invariables caractéristiques des apôtres dans l'iconographie des grands faits du Cénacle et de la Passion.

Ce qu'il y a de sûr, c'est que, sur les contreforts de l'abside de l'église de l'abbaye d'Arthous, on voit les apôtres, ainsi représentés, trois par trois, en quatre panneaux séparés. Mais, à St-Paul, nous n'avons qu'un seul panneau. Les autres ont-ils disparu ? Ou bien, encore, comme à Beaucaire, n'a-t-on fait figurer, dans le drame de la Passion, que les trois apôtres Pierre, Jacques et Jean, et cela parce que le Christ espérait s'en faire une force dans la crise de faiblesses mortelles qui l'attendait à Gethsémani ? La chose ne paraît pas douteuse pour Beaucaire : l'attitude des apôtres y est la même pour les trois. Ils ne tiennent pas, comme deux des personnages de Saint-Paul, ceux des deux côtés, la main levée pour absoudre et pour bénir.

Aussi le R. P. Labat pourrait bien avoir raison, quand il prétend que notre panneau nous offre la représentation du Sénat de la Sainte Trinité, jugeant les hommes et leur pardonnant leurs péchés. C'est, pour le docte jésuite, le remède contre le mal figuré, sous toutes ses formes, par le premier bas-relief ; et la décision de ce divin tribunal, qui décrète de sauver les hommes, reçoit son exécution par la Résurrection du Sauveur. C'est toujours la réalisa-

N° 1. — Vue de l'Abbaye de Sorde (Etat actuel)

N° 2. — Baratdevin (Abside)

N° 3. — Propriété Dufaur.

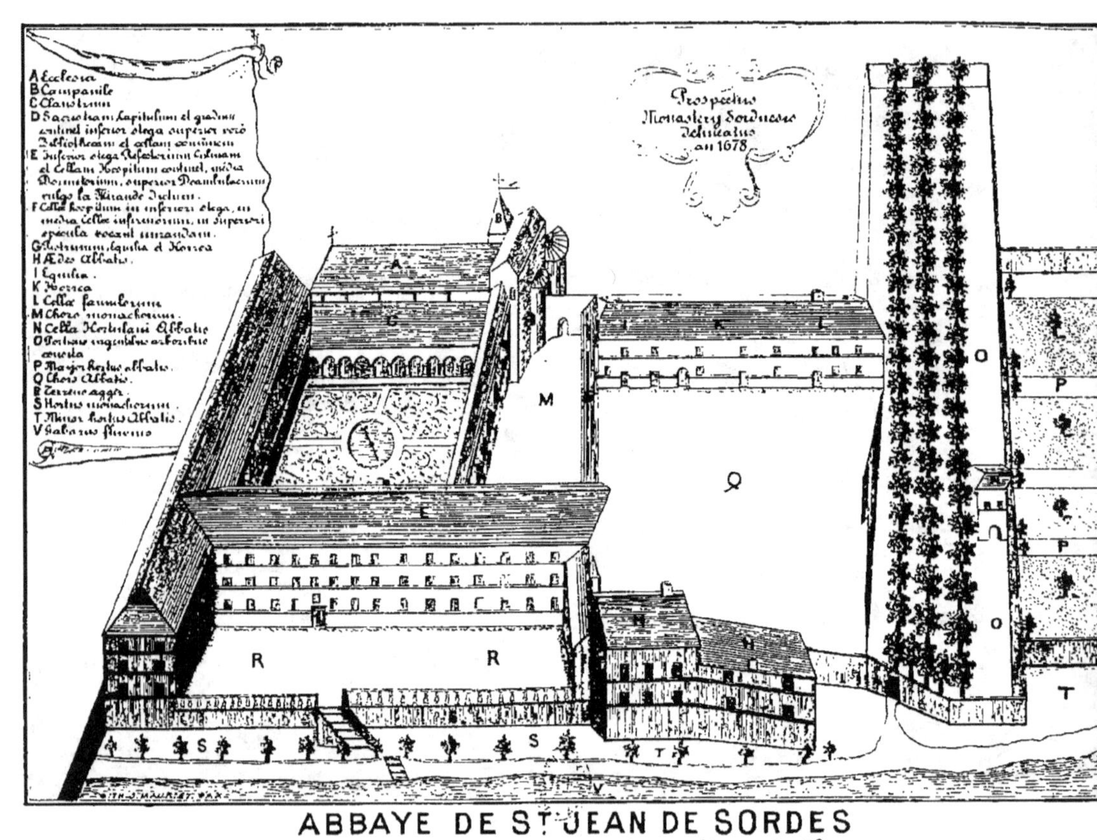


ABBAYE DE St JEAN DE SORDES

*Fac-simile d'une gravure du Monasticon Gallicanum.*

Galerie souterraine de l'Abbaye de Sorde (XVIIIe siècle).

Chapiteaux de l'Absidiole gauche (en regardant l'Autel)

Chapiteaux de l'Absidiole droite (en regardant l'Autel)

Clocher de l'Eglise de Pomarez.

Place du Foirail à Amou.

Château d'Amou.

Porte du XVII<sup>e</sup> Siècle à Amou.

## VUE DE DAX EN 1612



REPRODUCTION D'UN DESSIN A LA PLUME CONSERVÉ A LA BIBLIOTHÈQUE NATIONALE.

Abside de l'Eglise de St-Paul-lès-Dax.

tion du texte apocalyptique : « *Ils ont vaincu le dragon par le sang de l'Agneau.* »

*Quatrième et Cinquième pierres.* — Après un tout petit panneau qui nous montre trois bêtes fantastiques superposées, comme pour nous rappeler celle du premier, nous trouvons une magnifique représentation de la Cène.

Le divin Sauveur est assis avec ses disciples à une table sur laquelle sont servis des pains d'hostie, un poisson dont on connaît la signification hiéroglyphique, *et quatre petits barrils*, comme pour mieux indiquer qu'ils contiennent du vin, ou par allusion, peut-être, à ceux qu'offrent à l'autel les évêques le jour de leur consécration. Judas a, comme les autres apôtres, la tête nimbée, ce qui semble indiquer que le nimbe n'était pas encore un signe de sainteté. Si la cène de saint Paul avait, comme beaucoup d'autres, été polychromée, il est probable que le nimbe de Judas aurait été peint en noir. Il en était ainsi le plus souvent.

Le vêtement des treize convives est uniforme de coupe et d'aspect ; il se compose, comme le fait remarquer M. Didelot, de la tunique et du pallium dont le haut est orlé de perles, et dont le bas se perd dans les fronces, très épaissement étoffées de l'antipendium.

La table est faite d'une seule planche que couvre une nappe plissée à la mode antique. Tout, jusque dans les menus détails, prouve que ce bas-relief remonte, en effet, là une antiquité relativement reculée, et concordant avec a date que nous avons assignée à l'ensemble du bandeau.

Ce cinquième panneau manque de perspective, la pose des personnages de vérité, et les pieds et les mains de sens anatomique. Il pourrait se faire qu'il soit l'œuvre d'un artiste, moins fort que celui qui a été l'auteur des autres sculptures. Peut-être même, en y regardant de près, trouverait-on qu'il a dû y avoir, à St-Paul, trois ou quatre sculpteurs ?

*Sixième pierre.* — Elle représente la triste et mémorable scène du Jardin des Oliviers :

A gauche on voit saint Pierre se disposant à couper l'oreille droite à Malchus avec un sabre très court qu'il tient levé. Malchus se défend en brandissant une arme semblable ;

Au centre, c'est le baiser de Judas que M. le chanoine Didelot compare, avec raison, avec celui de la frise de Beaucaire.

A Beaucaire, le Christ est nimbé, tandis qu'à St-Paul le nimbe est remplacé par une simple croix palmée, bien carolingienne comme forme.

Dans beaucoup de représentations du baiser de Judas, on voit le traître sortir de la cène pieds nus, comme tous les apôtres, en signe de la pauvreté élevée à la dignité d'une vertu chrétienne, et revenir richement chaussé, enrichi qu'il est des deniers de la trahison ;

A droite du panneau, est représentée l'arrestation du Sauveur : trois soldats assistent à cet acte de trahison ; l'un d'eux est armé du marteau qui servira pour le crucifiement.

Monsieur Drouyn signale les deux pieds de vigne qui encadrent le panneau et se demande si l'artiste de Saint-Paul n'a pas transporté dans une vigne ce qui, tout le monde le sait, s'est passé dans le Jardin des Oliviers. D'après nous, la chose ne peut pas être douteuse, ces vignes disposées en torsade, ne sont qu'un ornement. On en trouve même un semblable sur le tailloir de l'un des chapiteaux de l'arcature inférieure.

*Septième pierre.* -- Voici le crucifiement : deux soldats

assistent le divin crucifié, et chacun d'eux tend vers lui une tige : c'est pour celui de gauche le roseau avec son éponge amère, car il tient en même temps, de l'autre main, un vase grossier contenant évidemment le vinaigre et la suie ; et, pour celui de droite, la lance ; l'Eglise a en effet supposé toujours que le Christ fut blessé au côté droit.

Les deux soldats sont coiffés de casques pointus, d'une forme fort ancienne, bien antérieure à l'époque romane proprement dite.

Tout près des soldats, deux personnages représentent :-l'un la Sainte Vierge coiffée d'une sorte de diadème formé par sa chevelure relevée avec art ; l'autre, saint Jean, caractérisée par le livre de son évangile.

Le Christ a le nimbe crucifère ou, plutôt, trois faisceaux de rayons autour de sa tête. Son visage, fait observer le P Labat, joint un peu la raideur de l'époque primaire au sérieux des temps cléricaux. Il en est de même des autres images du bas-relief tout entier. Elles sont, du reste, bien proportionnées.

Jésus étend complètement ses bras, et ses mains sont percées des quatre clous qu'on a toujours employés jusqu'au XIII^e siècle. Ses reins portent le voile large, le perizoma.

La croix est bien carlovingienne. Ses croisillons sont très relevés, ce qui lui donne une configuration particulière et fait qu'ils ne sont plus perpendiculaires à la partie centrale du pied, ou de la tige.

M. le chanoine Didelot suppose, avec raison d'après nous, que cette déformation est intentionnelle, pour rappeler la tension des bras du Christ et qu'elle se rattache à une ancienne école sentimentaliste qui, par une hardiesse peu réglée mais fervente, en vint jusqu'à tracer le plan des églises sur ce modèle de croix en relevant les bras des transepts, du côté de l'abside.

*Huitième pierre.* -- Pour le P. Labat, le second contrefort ouvre la troisième partie du drame de la Rédemption figuré par l'ensemble des panneaux : L'homme est sauvé ; nous devons avoir le spectacle de son double triomphe de la vie et de la mort. Aussi le voit-on sur un lion désormais docile comme un coursier. Son cavalier lui prend même de ses deux mains les mâchoires, comme pour lui montrer qu'elles ne sont plus redoutables. Ce sujet peut se rapprocher d'une sculpture de la cathédrale d'Auch représentant Sanche Guillaume, duc de Gascogne, monté lui aussi sur un lion. Une légende explicative compare le duc à Samson, on y lit : « *Virtus Sansonis sævi domat ora leonis.* » Le Samson de Saint-Paul semble coiffé d'un bonnet de docteur. Est-ce en témoignage de la nécessité des célestes enseignements pour que l'homme, en nous, ait le dessus sur la bête ? (1)

*Neuvième pierre. — C'est le triomphe du sauvé après sa mort* : un beau mausolée nous laisse voir son buste dans une niche au-dessus de laquelle sont deux anges glorificateurs. En deçà, sur deux petites pierres séparées, sont figurés le démon, sous la forme d'un dragon qui voudrait son âme, et Abraham dans la posture traditionnelle d'un homme qui tend le sein de son vêtement, naïve interprétation de la place attribuée aux élus dans le sein d'Abraham. Au delà, à droite, est une petite Jérusalem céleste et son entrée, porte monumentale qui conduit au séjour des élus.

M. le chanoine Didelot croit qu'on pourrait voir la Jérusalem céleste dans l'ensemble du monument dont nous avons fait un mausolée. Il y trouve « les portes princières,

(1) Ce panneau était brisé quand on l'a mis en place et on a dû en souder les morceaux avec du ciment rouge.

« *portas principales* et les divers étages sacrés, *mansiones* « *multæ.* »

Il ne peut cependant pas concilier cette opinion avec ce fait que l'édifice, par ailleurs, lui paraît terrestre parce que le soleil et la lune seraient dessinés aux écoinçons supérieurs du cadre. Nous devons avouer que ce que le savant chanoine a pris pour le soleil et pour la lune ne nous semble être que de simples motifs d'ornements ; aussi persistons-nous dans notre première opinion qui ne serait, du reste, pas contrariée par la présence des deux astres aux coins du panneau, car rien n'est terrestre comme un mausolée.

Après avoir signalé la croisette bien carlovingienne qui se voit au sommet du monument, nous croyons devoir répondre à une objection qui nous a souvent été faite par des personnes peu au courant de l'archéologie sacrée. Pour elles, le mausolée est un autel, et la partie supérieure représente la présence réelle de Dieu dans le tabernacle. Cette explication serait aussi simple qu'ingénieuse s'il y avait eu des tabernacles, sur les autels, à l'époque où a été sculpté le panneau de Saint-Paul ; mais malheureusement ces tabernacles ne datent que du XIII$^{e}$ siècle. Jusqu'alors les Saintes Espèces étaient conservées dans des *pyxides*, sortes de boites en métal précieux, affectant ordinairement la forme d'une colombe ou d'une étoile, suspendues à la coupole du ciborium qui dominait l'autel.

Il y aurait eu place pour un dixième bas-relief. Il est remplacé par une pierre rase, préparée, dirait-on, pour être sculptée en place. Ce fait prouve bien que ces panneaux, dont la courbure n'est du reste, pas la même que celle de l'abside, provenant d'une autre église remontant évidemment, d'après nous, à la fin de l'époque carlovingienne.

C'est à cette époque que nous les avons attribués sur l'étiquette qui accompagne les moulages qui se trouvent au musée de Borda et dans une longue et savante discussion qui eut lieu, en 1883, entre les membres du Congrès de la Société Française d'Archéologie, M le Comte de Lasteyrie, membre de l'Institut, professeur d'archéologie à l'Ecole de Chartres, après avoir résumé les diverses opinions émises par les archéologues présents, en arriva à conclure, avec M. Ledain, président de la Société des Antiquaires de l'Ouest, de Poitiers, que l'étiquette devait être maintenue.

Le regretté Léon Palustre était aussi du même avis.

Cela n'empêche pas que l'abside soit du XII$^e$ siècle ; mais elle a été, comme nous l'avons déjà dit plusieurs fois, construite avec des matériaux plus anciens provenant d'églises antérieures et même d'un petit temple païen, qui était sur le même emplacement, ou tout à côté. Il est facile de s'en convaincre en examinant de près, comme nous allons le faire, les chapiteaux qui supportent les arcatures extérieures.

Pour les premiers chrétiens, les chapiteaux, dit le P. Labat, représentaient, alors qu'ils n'avaient pas un autre sens bien marqué, les évêques eux-mêmes. Ils nous enseignent, comme eux, les vérités du dogme et les préceptes de la morale : ce que Dieu a fait pour nous et ce que nous devons faire pour lui. Ils nous montrent l'Eglise enseignante et les enseignements qu'elle nous transmet.

Ordinairement, les sujets sont disposés avec ordre et méthode et, la plupart du temps, les sculptures de droite se réfèrent au triomphe de l'homme sur le mal, et celles de gauche, au contraire, nous montrent la déchéance de l'homme qui n'a pas su le vaincre ; ou bien encore comme au magnifique portail de l'église de Rion-des-Landes, on voit comment on entre dans la maison du Seigneur par la droite et comment on en sort par la gauche.

A Saint-Paul, nous sommes obligés de constater qu'il existe un véritable désordre dans la disposition des sujets; non seulement la morale et le dogme y sont mélangés, mais encore les chapiteaux du même genre s'y trouvent éloignés les uns des autres et séparés par des sculptures sans signification aucune, composées d'ornements végétaux ou de dessins remontant, sans aucun doute, à l'époque romaine. Les corbeilles chrétiennes sont souvent supportées par des fûts de colonnes évidemment d'origine païenne, de modules différents et surmontées de tailloirs qui n'ont pas été faits pour elles. Une d'elles, trop courte, a même deux tailloirs, placés l'un sur l'autre, pour arriver à la hauteur de la naissance de l'arcature.

*Premier Chapiteau.* — C'est ainsi que le premier nous offre un tailloir des plus primitifs, à cavet simple, et une corbeille, de forme allongée, sur laquelle on voit de beaux animaux fantastiques à tête de cheval ; leur tête, fièrement retournée en arrière, reçoit l'extrémité de leur queue, et leurs poitrails sont réunis Ils ont des griffes, comme des chiens, mais leur crinière montre bien que ce sont des chevaux et qu'ils n'appartiennent pas à la race canine, comme l'a cru M. Leo Drouyn. Ils rappellent par leur style et leur forme, l'animal couché que l'on voit sur le tympan de la porte mérovingienne de l'église de Œyreluy.

*Deuxième Chapiteau* — Trois hommes tiennent dans leurs mains les longs cheveux de deux têtes placées sur les deux angles de face de la corbeille. Deux sont vêtus de robes ornées de broderies, dans le bas et au bout des manches, ils sont coiffés avec soin ; celui de gauche porte trois bandeaux ; ils ont les pieds nus, ce qui en fait, d'après les principes reçus. des personnages divins ou des apôtres. Le troisième, celui de l'Est, n'a qu'une broderie très simple à sa robe ; il a les cheveux plats et ses pieds sont chaussés. Aussi le P. Labat trouve-t-il dans ce chapiteau la représentation des trois personnes de la Sainte-Trinité : le Père au milieu, le Saint-Esprit à l'Ouest, et le Fils fait homme à l'Est. Les trois personnes divines gardent avec soin jusqu'à notre chevelure : « *omnes capilli capitis vestri* « *numerati sunt, non cadet capillus de capite vestro.* »

Le tailloir est orné de palmettes semblables à celles que l'on voit sur un autre tailloir de l'église de Saint Samson-sur-Riscle et que quelques archéologues ont attribuées au IXe siècle. On trouve du reste dans les ruines de cette église, plusieurs autres sculptures se rapprochant de celles de nos chapiteaux (1)

*Troisième Chapiteau.* -- Le tailloir a, pour tout ornement, deux cavets superposés. La corbeille nous fait voir deux grands oiseaux becquetant le fruit du gouet (arum). Saint Hildegarde, dans son Histoire naturelle, écrite au XIIe siècle, exalte les propriétés médicinales de cette plante d'*Aaron.* Cette paronymie a fait fortune sur les chapiteaux romans et on l'y rencontre très souvent Ces oiseaux seraient, d'après le P. Labat, la représentation des fidèles profitant des enseignements sacrés, devenant célestes et s'élevant, comme eux, vers le ciel ; tandis que, un peu plus loin, nous verrons, comme contraste, de pauvres bêtes qui tirent la langue comme des faméliques qui n'ont pas su profiter de la nourriture spirituelle que l'Eglise leur offrait Ces derniers personnages n'ont quelquefois qu'une

(1) Abécédaire d'Archéologie, de Caumont. Pages 87 et 88.

jambe et pas de corps, mais ils conservent toujours une grosse tête humaine ; ce qui semble indiquer que, malgré leur déchéance, il leur reste la faculté de penser, la raison qui pourra les ramener à la foi.

*Quatrième Chapiteau.* — Tailloir avec cordages entrelacés et pierreries au centre des entrelacs, moulures d'apparence carlovingienne. Pas de corbeille : elle a disparu quand on a fait la porte qui donne accès dans la sacristie au Sud du chœur. Les quatre chapiteaux que nous venons de décrire se trouvent, aujourd'hui, dans cette sacristie.

*Cinquième Chapiteau.* — Deux pélicans, à têtes conjointes, se mordent le ventre : symbole bien connu de la charité ; peut-être même plus spécialement de la charité, des bons prêtres, car, à l'opposé, nous trouverons un autre oiseau dans la même posture, placé au-dessus de flammes et ayant à ses côtés deux autres oiseaux à gros bec, attachés au pilori et représentant, probablement, les faux docteurs, les mauvais prêtres. (17e chapiteau).

*Sixième chapiteau.* — Le tailloir a deux cavets superposés. La corbeille est formée de feuilles à crochets imitant grossièrement des feuilles d'acanthe. Elle est évidemment contemporaine de plusieurs de celles que nous avons découvert à St-Vincent-de-Xaintes et ailleurs dans des ruines gallo-romaines. La colonne est d'un beaucoup plus grand diamètre que celui de la partie inférieure de ce chapiteau. (Voir la planche).

*Septième Chapiteau.* — Rinceaux à palmettes sur le tailloir. Sur la corbeille, trois hommes tiennent une de leurs mains dans la gueule de deux têtes de lion puis, sous des volutes, des feuilles découpées. Les hommes placés sur les côtés sont armés de marteaux qu'ils lèvent pour frapper les monstres. On dirait qu'ils tiennent les monstres par la langue et ils ne paraissent pas menacés d'être dévorés par eux. C'est le triomphe du juste sur les lions infernaux. Nous verrons ailleurs les vices spirituels représentés par des paons orgueilleux qui ont la tête abaissée et se mordent les pieds avec le mépris qu'ils leur inspirent, et celles des vices sensuels ressemblant à ce malheureux qui tombe la tête en bas au son des instruments de musique, (11 et 13e chapiteaux.)

Ces mêmes sujets, épars à St-Paul, se trouvent en bon ordre à Montfort, où ils forment avec celui de notre 14e chapiteau, le symbolisme roman de cette église. Mais là, les oiseaux humiliés ont refusé les grappes d'Aaron qui pendent au-dessus de leur tête.

Comme beaucoup d'archéologues, nous avons cru, pendant longtemps, que ces chapiteaux de Montfort étaient sculptés sur de la pierre tendre, provenant des carrières de nummulitique qui se trouvent dans la région, et ce n'est que tout dernièrement que nous avons découvert qu'ils étaient simplement moulés en plâtre. Il nous a été impossible de savoir à quelle époque avaient été faits ces moulages.

Les interprétations que nous avons exposées jusqu'à l'heure d'après des notes qui nous ont été laissées par le P. Labat, semblent justifiées par des scènes analogues que l'on rencontre ailleurs dans le pays, notamment à Uchacq, siège de l'ancien archiprêtré de Marsan. Il existait autrefois, dans cette localité, au milieu d'une enceinte carrée de 200 mètres environ de côté, marquée par des colonnes de pierre surmontées de petites croix aux bras arrondis, dont l'une qui existe s'appelle encore *la croix de Sauvetat*, une église romane qui mérite, elle aussi, d'avoir sa monographie et dont on a conservé plusieurs bas-reliefs Le tympan de sa porte présente les quatre animaux symboliques et le chrisme avec l'Alpha et l'Oméga suspendus. Aux deux colonnes monolithes qui soutiennent la dernière arcature à damier, sont deux chapiteaux : sur le premier on voit, comme à St-Paul, un homme courbé à la renverse et, au-dessus de lui, un démon jouant du rebec (sorte de violons à trois cordes), pendant qu'une harpie se perche sur sa tête et qu'un centaure joue aussi de la harpe ; triple image, sans doute, de l'esprit d'orgueil, de l'avidité et de la passion ; sur l'autre est figuré un personnage richement vêtu, avec l'ancienne *Stola*, ressemblant un peu au pallium ; il tient ses mains sur la tête de lions sensiblement inclinés et marqués du sceau de la croix.

*Huitième Chapiteau.* — Deux tailloirs superposés : le premier, celui qui est en dessus, est orné d'un rinceau formé de deux cables entrelacés, avec fleurons au centre ; le second placé en dessous, est en schiste et n'a qu'un simple chanfrein.

Sur la corbeille en marbre, sont sculptés deux monstres aux longues jambes avec griffes de lion, ayant de grandes crinières et des oreilles de singe ou d'homme ; l'un mord l'autre à la tête.

*Neuvième Chapiteau.* — Tailloir à palmettes variées ; trois têtes : celle du milieu portée par deux jambes, les autres par une seule ; feuilles découpées au dessous.

*Dixième Chapiteau.* — Tailloir à enroulements et palmettes, têtes séparées par des palmes et de la bouche desquelles sortent des enroulements. Corbeille presque cylindrique, et pierre également cylindrique, ajoutée entre la corbeille, évidemment gallo-romaine et le tailloir. (Voir la planche).

*Onzième Chapiteau.* — Tailloir à palmettes.

Sur la corbeille, trois grands oiseaux se mordent la patte droite ; aux encoignures, grappes d'Aaron formant des volutes géométriques.

Les excursionnistes du Congrès de Dax, en 1888, ont trouvé à Pampelune, le même chapiteau dont nous avons donné l'explication en parlant du 11e de Saint-Paul. (Voir la planche).

*Douzième Chapiteau.* — Tailloir semblable au précédent. Trois animaux féroces, à crinières de lion, ont l'air d'attendre leur proie et regardent les passants.

On sait que l'évêque était symbolisé par le lion. Alexandre Nequam écrivait en 1215 : « Rugitu patris « proles animatur, habeto rugitum, leo sis, formaque « Justitiœ, insista, declara quam tutum vivere rite : sic « tibi commissum grex animatus erit ». Il est convenu, du reste, que la sentinelle sacrée, appelée le lion par Isaïe, est surtout l'évêque : « Clamavit leo : super custodiam « Domini ego sum. » Et voilà pourquoi, au XVIe siècle, Saint Charles Borromée décrétait que l'on conserverait l'usage de figurer des lions à l'entrée des églises.

Souvent, comme à Saint-Paul, les lions ne font que monter la garde en menaçant les passants. A Aire, au-dessus de la chaire à prêcher, ils élèvent, à droite, un petit enfant et, à gauche, ils lèchent, symbole bien connu, un visage couvert de plaies, comme pour dire : « Nous « exaltons l'innocence, nous consolons le malheur. » A St-Sever le bas-côté du Nord présente, également, sur un chapiteau, deux griffons accostés de deux lions comme en un attelage et faisant de leurs ailes un trône, ou un charriot sur lequel ils élèvent un enfant. En face de la double scène d'Aire, s'en trouvent deux autres peu dissemblables : un enfant assis, couronné ou nimbé, les mains en repos et à ses côtés, deux lions pacifiques qui posent sur son siège leurs pattes de devant, à sa droite, le chapiteau géminé offre encore une tête virile, et deux lions les pattes posées à terre.

*Treizième Chapiteau.* — Tailloir à enroulements avec grappes de raisins dans les intervalles.

Trois personnages, l'un jouant du rebec, l'autre du luth, le troisième, entre les deux, la tête en bas, les pieds appuyés sur une boule qu'ils semblent supporter. Nous avons déjà vu le symbolisme de cette corbeille (7e chapiteau) et de celui d'Uchac qui lui ressemble, sans parler du moulage de Montfort qui est identique. (Voir la planche).

*Quatorzième Chapiteau.* — Un personnage richement vêtu, en tient deux autres par les jambes et ceux-ci le tirent par les cheveux. C'est l'homme triomphant des attaques du monde. Le tailloir n'est qu'un simple cavet.

Ce chapiteau a été, comme le précédent, exactement reproduit par les mouleurs de Montfort.

*Quinzième Chapiteau.* — Tailloir : Cordages enroulés, avec fleurons au milieu, sur la face; palmettes sur les côtés. Corbeille romaine avec feuillages grossiers. Le fût de la colonne est en trois morceaux, tandis que presque tous les autres sont monolithes, et ces trois morceaux sont de marbres différents, provenant des carrières de Lourdes et de Campan.

*Seizième Chapiteau.* — Tailloir à chanfrein, simple pierre schisteuse posée à plat.

Corbeille en calcaire nummulitique avec feuilles mal conservées.

*Dix-septième Chapiteau.* — Tailloir carré, enroulements avec feuilles d'olivier sur le côté et en dessous, un trêfle avec un fleuron au centre. La corbeille est angulaire et représente trois oiseaux : les deux grands, de bout et de face, ont le bec aussi gros que la tête ; le troisième, au milieu, se mord la poitrine ; il est plus petit que les autres et placé sur un support sur lequel il semble y avoir des flammes. Nous avons déjà expliqué le sens de ce chapiteau, d'après le P. Labat, en parlant du cinquième.

*Dix-huitième Chapiteau.* — Tailloir à chanfrein. La corbeille manque. M. Drouyn l'avait vue et en avait donné une description sommaire qui nous a permis de la retrouver. Elle est aujourd'hui au musée de Dax. Elle représente simplement un homme et une femme assis.

*Dix-neuvième Chapiteau.* — Même tailloir que le précédent ; entrelacs à tête d'oiseaux sur la corbeille qui semble carlovingienne et doit être contemporaine des bas-reliefs. Son diamètre, à la base, et celui de la colonne qu'elle surmonte, est beaucoup plus petit que ceux des autres colonnes, qui sont, nous l'avons vu, de modules différents.

*Vingtième Chapiteau.* — Corbeille romaine à feuilles reccurbées. Colonne à diamètre encore plus petit que celui de la dix-neuvième.

Tailloir fruste avec un chanfrein.

L'abside est donc, comme on l'a dit avec raison, « *faite* « *de pièces et de morceaux rassemblés avec plus ou moins* « *d'ordre au XII*e *siècle* » et provenant, très probablement, pouvons-nous ajouter, d'un temple païen et de deux chapelles ou églises construites sur ce même point, l'une à une époque très reculée et l'autre, très probablement, au au Xe siècle par l'évêque Gombaud. Nous osons presque pouvoir aller jusqu'à attribuer à ce prélat auquel nous devons le chrisme de Saint-Vincent de-Xaintes, les bas-reliefs et un certain nombre des chapiteaux de Saint-Paul.

Cette diversité de matériaux et leur provenance à retrouver ne font que rendre plus intéressante notre église suburbaine. Elle constitue, pour les archéologues, un véritable musée et, pour ceux qui savent lire sur les vieilles pierres, elle offre une histoire complète de sa construction et de son passé. Aussi a-t-elle été, depuis longtemps, classée parmi les Monuments Historiques.

Signalons, en finissant, deux statues en bois du XIII^e^ ou du XIV^e^ siècle, que M. le Curé actuel de St-Paul a retrouvées dans un grenier et qu'il a eu le bon esprit de replacer dans son église après les avoir restaurées, peut-être, un peu trop. Elles représentent les deux ermites saint Antoine et saint Paul. On remarque que le corbeau qui portait, tous les jours, un demi-pain à saint Paul dans son désert, est reproduit déposant au pied du saint un pain rond entier. C'est ce qui eut lieu le jour où le pieux ermite reçut la visite de son ami saint Antoine. Les deux statues rappellent donc la visite de saint Antoine à saint Paul ermite, qui est le véritable patron de la paroisse et de l'église.

A signaler également un escalier qui existe dans l'épaisseur du mur, entre le chœur et la sacristie du Nord. Il conduisait évidemment à un clocher central du XII^e^ siècle et qui aura été démoli quand on a construit le nouveau ou, peut-être, détruit pendant quelque siège de Dax.

J.-E. D., G. C.

# RION-DES-LANDES

CETTE commune, et toutes celles qui s'appellent comme elle, il y en a un grand nombre dans le Midi, tirent évidemment leur nom de leur situation à côté d'un *rio*, c'est-à-dire d'un cours d'eau. On sait, en effet, que ce mot *rio*, en basse latinité, en espagnol et en italien, a cette signification . En vieux gascon, on disait *rïou*, mais on ne tarda pas à ajouter à *rïou* le préfixe *ar* qui se place, presque toujours, devant les mots commençant par *r*, dans notre idiome landais. Dans l'espèce, cette addition offre, de plus, cette particularité que *arrïou* se trouve composé de deux radicaux anciens qui, pris isolément, signifient également ruisseau.

L'arrïou, dont on a fait Rion, en français, et Rioun, en gascon, est *Laretjon*, qui va se jeter dans la Midouze, un peu en aval de Tartas. Il prend sa source à Rion même, et le bourg, relativement important, chef-lieu de cette intéressante et riche commune, est situé au point de jonction des trois petits ruisseaux qui se réunissent pour former le grand *rio*.

La localité que nous étudions est, dans la région, appelée les Petites Landes ; ce n'est plus le Marensin, ce ne sont pas encore les Grandes Landes. C'est un pays intermédiaire tenant des deux et présentant aussi, au point de vue géologique, quelques rapports avec les terrains qui avoisinent Tartas.

En profondeur, on y trouverait certainement les mêmes

calcaires éocènes, et, peut-être aussi, les étages supérieurs du tertiaire. Mais le tout a été recouvert d'une forte couche de sable météorique des Landes, poussé par les vents dominants du Sud-Ouest, qui y ont amoncelé de petites dunes, dont quelques-unes ont des formes tellement régulières qu'on les croirait faites de main d'homme. L'une d'elles présente même toutes les apparences d'un camp romain. D'autres semblent être des tumulus ou des mottes féodales, et, si on les examine de près, on acquiert, bien vite, la certitude que, comme certains nuages, elles ne font qu'offrir à l'œil un aspect trompeur que l'imagination de quelques observateurs, peu habitués à de semblables choses, leur a fait prendre pour la réalité.

Joanne, dans son « *Itinéraire Historique de Bordeaux à Bayonne* », dit que « Rion possède une source minérale « ferrugineuse, efficace dans le traitement de certaines « maladies, mais peu utilisée, » et il ajoute même obligeamment : « *Qui voudrait venir prendre les eaux à Rion ?* » Il est vrai qu'il ne s'est jamais donné la peine d'aller visiter cette commune et surtout de boire de l'eau de cette source qui est sulfureuse et non pas ferrugineuse. Nous avons fait mieux que lui et nous croyons qu'on peut voir dans cette fontaine, dont l'existence ne valait pas trop la peine d'être signalée par l'auteur du Guide, un de ces phénomènes plutôt chimiques que géologiques, qui se produisent souvent dans les pays tourbeux et qui donnent naissance à ce que les hydrologues ont appelé les *eaux sulfureuses éphémères*.

Il est possible, et même probable, que Rion ait été un ancien *vicus* gallo-romain, mais rien n'est encore venu l'établir d'une façon positive.

On a bien découvert, à l'entrée du bourg, tout à côté d'un monument dont nous aurons à parler plus bas, plusieurs sarcophages en pierre qu'on a eu le tort de détruire, mais rien ne prouve qu'ils remontent à l'époque gallo-romaine. Ils peuvent, comme leurs voisins de Carcen Ponson et de Carcarès, être mérovingiens, ou carlovingiens ; il est même sûr qu'il y en avait parmi eux de contemporains du monument en question, et qui ne dataient pas d'au-delà du XV$^{e}$ siècle, ou tout au plus du XIV$^{e}$ siècle.

Ce qu'il y a de sûr pour nous, c'est que, quoiqu'en aient dit le regretté docteur Vielle et M. Cuzacq qui a bien voulu nous fournir sur Rion des renseignements dont nous sommes heureux d'avoir l'occasion de le remercier, ce bourg, je n'ose pas dire cette petite ville, n'est pas situé sur l'ancien tracé d'une voie romaine.

C'est en vain que ces Messieurs ont voulu en faire la station de *cocosa*, ou *cæquosa*, la première en partant de Dax, par l'*Iter ab Aquis Tarbellicis ad Burdigalam* (1). Car il est facile de voir sur les lieux, à Dax même, à la sortie de la ville, que cette voie se tournait d'abord vers le Sud pour prendre ensuite la direction du quartier de *Sescouse* de Castets, en passant par le camp de Mirepeich et non pas celle de Rion.

C'est tout au plus si on pourrait, à l'extrême rigueur, supposer que Rion a été jadis le *Mosconum* de l'*Iter ab Asturica ad Burdigalam* qui passait aussi par Dax, ce qui fait que deux voies reliaient la capitale des Tarbelli à celle des Bituriges Vivici.

Ces Messieurs se sont encore trompés quand ils ont fait

(1) Voir l'article publié par le docteur Auguste Vielle, dans la *Revue d'Aquitaine* (décembre 1865) et *les Grandes Landes de Gascogne* par M. P. Cuzacq, ouvrage récemment couronné par l'Académie de Bordeaux.

passer cette voie des Asturies par le littoral. Il y avait bien une voie romaine le long de la mer, la chose n'est pas douteuse, mais elle allait de Lapurdum (Bayonne) à Noviomagus (Soulac) et n'aboutissait à Bordeaux que parce qu'elle se rencontrait, à la Teste (Boïos), avec celle des Asturies.

L'un de nous a reconstitué le tracé de toutes les voies romaines connues dans la région et même des chemins des pèlerins de St-Jacques de Compostelle qui les ont remplacées (1). Il est arrivé à ce résultat en suivant les lignes jalonnées par les pierres-fiches existant encore ou par les lieux dits portant le nom de *hittes*, tous distants entr'eux, ou des pierres encore debout, juste d'une ou de plusieurs lieues gauloises. C'est ainsi qu'en s'aidant des travaux déjà connus de Dompnier de Sauviac et de M. le président François St-Maur, il a pu dresser la carte de ces voies.

Elles sont au nombre de six dans la partie du département situé sur la rive droite de l'Adour et de la Midouze et dans celle comprise sous les dénominations de Marensin, de Petites et de Grandes Landes, ce sont :

1° L'*iter ab Asturica ad Burdigalam* passant par Aquis Tarbellicis (Dax), Mosconum (Laluque), Segosa (Lévignacq), Losa (Louse, près Sanguinet), Boïos (La Teste).

2° L'*iter ab Aquis Tarbellicis ad Burdigalam*, ayant ses stations principales à Cœquosa (quartier de Sescouse à Castets), *Tellonum* (Lipostey) et Sollomacum (Belin).

3° La voie de Bayonne à Soulac, *a Lapurdo ad Novromagum*. Elle traversait les localités suivantes où on

(1) J.-E. Dufourcet. 1° Volume du Congrès tenu, à Dax, en 1888, par la Société Française d'Archéologie, 2° Les Landes et les Landais. — Dax 1892, imp. H. Labèque.

trouve encore de nombreuses traces ; Capbreton, Soustons, Léon, Vielle-St-Girons, Lit, StJulien, Bias, (via) Mimizan et La Teste.

4° Le *chemin dit d'Alaric*, allant directement de Dax à Bayonne par la rive droite de l'Adour.

5° Une voie secondaire reliant Liposthey, l'ancien tellonum, à Bazas par Moustey et par Sore.

6° Une grande ligne partant du Vieux-Boucau, qui s'appela plus tard le *Port d'Albret*, croisant, à Herm, la station du désert, l'*iter ab Acquis*, et à Laluque celle *ab Asturicis*, après avoir passé à Magescq, et se prolongeant jusqu'à la cité des Vasates, après avoir desservi Leporatum, Labrit.

C'est cette dernière voie, et non pas celle *ab Aquis ad Burdigalam* qui, faisant comme le chemin de fer le fait aujourd'hui, passait à une certaine distance de Rion, mais plus loin encore. Ce qui le prouve, indubitablement, c'est que, au Midi du bourg, près du lieu dit Marcel, on voyait encore, à ce que dit M. Cuzacq, il y a une trentaine d'années, un énorme bloc de pierre informe, pouvant cuber deux mètres, et dont une partie était plantée dans le sol. On l'appelait le *peyre guayante*.

M. Cuzacq croit que c'était un menhir ; pour nous, c'est une hitte, une simple borne, car elle est l'objet de la même légende que toutes celles que nous avons rencontrées dans la région : « une fée, une *hade*, portait cette pierre sur la « tête et cheminait en filant sa quenouille, quand elle fut « accostée par un voyageur mystérieux qui lui demanda, « en gascon : « *Oun bas* ? » (où vas-tu ?) La fée répondit, « dans le même idiome : « *èn t'a Dax* » (vers Dax). Le « voyageur, qui était Dieu lui-même, lui dit alors : « *dis* « *dounc si Diou pluts* » (dis donc s'il plait à Dieu) et la « fée ayant répondu : « *plats ou noun plats, peyre guayante*

« *qu'anira à Dax* » (que cela plaise à Dieu ou ne lui « plaise pas, la pierre géante ira à Dax), le Bon Dieu lui « ordonna de la poser en cet endroit où elle est restée « depuis. La fée, en la posant, donna à la pierre plusieurs « coups avec la pointe de son fuseau, et on en voyait des « traces ; cette pierre a toujours manqué au pont de Dax « qu'on construisait à cetté époque lointaine. »

Cette hitte, qui était du reste à la distance voulue de celle de Beylongue, 2200 mètres environ, a été débitée par le propriétaire du sol sur lequel elle se trouvait, il y a environ trente ans. Les paysans vous disent très sérieusement qu'on en a construit un four à cuire le pain, *mais que le pain n'a jamais pu y cuire.*

Les trous faits par la fée avec son fuseau sont, évidemment, des indications de distances. Nous avons déjà constaté ce mode primitif de numérotation sur d'autres hittes, notamment à Pouillon, sur la voie des Asturies, et à St-Martin-de-Hinx, sur le chemin d'Alaric (1).

La fée, de plus, se dirigeait sur Dax, ce qui prouve qu'elle suivait un chemin qui y conduisait. On pouvait, en effet, aboutir presque directement à cette ville en suivant la voie de Bazas au Vieux-Boucau jusqu'à Laluque, et en prenant, à cette station, l'*iter ab Asturicis.*

Signalons enfin, dans cette intéressante légende, la mention qui y est faite du pont en pierre qui a dû exister à Dax dans les temps les plus reculés. Il s'agit, vraisemblablement, du premier pont romain dont il a été question à une

(1) Sur ce même chemin d'Alaric, à Saubusse, on voit une autre hitte qui est l'objet, de la part des paysans de la contrée avoisinante, d'une curieuse pratique. Quand la sécheresse menace les récoltes, ils arrachent et couchent à terre la borne « *pour faire pleuvoir* » ; ils la remettent en place quand il a assez plu.

des dernières séances de la Société de Borda ; de celui signalé par M. Hector Serres qui donnait accès à l'ancienne porte du IV<sup>e</sup> siècle qu'on a découverte en démolissant le château et sur lequel passait la voie romaine allant vers les Asturies. Ce pont a disparu à une époque qu'il n'a pas été possible de préciser et il a été remplacé par un autre pont, aussi en pierre, qui figure sur les plus vieux plans de la ville et qui fut emporté par une inondation en 1770.

Dans la traduction du dialogue de la légende, nous avons cru devoir dire que le mot gascon *guayante* signifiait *géante*.

Cette traduction a été l'objet d'une observation qui nous fut faite, en 1889, par M. Lavergne, lorsque nous rendîmes compte verbalement à la Société de Borda de notre excursion à Rion, qui remonte à cette date. Ce savant inspecteur de la Société Française d'Archéologie écrivit alors, à M. Taillebois, une lettre dans laquelle on lit le passage, ci-après :

« Au sujet de la *peyre-guayante*, permettez-moi de vous « demander si guayant a jamais voulu dire géant ? Ce mot « ne vient-il pas de *guay* ou *gay* qui veut dire joie ? Il « serait, peut-être, bon de rapprocher peyre-guayante de « mont-joie.

« Les mont-joies étaient souvent des chapelles rustiques, « ordinairement placées le long des vieux chemins ; « certaines mont-joies n'étaient que des amas de pierres » (Baudoin, Mémoires de l'Académie des Sciences de Toulouse. Série VII. Page 157. — Voir Lavergne : Excursions dans le Gers. P. 60. — Voir Littré au mot mont-joie). « La peyre-guayante, la borne du chemin, « comme la petite chapelle, réjouissent le voyageur en lui « montrant qu'il est en bonne voie. »

Nous lui répondîmes alors et nous lui répondons encore que, pour nous, *guayant* n'a jamais signifié que *géant* ; que le mot gascon qui veut dire joyeux est *gaouyous* ; que toutes les pierres hittes ont des noms qui indiquent leurs grandes dimensions ; que plusieurs s'appellent peyre-lounque, pierre longue ; qu'enfin la traduction que nous avons adoptée est celle donnée par les gens du pays.

La commune de Rion a aujourd'hui 2500 habitants et une superficie de 11.736 hectares. La majeure partie de cette énorme contenance est complantée en pins maritimes. Le reste consiste en prairies et en vastes champs qui produisent du maïs, du seigle et du millet. Au XVIIe et au XVIIIe siècles, on y cultivait, paraît-il, la vigne sur une vaste échelle. Actuellement cette culture y est complètement abandonnée et c'est ce que devront faire, avant longtemps, croyons-nous, ceux qui ont essayé de planter, de nouveau, des vignobles dans les sables des Landes. Les gelées printanières auront vite raison de ces essais, malgré les nuages artificiels et toutes les autres inventions modernes plus ou moins pratiques.

Le vin, du reste, donne-t-il aux propriétaires des résultats aussi avantageux et surtout aussi sûrs que les nombreux et utiles produits d'un arbre qu'on a autrefois appelé *l'arbre d'or* ? Nous sommes portés à croire que non. Le pin n'est pas sujet au phylloxéra et à toutes les maladies parasitaires qui atteignent la vigne et dont les remèdes absorbent, pour le propriétaire, une bonne part du revenu. De plus, les produits résineux se vendent mieux et plus facilement que le vin.

Nous croyons devoir donner quelques renseignements sur nos *pignadars*, leur aménagement et leurs nombreux produits, pour ceux de nos lecteurs qui ne sont pas au courant de la culture de cet arbre, pour ainsi dire, spécial à notre région, car on ne le trouve en France qu'en Sologne et dans certaines parties de l'Ouest et du Nord-Ouest, où on ne l'exploite que comme bois, et dire un mot de tout ce qu'ils fournit au commerce et à l'industrie.

On sème généralement les pins, ce qui vaut mieux que de les planter. Quand ils ont atteint l'âge de cinq ans, on les éclaircit une première fois et cette opération doit être renouvelée tous les trois ans, ainsi que l'élagage des branches. Les derniers éclaircissages fournissent des poteaux de mine qu'on expédie en Angleterre, les premiers des échalas pour vignes, des piquets pour les clôtures etc., etc. Vers trente ans, le pin est en âge d'être *gemmé*, c'est-à-dire de donner de la *gemme* qui est la matière première servant à la fabrication d'un grand nombre de produits, dont la *résine* n'est que l'un des moins importants. Le gemmage se fait en pratiquant le long de la tige, avec un instrument spécial, une entaille qu'on commence par le bas et que l'on continue, vers le haut, en ravivant la plaie de l'arbre, quand *elle ne saigne plus*, quand elle ne laisse plus couler une gomme blanchâtre qui par une gouttière en zinc, incrustée dans le bois même de la *carre* (l'entaille), est conduite dans un petit pot en terre cuite, dont 7 à 8 fois par an on verse le contenu dans des bassins, des *barcous*, établis dans les *pignadars* et que l'on porte ensuite, dans des barriques, à l'usine la plus rapprochée.

Ces usines étaient, jusqu'à l'heure, très primitives. Aujourd'hui, elles sont installées avec luxe, et leurs appareils de distillation à la vapeur sont des plus perfectionnés.

On commence, en effet, par distiller la gemme pour en extraire un seul produit liquide, qui est l'essence de térébenthine (1), puis la première couche des résidus en fusion que l'on retire de l'alambic donne la colophane et diverses qualités de brais secs, classés, d'après leur plus ou moins grande pureté et leur coloration plus ou moins foncée. En dessous, vient la résine proprement dite que l'on obtient en brassant le résidu avec de l'eau dans des auges, avec de grandes pelles en bois.

Au fond du cucurbite, on trouve enfin des brais gras, des brais noirs et des goudrons végétaux. Mais les goudrons s'obtiennent surtout en distillant dans des *hournots*, des fourneaux spéciaux, les racines des pins et les bois boursouflés que l'on voit à la base des arbres jusqu'à la hauteur des entailles.

A 69, 80, ou même cent ans, suivant leur décrépitude, les pins sont abattus et on en fait des bois de charpente, des traverses de chemins de fer, des planches, des liteaux à plafonner, et, enfin, un bois de chauffage très apprécié par les boulangers de Paris et des grandes villes. Depuis quelque temps on en fait, aussi, des cubes servant au pavage des rues.

Tout sert, tout s'utilise dans cet arbre précieux, ses feuilles, ses *aiguilles*, sont employées à la fabrication d'un gros papier d'emballage.

On se livre en grand, à Rion, à l'apiculture. Les abeilles vivent et se propagent dans les Landes mieux que partout ailleurs. Le miel y est excellent et la cire abondante. Grâce à quelques innovateurs intelligents, parmi lesquels il convient de citer notre collègue, M. l'abbé

(1) Certains industriels ont entrepris la fabrication de diverses huiles de pin devant servir à l'élairage, mais elles ne feront jamais une concurrence sérieuse au pétrole et aux autres hydrocarbures similaires.

Lescarret, curé de Lüe, l'élevage des mouches à miel a même fait, dans la contrée, de réels progrès. Les ruches à cadres et à châssis y remplacent déjà les vieilles corbeilles de Pomarez, dont la forme et l'aspect étaient restés les mêmes depuis l'époque gallo-romaine.

Au moyen âge, l'agglomération de l'ancien vicus devait avoir acquis, sinon conservé une grande importance, car on y voyait deux églises et, à côté de l'une d'elles, un cimetière dont il va être question, ci-après.

Rion devint au moyen-âge une baronnie, qui concourut, plus tard, à la formation du marquisat de Pontonx, et qui relevait du duché d'Albret.

Il y eut, depuis les temps les plus anciens, un juge seigneurial, ressortissant du sénéchal de Tartas. M. Cuzacq cite, comme ayant fait partie de cette juridiction locale :

En 1662, Guillaume Destouesse, juge de Rion ;

En 1742, Planton, juge, comme greffier ou bayle ;

En 1763, Baffoigne, juge, Darosse procureur, Lesnaverres, greffier ;

En 1763, Mathieu Maque, *ancien*, tenait l'audience en l'absence du juge ;

En 1779, André Camyouan était bayle ;

En 1784 ; Cazaux, *ancien*, Camyouan greffier, Ducasse procureur.

Notons en passant qu'il résulte de cette courte nomenclature que, comme nous l'avons déjà fait observer plusieurs fois, nos *bayles* landais n'étaient pas, comme on l'a cru longtemps, des baillis, mais bien des officiers ministériels, comme nous dirions de nos jours, à la fois greffiers et huissiers. Quelquefois, cependant, ils constituaient avec deux *anciens* comme assesseurs des tribunaux de basse justice, surtout quand ces modestes juridictions dépendaient d'une caverie.

Aujourd'hui Rion n'est plus qu'une simple commune dépendant du canton Ouest de Tartas. Elle a cependant conservé deux choses qui ne se trouvent ordinairement que dans les chefs-lieux de canton, une brigade de gendarmerie et un curé-doyen. C'est sans contredit la paroisse la plus importante, et on comprend que l'autorité ecclésiastique en ait fait son chef-lieu. Avant la Révolution la dîme en grains s'y montait à 4.751 livres et le curé en avait les neuf dixièmes ; il avait aussi le dixième de la dîme des agneaux, des chevreaux et abeilles. (1)

Il existe au Nord-Ouest du bourg, une ancienne seigneurie de *Vignoles*, dont François Darricau était titulaire au XVIe siècle (2), mais qui avait évidemment appartenu à la famille dont elle porte le nom et qui était celle du fameux Lahire, le glorieux compagnon d'armes de Jeanne d'Arc au siège d'Orléans.

Le but principal de notre excursion à Rion, quand nous nous y sommes rendus le 12 avril 1887, sur l'invitation de notre collègue, M. Albert Poisson, dont nous n'avons pas oublié l'aimable accueil, était l'examen et l'étude d'un curieux monument, se trouvant à l'entrée du village, en venant de la gare, à une certaine distance de l'église actuelle, et dont l'origine et la destination étaient inconnues.

Cet édicule est évidemment gothique. Les quatre arcades qui le composent (voir la planche) présentent tous les caractères des ogives de la fin du XIVe siècle. Comme aspect, c'est un porche carré, recouvert

(1) Rapport de l'Archiviste départemental du 9 juillet 1862.

(2) Manuel de Géographie Historique. — Ancienne Gascogne et Béarn. — Bourdeau de Riscle, Paris, Vve Renouard, rue Tournon, 6. — 1861.

simplement d'un toit aplati, sans voûte. Tous ceux qui l'ont visité jusqu'à l'heure, le savant chanoine Pédegert, le R. P. Labat, etc., sont d'accord sur la date à donner à la construction de ce singulier porche, mais sont loin de l'être sur ce qu'il a bien pu être.

Il a toujours été, plus ou moins, consacré au culte, car en dessous, au centre du carré intérieur, on voit encore une croix, toujours appelée la *crouts arramère*, au pied de laquelle, de temps immémorial, on se rend processionnellement le jour des Rameaux, et c'est là que M. le Curé bénit les branches de lauriers portées par ses paroissiens.

Les uns y ont vu un ancien baptistère, ou l'abri d'une fontaine sacrée ; d'autres le tombeau monumental d'un sire d'Albret, qui aurait péri dans une bataille livrée par lui, en cet endroit, aux Anglais, après la prise de Tartas, en 1442 ; mais les fouilles qui y ont été opérées avant notre visite n'y avaient fait découvrir aucune source, ni aucunes traces d'inhumations autres que celles consistant en un certain nombre de tuiles creuses, réunies deux à deux, de façon à former une sorte de petits sarcophages renfermant des squelettes de tout jeunes enfants.

On sait que c'est ainsi qu'on ensevelit encore, dans le pays, les nouveaux nés qui meurent avant d'avoir été baptisés. Cet usage remonte, croit-on, aux premiers siècles de l'Eglise. Ces petits cercueils, d'un genre bien primitif, sont généralement déposés à l'entrée des cimetières, ou même en dehors, parce qu'on ne les met pas en terre sainte.

Les recherches que nous avons faites, à notre tour, ne nous ont amenés à constater qu'une seule chose, c'est que le sol ancien, sous l'abri et aux alentours, a été considérablement surélevé par l'envahissement de la dune qui a recouvert d'une épaisse couche de sable les terrains avoisinant la mairie, dans lesquels on avait trouvé les sarcophages en pierre dont nous avons déjà parlé.

Des personnes dignes de foi, qui avaient vu ces sarcophages, nous ont affirmé que beaucoup d'entr'eux avaient, à l'une de leurs extrémités, la plus large, une niche ronde pour recevoir la tête du cadavre qu'ils renfermaient. Ce fait prouve qu'ils étaient du XIV^e^ ou du XV^e^ siècle, comme l'édicule voisin qui n'était pour nous, à n'en pas douter, le porche d'un cimetière ancien entourant une église, aujourd'hui disparue, placée sous le vocable de Saint Martin, dans un quartier qui porte encore ce nom.

L'existence de cette église et de ce cimetière est, du reste, démontrée par un testament du 5 janvier 1646, qui est dans les mains de M. Cuzacq, et par lequel un habitant de Rion demande à être inhumé « *dans le cimetière de l'église St-Martin du dit Rion*. »

Un porche, à peu près semblable, existait, d'après M. l'abbé Beaurredon, à l'entrée du cimetière de St-Paul-en-Born. Il y en avait aussi, de formes analogues, en pierre ou en bois, dans d'autres paroisses. Les vieux Dacquois se souviennent de celui de St-Vincent-de-Xaintes, qui donnait accès dans un cimetière dans lequel, comme à Rion, on a découvert de nombreux sarcophages.

L'église principale de Rion, celle qui existe encore au centre du bourg, a toujours été dédiée à St-Barthélemy. Comme toutes celles de la contrée, elle a été romane avant d'être gothique. Il ne reste de roman qu'un portail très remarquable, auquel un architecte Bordelais, M. Minvielle, a ajouté un porche et un clocher, dont le style, chose rare, est en parfaite harmonie avec celui de la partie ancienne. (Voir la planche).

La nef et l'un des bas-côtés sont du XV^e^ siècle, l'autre

basse-nef est de construction récente, mais aussi très correcte.

En démolissant le mur intérieur de l'église romane, pour construire le nouveau clocher, on rencontra un grand nombre de vases en terre, ayant la forme de véritables *pégas*, dont l'ouverture était tournée ver la nef. Ces vases avaient été mis intentionnellement dans ce mur pour augmenter la sonorité du vaisseau. Il y en avait de semblables à St-Girons de Hagetmau et dans beaucoup d'autres églises romanes de la contrée.

Les archéologues ont donné à ces vases sonores le nom grec de « ECHEA », parce que leur emploi remonte aux grecs qui en plaçaient dans leurs théâtres et dans leurs temples.

Partant de ce même principe de physique de la sonorité des vases et des boîtes qui a reçu tant d'applications, dans la construction des instruments de musique et même des téléphones, les paysans de Chalosse, alors qu'ils battaient le froment au fléau, et non pas avec des machines à vapeur comme ils le font tous aujourd'hui, avaient imaginé d'enterrer, dans leurs aires, des cruches vides pour que leurs coups s'entendissent plus loin et parussent, ce qui était un honneur pour eux, plus vigoureusement portés.

Le portail de St-Barthélemy de Rion est d'un type très en honneur au commencement du XII$^{e}$ siècle, peut-être même un peu avant. Trois rangées de pieds-droits séparés par deux colonnes, de chaque côté, supportent un égal nombre de voussures, (voir la planche) ornée de torsades, de bandelettes, d'étoiles et de tores. Toutes ces moulures classiques entourent un tympan plus classique encore.

Ce tympan est, à lui seul, une date. On y voit, en effet, dans un médaillon central, la représentation du Christ, docteur, entouré des quatre évangélistes, figurés par les quatre animaux symboliques si en honneur à la fin du XI$^{e}$ et au commencement du XII$^{e}$ siècles. Ce sont ces mêmes sujets que nous retrouverons sur les clochettes ajourées, remontant elles aussi, à la même époque, qui feront l'objet de notre prochain article destiné à l'AQUITAINE HISTORIQUE ET MONUMENTALE. Comme sur ces clochettes, St Jean nous apparaît sous la forme d'un aigle, St Mathieu sous celle d'un ange, St Marc sous celle d'un lion, et St Luc sous celle d'un bœuf. Ces quatre animaux, il est convenu de les appeler ainsi, après l'Apocalypse, quoiqu'il y ait parmi eux un ange, sont nimbés et s'appuient sur le livre des Evangiles.

On retrouve le même sujet sur le tympan de l'église de Soustons. Il appartenait à l'ancienne église romane qui existait dans cette localité et on a eu le bon esprit de le conserver et de le remettre à sa place au-dessus de la porte d'entrée, quand on a construit la nouvelle église gothique.

M. de Caumont, dans son Abécédaire d'Archéologie Sacrée, donne la reproduction d'un autre exactement semblable à la page 165.

Le soubassement et les bases des colonnes sont conformes aux règles architecturales de l'époque et les quatre chapiteaux sont des plus remarquables.

Leur tailloir est formé par une corniche qui sert d'appui aux voussures, des deux côtés du tympan, et qui est ornée de rinceaux qui, eux aussi, ont la plus grande ressemblance avec celui que nous trouverons autour du cerveau des clochettes dont nous venons de parler.

La première des corbeilles, à gauche en regardant le portail, représente *Daniel dans la fosse aux lions*. Ce sujet est plus finement traité à Rion qu'à Œyreluy, où nous l'avons déjà signalé sur le portail mérovingien de l'église de cette localité. Nous l'avons étudié et reproduit dans notre premier volume (page 136 et planche III).

La seconde nous offre le *massacre des innocents et la fuite en Egypte* que nous retrouvons à Arthous et à Sorde, ou plutôt, dans cette dernière abbaye, ce sont les préparatifs de cette fuite, comme l'a si bien démontré le regretté directeur honoraire de la Société Française d'Archéologie, le regretté Léon Palustre, lors du congrès tenu à Dax, en 1882. (Voir encore, dans l'*Aquitaine,* les articles consacrés aux deux abbayes d'Arthous et de Sorde).

Les deux corbeilles de droite sont encore plus artistiquement sculptées que celles que nous venons de décrire, mais leur interprétation n'est pas aussi facile :

Sur l'une M. Taillebois voyait figurée la *présentation au temple*, *avec le vieillard Siméon* et *Anne la prophétesse*. Sur l'autre se trouve un personnage assis sur un banc, rompant une galette et paraissant manger ; à sa droite, deux jeunes gens semblent s'enfuir, poursuivis par une bête féroce ; à sa gauche une femme assise tient sur ses genoux un vase, un dragon lui parle à l'oreille.

M. l'abbé Beaurredon a vu, avec raison, croyons-nous, dans ce groupe, le prophète Elisée, les enfants qui l'insultaient dévorés par des ourses, et la femme de Sunam qui lui donne à manger et dont il renouvela miraculeusement la provision d'huile. M. l'abbé Pédegert croyait y voir une scène de la vie de Tobie.

Pour le R. P. Labat, l'ensemble des sujets devait s'interpréter de la façon suivante : On va à Dieu, (à droite, 4e corbeille) 1° par la vertu, c'est-à-dire la *prudence qui sedens computat,* dit N. S. ; la *tempérance* qui, de sa main, réprime ses passions (geste employé ailleurs) ; la *force* qui, de son poing, arrête l'ennemi ; la *justice* accompagnée du lion son symbole : « *jutus est leo* etc » ; 2° en suivant l'exemple de N.-D., allant au temple avec l'offrande de son fils et de ses présents : « *non apparebis in conspectu meo vacuus* », dit le Seigneur.

En quittant Dieu, (à gauche), 1° on partage le sort de N.-D. fuyant en Egypte ; on rencontre le monde et on a peine à fuir les séïdes d'Hérode ; 2° on quitte Dieu surtout par le vice, ou bien c'est au moins lui qu'on rencontrera ; mais on résiste à l'orgueil, à la concupiscence et à l'avarice au moyen de la parole de Dieu et des sacrements, remède puissant que présente la Religion. (Notes inédites du R. P. Labat.)

La cloche de Rion est probablement, aujourd'hui, la plus ancienne du diocèse, après celle de Sarbazan, dont nous avons donné l'inscription dans le premier volume. Elle est contemporaine de celle qu'il y avait encore, tout dernièrement, à la cathédrale de Dax et qui, malheureusement, a dû être refondue. On y lit, en caractères du XV$^{e}$ siècle, la première phrase de la salutation angélique : « *Ave Maria gratia plena* », avec les trois initiales S. N. C. Celle de Dax avait tout l'Ave Maria, plus ces mots : « *Te Deum laudamus* », quatre fois répétés.

J.-E. D..., G. C...

1. — Porche du cimetière de St-Martin de Rion, XV^e^ siècle.

1. — Porche du cimetière de St-Martin de Rion, XV^e^ siècle.

II. -- Eglise St-Barthélemy de Rion.

III. — Portail de l'Eglise St-Barthélemy.

LA

# CLOCHETTE AJOURÉE

## DE BUGLOSE

ET LES AUTRES

# CLOCHETTES ROMANES

*Trouvées dans le Diocèse d'Aire & de Dax*

---

DANS les premiers jours du mois de février, la veille de la séance de la Société de Borda, M. l'abbé Larrède, missionnaire de Buglose, desservant de cette paroisse dépendant de la commune de St-Vincent-de-Paul, nous écrivit pour nous annoncer la découverte et l'envoi d'une clochette ajourée, richement ornée, qu'il estimait à cause de la finesse de son ornementation, ne pas devoir remonter au delà du XV$^{e}$ siècle.

Il nous posait, de plus, dans sa lettre, les trois questions suivantes :

1° « Ne serait-ce point là la *squilla* du réfectoire, ou la « *nola* du chœur du monastère de St-Caprais de Pontonx ? » (St Caprais était un ancien grand prieuré de l'ordre de St Benoit, aujourd'hui détruit, et qui se trouvait à cinq kilomètres de Buglose) ;

2° « Peut-être avons-nous là la clochette de l'horiogenonula de la chapelle de 1622 ? »

3° « Ou bien, faut-il y voir simplement la clochette du « réfectoire des Lazaristes qui arrivèrent à Buglose en « 1706 ? » (1)

Il ne nous fallut pas un long examen pour voir que la *squilla* (en gascon *esquire*, les *ll* médianes des mots latins correspondants se changent toujours en *r* dans notre idiome

(1) Les lecteurs du Bulletin trouveront l'histoire de N.-D. de Buglose, l'antique et si populaire pèlerinage landais, dans une intéressante étude de M. l'abbé Beaurredon, ayant pour titre : « *Les Témoins de N.-D de Buglose* », publiée dans le Bulletin du premier trimestre 1895. Ceux qui ne connaîtront que l'Aquitaine Historique et Monumentale, ou notre tirage à part, devront savoir que, de temps immémorial, il y avait à *Berglosa* (dont on a fait depuis Buglose), dans la Lande, à deux lieues de Dax, une chapelle dédiée à la Sainte Vierge, dans laquelle de nombreux pélerins se rendaient pour prier et obtenir des grâces. Cette chapelle fut détruite pendant les guerres de Religion et les pèlerinages furent interrompus jusqu'en 1622, époque à laquelle la statue miraculeuse fut découverte dans un marais. L'évêque de Dax ayant voulu la faire transporter dans sa cathédrale, les bœufs qui la portaient s'arrêtèrent devant l'endroit où avait été l'église ancienne, et il fut impossible de les faire aller plus loin. On comprit la volonté de la Sainte Vierge, et on construisit une nouvelle chapelle, aujourd'hui remplacée par une magnifique basilique. Cette statue est très belle et date, évidemment, de la fin du XV^e^, ou du commencement du XVI^e^ siècle.

On se demande si elle était primitivement à *Berglose*, dont la transformation en *Buglose* (langue de bœuf) devient facile a expliquer, ou si elle ne provient pas du prieuré de St Caprais, les Bénédictins ayant, croit-on, caché, à l'approche de Montgoméry, tout ce qu'ils avaient de précieux dans les marais de Buglose ? Ce qu'il y a de sûr, c'est que, d'après un vieux manuscrit, « Garcias Arnaud de Boyrie », qui était évêque de Dax de 1499 à 1514, « fit placer « dans l'église de Pontonx une statue de la Vierge, qu'on « n'y voit plus ; mais les habitants de cette paroisse prétendent « que, pendant les troubles de religion, quelques particuliers « allèrent cacher cette image au quartier de Buglose, pour la « dérober à la fureur des hérétiques, et que c'est là l'image qui « fut trouvée par un pasteur et qui a été placée dans la chapelle « de Buglose. » (Manuscrit Grateloup, XVIII^e^ siècle).

local) en question remontait bien plus haut que le XVe siècle, les motifs sculpturaux qui les décorent et les caractères qui composent les inscriptions qu'on y lit, nous montrèrent, à première vue, que nous étions en présence d'une clochette romane, et bien grand fut notre étonnement. Mais il n'y avait pas de doute possible. (1)

On voit, en effet, dans le bas, en dessus d'une base formée d'une doucine et de trois filets, la représentation des quatre animaux symboliques figurant les quatre Evangélistes.

La façon archaïque dont ces sujets, éminemment romans, sont traités, (certains rappellent par leurs formes, leurs draperies et leur disposition, les personnages et les animaux fantastiques de l'abside carolingienne de St-Paul-lès-Dax) ; les palmettes qui séparent les quatre animaux et qui sont, elles aussi, bien empreintes de souvenirs carlovingiens ; tout indique l'époque romane et même le XIe, plutôt que le XIIe siècle.

Cette sorte de bas-relief a 0,037 de hauteur.

En dessus de chacun des Evangélistes, est gravé sur un bandeau poli au burin, haut d'un centimètre, le nom de celui qui figure au-dessous, et c'est ainsi qu'on lit :

·S IOHANES⁝ ·S· MATHEVS⁝ ·S· MARCVS·
·S· LVCAS⁝

Les lettres sont hautes, elles ont 0,007mm en moyenne, et sont profondémeut creusées.

Il y a encore du romain dans la facture de ces lettres.

(1) Cette opinion fut adoptée par les archéologues présents à la séance, du 3 Février, de la Société de Borda et auxquels l'un de nous, M. Dufourcet communiqua la clochette en se réservant de l'étudier plus sérieusement.

L'inscription semble intermédiaire entre celle de Saint-Hilaire de Poitiers, qui est du XIe siècle, et celle de Neufchâtel (Seine-Inférieure), qui est de 1170 ; toutes deux sont citées comme types par M. de Caumont.

Pour les comparaisons que nous aurons à faire plus loin, il est bon d'examiner en détail notre inscription.

Le mot sanctus est en abrégé et est représenté par une S barrée au milieu de sa hauteur.

L'S qui est devant le mot IOHANNES est précédée d'un point. Ce nom n'offre d'autre particularité que la barre que l'on voit sur l'A, au sommet, du côté gauche seulement.

Vient, ensuite, · S · MATHEVS, dont l'A est barré à droite. A remarquer aussi que cette fois l'S de Sanctus est entre deux points.

Il y a également deux points avant l'S de Sanctus MARCVS, dont les trois premières lettres, M, A et R, sont barrées à gauche.

L'A de · S · LVCAS est barré de la même façon et l'S qui le précède est entre deux points, ce qui fait que ce n'est que l'S de Sanctus IOHANNES qui a un seul point.

En dessus de cette quadruple inscription, et tout autour du cerveau de la clochette, est un rinceau rappelant, lui aussi, le style carlovingien et semblable, ou à très peu de chose près, à ceux que l'on rencontre sur tous les tailloirs des chapiteaux de la région, que le Congrès archéologique de 1888 a classés comme étant du XIe siècle : à St-Paul-lès-Dax, au Mas d'Aire, à St-Girons de Hagetmau, etc. Ce rinceau a 0,02 c de haut, et il est surmonté d'une doucine et de deux filets qui ornent le cerveau sur lequel on voit une sorte d'anneau un peu allongé, en bronze, faisant corps avec le cerveau lui-même, épais de 0,012mm et haut de 0,045. Il semble disposé exprès pour y passer le doigt.

Tous les intervalles compris entre les divers membres des animaux symboliques et entre les feuillages des palmettes et du rinceau sont, extérieurement, découpés à jour, et ces découpures obtenues par le moulage ont été évidemment retouchées. A l'intérieur, elles correspondent à des trous beaucoup plus petits que les jours extérieurs, et beaucoup moins réguliers.

Le battant est en bronze et il est suspendu à une bélière en fer, par un crochet, en S, également en fer forgé.

Le tout pèse 1 k. 600 g. La teneur, en étain, *est beaucoup plus faible que celle du bronze qu'on emploie de nos jours, et la clochette,* d'une belle patine verte, presque fleur de coing, donne le ré naturel.

Le son en est très clair, très net et très argentin, quoique, entre St Marc et St Luc, il y ait une fêlure traversant toute l'épaisseur du rebord et montant, à travers la palmette, jusqu'au bandeau sur lequel sont les inscriptions.

Les dimensions exactes de la clochette sont : hauteur verticale, 0,0997$^{mm}$ ; diamètre à la base (de dehors à dehors), 0,124$^{mm}$, et (de dedans à dedans), 0,114$^{mm}$ ; ce qui donne une épaisseur moyenne de 0,01 c. pour les parois métalliques.

Après avoir fait ces premières constatations, nous les avons soumises à un spécialiste en la matière, M. Léon Germain, inspecteur divisionnaire de la Société Française d'Archéologie, à Nancy, et nous lui avons demandé divers renseignements qu'il s'est empressé de nous donner.

Il nous dit entr'autres choses, dans sa lettre du 11 février :

« Les clochettes ajourées représentant les symboles des

« évangélistes semblent de la fin du XIe ou du commencement du XIIe siècle. Celle de Reims est célèbre depuis longtemps : Didron l'a publiée dans les Annales Archéologiques, T. I, p. 262. M. l'abbé Morillot a consacré une planche, p. 191 de son *Etude sur l'Emploi des Clochettes chez les Anciens et Depuis le Triomphe du Christianisme*, au développement d'une clochette analogue, alors inédite, (en 1888), trouvée à l'église de St-Bernard de Fontaine-les-Dijon. Il serait nécessaire de comparer votre clochette à ces deux-là. Je le ferais volontiers si cela ne vous était pas possible, c'est-à-dire que je pourrais comparer la planche que vous m'enverriez avec celle des deux ouvrages cités. »

Nous savions que nous trouverions les Annales de Didron chez M. l'abbé Gabarra, qui nous les a prêtées avec grand plaisir, et nous avons écrit à M. l'abbé Morillot, alors curé de Beire-le-Châtel, aujourd'hui doyen de Sombernon (Côte-d'Or) qui nous a envoyé, non seulement son magnifique ouvrage, mais un certain nombre de tirages à part de la partie relative à la clochette de Fontaines, et une lettre dont je crois intéressant de reproduire quelques passages :

« Je suis heureux de savoir qu'une nouvelle clochette ajourée, du type de la clochette de Reims et de celle de l'église de Fontaines-lès-Dijon, vient d'être découverte à Buglose...

« La clochette de Reims est connue par les publications de Didron, p. 134, et aussi par la « Vie Militaire et Religieuse du Moyen-Age, » de Paul Lacroix, p. 245...

« Mgr Barbier de Montault a publié une clochette ajourée de l'église décanale de Bonnes (Vienne), mais elle est du XVIIe siècle et diffère des nôtres. A l'intérieur, au

« lieu d'un seul battant, sous la calotte, il y a deux « grelots. La forme et la décoration sont aussi tout « autres. *Je ne connais pas de spécimens analogues à la « clochette de Reims et à celle de Fontaines;* LA VÔTRE « SERA LE N° 3.

« Vous savez, je n'ai pas besoin de vous le dire, que « Didron a, non seulement publié des dessins de la clo- « chette de Reims, mais qu'il en a fait des reproductions « en métal. »

La clochette de Reims est simplement représentée, vue de face, dans l'ouvrage de Paul Lacroix. Mais ce dessin a le mérite d'être rigoureusement exact. C'est la représentation fidèle du modèle tel qu'on le voit au Musée Archéologique, avec son cerveau sans autre moulure qu'un cavet sans filets, et son anneau en fer ayant été mis à la place de celui en bronze. La partie supérieure de la calotte a été, aussi, refaite avec du fer.

Didron, au contraire, a eu le tort de publier une clochette qui n'a d'exact, et encore, que la reproduction des ornements ajourés et de l'inscription; puis, supposant que l'anneau en fer a dû remplacer un manche qui a été cassé, en même temps que la calotte, il en a reconstitué un dans le style de la clochette et il l'a ajouté, non seulement dans son dessin, MAIS ENCORE DANS LES REPRODUCTIONS EN MÉTAL. C'est ce que nous apprend M. Morillot. (Page 7 de son tirage à part).

Pour le dessin, nous avons pu le constater par nous-mêmes dans les Annales, et quant aux moulages en bronze, nous sommes heureux de pouvoir nous appuyer sur ce fait pour prouver l'authenticité de notre clochette de Buglose.

D'après Didron, qui la fait, comme M. l'abbé Morillot,

remonter à la fin du XI^e^ ou au commencement du XII^e^ siècle, la clochette de Reims a 0^m^ 10 à 0^m^ 11 de haut, 0^m^ 13 de diamètre à la base, et 0^m^ 01 d'épaisseur. Ces dimensions sont donc, à peu près, les mêmes que celles de la sonnette de Buglose. L'aspect des deux paraît identique, surtout quand on compare la nôtre avec la reproduction de la première donnée par Paul Lacroix Mais en les examinant de près, on ne tarde pas à constater, dans les détails, de nombreuses différences qui font que nous n'hésitons pas à affirmer qu'il est impossible que l'une ait été faite avec un moulage de l'autre, et il est encore plus impossible que nous nous trouvions en présence d'une imitation moderne de celle de Reims ou de celle de Fontaines. Il est évident, pour tous ceux qui ont quelque habitude des choses antiques, que celle de Buglose est contemporaine, ou presque contemporaine des deux autres, et que toutes les trois, quoique du même type, quoique faites, très probablement, dans le même atelier de fabrication, ne sont pas des copies exactes les unes des autres. Nous arriverons même à supposer, avec quelque vraisemblance, après les avoir décrites et bien comparées, que la plus ancienne est, peut-être bien, la nôtre, comme c'est, sans aucun doute, la plus complète et la mieux conservée.

Quoiqu'il en soit, la hauteur du bas-relief ajouré sur lequel sont représentés les quatre évangélistes de Reims est plus grande de $0{,}007^{mm}$ que celle des mêmes ornements de Buglose, tandis que le rinceau qui entoure le cerveau et le bandeau portant les inscriptions sont, sensiblement, plus étroits.

De plus, nous l'avons déjà fait remarquer, la calotte de celle reproduite dans la Vie Militaire et Religieuse, n'est ornée que d'un cavet, et on n'y voit pas les filets qui se trouvent autour des cerveaux des deux autres.

Mais c'est surtout l'inscription qui diffère, au moins dans les reproductions : les lettres ont, en moyenne, 0,001mm de plus de hauteur ; les trois points superposés qui séparent les mots n'existent pas tous sur l'inscription de Reims ; il n'y en a aucun après IOHANNES, ni après MATHEVS ; et, s'il s'en trouve deux après MARCVS :, il n'y en a qu'un après LVCAS.

Les A de MATHEVS et de LVCAS ont leur barre médiane en forme de V, tandis que ces mêmes lettres ont cette barre parfaitement droite sur les clochettes de Buglose et de Fontaines et, d'après nous, ces A, barrés en V, sont beaucoup plus récents que ceux faits simplement comme les faisaient les Romains et les graveurs lapidaires antérieurs au XIIe siècle.

Les trois premières lettres de MARCVS sont barrées à gauche, par le haut ; sur l'inscription de Buglose et sur celle de Reims, l'A seul porte la barre.

Enfin, toutes les majuscules de cette clochette sont *pattées*, c'est-à-dire qu'elles ont toutes leurs extrémités additionnées d'une partie plus large que le trait qui les forme, tandis que les lettres de Buglose et celles de Fontaines sont terminées simplement par le trait qui s'arrête sans ornement terminal. Ce n'est guère qu'au XIIe siècle qu'apparaissent ces lettres que nous appelons *pattées*, comme les croisettes de même forme.

Pas plus sur la clochette de Reims que sur la nôtre, on ne voit l'A qui, sur celle de Fontaines, précède le mot IOHANNES.

Cette dernière clochette, quoique plus petite de moitié que celle de Buglose, lui ressemble cependant tout autant, peut-être même plus, que celle reproduite par Didron.

Elle a été savamment étudiée par M. l'abbé Morillot : elle n'a que 0m 06 de haut, sur 0m 063 à sa base, et son épaisseur n'est que de 0 m002.

Comme pour la nôtre, la proportion d'étain du bronze dont elle est faite est relativement faible, et comme celle de Buglose aussi elle résonne encore bien, quoiqu'elle ait 4 ou 5 fêlures et une cassure d'environ 0,01 c. de large sur 0,03 c. de haut, entre Saint Jean et Saint Mathieu.

L'anneau supérieur est en bronze, coulé avec la clochette elle-même, ce qui prouve combien Didron s'est trompé, en ajoutant à celle de Reims un long manche cannelé.

Le rinceau supérieur et les ornements de la calotte sont proportionnellement identiques à ceux de Buglose.

Seule l'inscription offre quelques différences : tout d'abord l'A qui se trouve avant IOHANNES et qui indique probablement le commencement de l'inscription, (APOSTOLI) ; puis, la forme bien moins nette et moins régulière des lettres, œuvre évidemment d'un graveur peu habile ; les M avec le V intérieur presque droit, la courbure des S à peine marquée ; l'L de LVCAS faite comme un I ; l'A de MARCVS, arrondi et tournant presque au gothique ; l'S finale de MATHEVS, barrée comme dans les abréviations de Sanctus, etc., etc.

Les trois points séparatifs des mots existent tous, mais plusieurs de ceux qui accompagnent les S barrées sur celle de Buglose ne se voient pas sur l'inscription de Fontaines.

Malgré son imperfection et la mauvaise exécution des lettres qui la composent, cette inscription semble un peu moins ancienne que celle de notre sonnette, tout en l'étant certainement plus que celle de Reims, ce qui fait qu'il n'est pas téméraire de supposer que la clochette de Buglose est, probablement, de quelques années plus ancienne que celle publiée par M. Morrillot, et, pour sûr, sensiblement plus vieille que celle de Reims. Le même modèle dut être en vogue pendant toute l'époque romane, et la fabrique qui avait la spécialité de fondre ces sonnettes, si richement et si symboliquement décorées, dut en faire beaucoup et pendant plus d'un siècle, peut-être, pour qu'on en trouve sur des points aussi éloignés que Reims, Dijon et Dax. Si on n'en connaît que trois, c'est que, depuis 800 ans, il est étonnant qu'elles n'aient pas toutes disparu, *et il en existe peut-être d'autres qu'on signalera, aujourd'hui que l'attention des chercheurs est appelée sur elles ?*

Celle de Reims faisait partie des collections d'un vieux chanoine, et on ne connaît pas sa provenance. Celle de Fontaines vient, à ce que croit M. l'abbé Morillot, d'une ancienne chapelle romane qui existait autrefois sur l'emplacement de l'église actuelle de cette paroisse qui n'est que du XIVe siècle.

D'où est venue celle de Buglose? Il est assez difficile de le savoir : il se pourrait qu'elle ait appartenu à l'église primitive de Berglosa, qui pouvait fort bien exister déjà au XIe siècle, puisqu'il est prouvé, nous le reconnaissons, qu'elle est antérieure au XVe siècle. Il est également possible qu'elle ait appartenu aux Bénédictins de Saint Caprais, dont la chapelle avait été construite en 960 par l'évêque Gombaud, qui avait fait sculpter sur la porte de cette petite église, comme sur celle de sa cathédrale de St-Vincent-de-Xaintes, le chrisme de Navarre ?

La seule chose que nous sachions, et cela résulte de renseignements que nous avons recueillis nous-mêmes en interrogeant des personnes âgées, c'est que, au commencement de ce siècle, elle servait encore quelquefois à l'autel, à Buglose, et qu'on l'employait aussi quand on allait porter le Saint Viatique aux malades ; qu'elle fut fêlée, il y a une quarantaine d'années seulement, et qu'elle fut alors jetée avec des chandeliers cassés et d'autres débris, dans un fossé marécageux, situé dans le jardin de la sacristie, où les enfants de chœur l'ont retrouvée tout dernièrement.

Son histoire ressemble donc beaucoup à celle des deux autres et ne contient rien, dans tous les cas, qui puisse porter atteinte à son authenticité. Cette authenticité ne nous paraît pas douteuse ; la nature, *la composition* et *la patine spéciale* du métal, suffiraient à l'établir, ainsi que la façon vraiment archaïque que dénote l'exécution du travail ornementatif et qu'il est impossible, quoi qu'on en dise, d'imiter au point de tromper un amateur d'antiquités quelque peu au courant. Elle est attestée par tous les archéologues sérieux qui l'ont examinée et même par des fondeurs et divers artistes en bronze à l'examen desquels nous l'avons également soumise, et qui ont été bien étonnés quand nous leur avons fait lire dans une revue diocésaine qu'on ne désespérait pas de retrouver le moule dans lequel on l'avait fondue. L'auteur de cette plaisanterie ne sait pas que ces clochettes ne peuvent être coulées que *à moule et à cire perdue* et que ce moule est détruit chaque fois qu'il sert.

Enfin, il résulte de tout ce que nous avons dit plus haut, que les trois clochettes diffèrent suffisamment entre elles pour qu'il soit possible d'affirmer, comme nous l'avons fait remarquer, QU'ELLES NE SONT PAS LA REPRODUCTION LES UNES DES AUTRES. On ne connaît du reste pas d'autres reproductions en métal de celle de Reims que celles faites par Didron, et elles sont toutes, nous l'avons déjà dit, munies d'une longue poignée. De plus, elles sont d'un bronze analogue à celui que l'on emploie de nos jours pour la fusion des cloches, et on ne leur a pas donné l'aspect du vieux. Ce sont des reproductions, et non des imitations ou contrefaçons.

J.-E. D..., G. C...

# 1er POST-SCRIPTUM

Nous avons été bons prophètes, quand nous avons dit, plus haut :

« Il en existe peut-être d'autres (clochettes ajourées), « qu'on signalera, aujourd'hui que l'attention des cher- « cheurs est appelée sur elles ? »

Nous n'avons pas, en effet, tardé à apprendre qu'il y en avait deux à St-Sever, l'une dans l'ancienne et magnifique église bénédictine devenue paroissiale depuis la désafectation de la célèbre abbaye qui a donné son nom à la ville, l'autre dans la chapelle des Ursulines.

Nous nous sommes immédiatement mis en relations avec M. l'archiprêtre du chef-lieu du second arrondissement des Landes, avec M. l'aumônier du couvent et avec M. Joseph de Laporterie, notre ami et savant correspondant pour tout ce qui touche à l'archéologie, historique ou préhistorique, de la Haute Chalosse. Nous avons été bien vite renseignés sur les deux sonnettes, et M. l'archiprêtre a poussé la complaisance jusqu'à nous communiquer celle de son église ; nous sommes heureux de pouvoir lui en témoigner notre reconnaissance.

Cette quatrième clochette, car n'oublions pas que celle de Buglose est la troisième connue, provient de la collection d'un archéologue de marque, M. le Baron de Toulouzette, décédé il y a quelques années.

Elle a, à peu de chose près, les mêmes dimensions que celle qui fait l'objet principal de cette étude, mais sa forme est beaucoup plus droite et beaucoup moins évasée. Son son est beaucoup plus aigu et moins fort.

En l'examinant avec soin, on constate que sa hauteur est de 0,10 c., son diamètre à la base 0,123$^{mm}$, et son épaisseur moyenne, 0,01 c. environ.

Les trois points séparatifs des mots sont au complet, dans son inscription ; mais aucun des A n'est barré, par le haut. Ils ont tous la barre médiane droite.

S, avant MATHEVS, n'a que la moitié, à gauche, de sa barre transversale.

M de MARCVS est remplacée par une N.

Aucune lettre n'est pattée. Leur forme est romaine pure. Cette inscription, et partant cette clochette, est, pour nous, la plus ancienne des huit que nous avons eu à étudier.

Celle des Ursulines a les plus grands rapports avec celle de M. l'abbé Morillot.

Nous ne saurions mieux faire, pour la décrire, que de publier, *in extenso,* la lettre que M. l'abbé Brutails a bien voulu nous écrire à son sujet, en y ajoutant simplement cette observation : que si on en juge par la photographie que nous a envoyée M. de Laporterie, les lettres sont romaines, sans altérations dans leur forme, autre que une petite barre au haut des A, dont la médiane est restée droite.

St-Sever, le 13 Mars 1895.

Monsieur,

Ayez la bonté d'abord d'agréer mes excuses : j'ai tarde à vous répondre pour mieux vous servir. M. l'abbé Gieure, avait reçu, d'une dame d'Alsace, la clochette qui vous intéresse. Hier, à Aire, je n'ai pas pu voir M. Gieure, ni savoir des détails sur le lieu d'origine et l'antiquité de cet objet d'art.

Voici les dimensions : hauteur totale, y compris la bélière, 82 millimètres ; la bélière seule a 25 millimètres. Le diamètre a la base est de 75 millimètres ; l'épaisseur de 1 à 2 millimètres. La clochette de Ste-Ursule est absolument sœur -- sœur aînée ou cadette -- de celle de Fontaines-lès-Dijon.

Même matière et même teinte jaunâtre, sans patine. Même division en deux zones également ouvragées et séparées par la même inscription que voici :

A ·S· IOHANNES: S· MATHEVS: S· MARCVS : S· LVCAS:

La lettre A de MATHEVS n'est pas barrée sur la clochette. L'inscription est gravee sur une bande de 6 millimètres de large. Au-dessus de l'inscription, la zone de rinceaux n'est pas percée à jour. C'est la principale différence qui existe avec celle de Fontaines ; les jours de la zone inférieure, où sont les animaux symboliques, ne sont pas non plus si nombreux. Celle-ci n'en a que 21.

Dans le bas, une légère irrégularité de moule ferait croire, au premier aspect, à une petite fêlure ; il n'en est rien. La clochette est en parfait état ; sa sonorité ne me semble posséder rien de remarquable.

Il est inutile de la faire dessiner. Elle est absolument pareille à celle de l'abbé Morillot.

Le dessin de l'une est le dessin de l'autre, sauf les légères différences signalées.

# 2e POST-SCRIPTUM

M. l'abbé Darrigade, l'éloquent missionnaire de Buglose, bien connu dans le diocèse, a, en quelque sorte, pris à cœur de découvrir, dans la contrée, des clochettes semblables à celle dont, avec M. l'abbé Larrède, il a fait généreusement don au Musée de Borda. Il en a trouvé déjà *cinq*, et il nous écrit qu'il ne s'arrêtera, dans ses investigations, que quand il en sera à vingt.

Quelques jours après nous avoir fait connaître celles de St-Sever, il nous indiqua l'existence de deux autres, l'une au Musée du Grand Séminaire d'Aire, l'autre à l'église de Peyrehorade.

Nous n'avons pas vu la clochette du Musée d'Aire, mais nous avons su que notre maître en archéologie, que nous avons si souvent cité, le R. P. Labat, n'avait pas mis en doute son authenticité et que, comme nous l'avons fait, au grand étonnement de certaines personnes, pour celle de Buglose, il n'avait pas hésité à la faire remonter à l'époque romane.

Nous sommes heureux de pouvoir donner la description de cette sixième sonnette, d'après un archéologue de mérite, M. l'abbé Pouységur, professeur au Grand Séminaire.

Cloche dont la hauteur est de 13 c. 3/4 en y comprenant l'anneau, ou plutôt l'anse, recourbée en forme de fer à cheval, qui surmonte le cerveau. La hauteur, sans cette anse, serait de 9 c 1/2. La cloche mesure 38 centimètres de circonférence à la base. Elle est travaillée à jour et porte les emblèmes des 4 évangélistes.

Ces emblèmes se voient sur tout le pourtour de la clochette, séparés les uns des autres par un petit bouquet de feuillages ; ils prennent sur la paroi, à une hauteur d'environ 3 c. 3/4, et sont situés à 12 ou 13 millimètres du bord. Cette bande de 13 millim. de large, qui forme la base de la cloche, ne présente pas une surface extérieure unie, mais une sorte de petit tore, ou plutôt d'arête très adoucie, la partage à son milieu.

L'inscription se lit à une hauteur d'environ 55 millim. sur une bande, unie d'une largeur de 1 centimètre. Elle porte le nom des 4 évangélistes, chaque nom situé au-dessus de l'emblème correspondant (lion, aigle, etc.), Voici cette inscription :

·S MATHEVS : ·S· MARCVS: · S · LVCAS :
A · S · IOHANNES

Le trait qui barre l'S dans S. MATHEVS est à peu près effacé, et le second point que l'on voit pour les autres noms ne paraît pas dutout, quoique ces inscriptions ne semblent pas effacées par le temps.

Au-dessus de cette inscription se trouve une nouvelle bande, large d'environ 2 centimètres, travaillée à jour, présentant une ornementation en forme d'arabesque.

Le cerveau devrait commencer presque aussitôt, d'après la forme ordinaire de nos cloches, tandis que celle-ci se relève encore un peu. Cette partie supérieure avec le cerveau rappelle une sorte de calotte, tronc-conique, trop petite pour la cloche qu'elle coiffe.

Le battant, de même métal que la cloche, est assez volumineux, beaucoup plus court ; il frappe à 3 centimètres environ du bord.

Le son de cette clochette n'est pas des plus harmonieux, il s'en faut : on entend un bruit de battement qui annonce que les harmoniques que rend cet instrument sont loin d'être de véritables harmoniques.

M. le Doyen de Peyrehorade, à l'exemple de M. l'Archiprêtre de St-Sever, a eu l'obligeance de nous confier sa clochette. Nous l'avons sous les yeux en la décrivant, et nous relevons les dimensions suivantes : sa hauteur est de 0,10 c., et son diamètre, à la base, 0,117$^{mm}$, son épaisseur moyenne de un peu moins de 1 centimètre, quoiqu'elle ait un renflement bien sensible, en dessous des palmettes qui séparent l'ange du lion.

Son inscription ne ressemble à aucune des autres, les lettres sont plus creuses, les traits qui les forment sont plus larges, surtout pour H de MATHE VS, R de MARCVS, L et S de LVCAS. Il n'y a qu'un point séparatif après IOHANNES et les barres des S des quatre SANCTVS sont beaucoup plus longues que sur les autres clochettes ; les A et même certains V sont barrés par le haut.

Cette inscription, comme du reste l'ensemble de la cloche et surtout le rinceau semblent l'œuvre d'un ouvrier inexpérimenté, qui a grossièrement imité son modèle.

La clochette est fêlée, en plusieurs endroits, et ne rend plus qu'un son tellement sourd, qu'il est impossible de l'apprécier.

---

## 3e POST-SCRIPTUM

---

Dès notre première communication à la Société de Borda, avant même que nous ayons soumis la clochette de Buglose à nos collègues en archéologie, un article, dont nous avons déjà dit un mot, avait paru, sans nom d'auteur, dans une revue diocésaine, et il était facile de voir que celui qui l'avait écrit était surtout préoccupé de dégager la responsabilité de ceux qui avaient pris sur eux de donner la sonnette en question au Musée de la Société ;

aussi avait-il le soin de contester son authenticité et de dire, sans dévoiler encore un argument qu'il croyait irréfutable, que, « si on cherchait bien, on trouverait le moule « dans lequel elle avait été fondue. »

Dans le procès-verbal de la séance qui suivit, l'un de nous répondit que ce moule serait impossible à trouver, vu que les objets de ce genre sont coulés à moule perdu.

Notre contradicteur, loin de se décourager, démasqua ses batteries et fit paraître dans le journal l'*Avant-Garde*, une longue communication qui se terminait par le passage suivant :

Nous nous permettrons de croire que cette clochette a été, il y a quelque 30 ou 40 ans, achetée à M. Bachelet, ancien fabricant d'objets religieux, avec les candélabres et les chandeliers qui ornent le maître-autel de l'église de Buglose. Il n'était donc pas loin d'avoir raison, le correspondant de la *Semaine Religieuse*, en disant « *qu'il ne serait peut-être pas impossible de retrouver le moule où elle a été coulée.* » En tout cas, s'il n'est pas possible d'en retrouver le moule, il sera toujours facile d'en retrouver le modèle. Ouvrez le catalogue général de Poussielgue-Russand, à Paris, qui a acheté tout ou partie du fonds commercial de l'ancien fabricant, M. Bachelet, allez au numéro 2110, et vous trouverez un modèle de clochette absolument semblable à celle de Buglose, mêmes rinceaux, mêmes palmettes, mêmes animaux symboliques, et même anneau. C'est la clochette de Buglose.

Et qu'on ne m'objecte pas « la nature, *la composition et la patine spéciale du metal et la façon archaique que dénote l'exécution du travail ornementatif* ». Ce sont là choses parfaitement imitables. On fait aujourd'hui bien des constructions dans le style ogival et dans le style roman. S'ensuit-il qu'elles remontent au XIIIe ou au XIe siècle ? Voilà comment une clochette dans le style du XIIe siècle ne remonte pas certainement au-delà de la seconde moitié du dix-neuvième. X.

Nous écrivîmes aussitôt à M. Poussielgue-Russand qui s'empressa, et nous le remercions de la complaisance et de l'impartialité dont il a fait preuve dans cette affaire, de nous envoyer, non seulement son catalogue, mais encore le modèle, en plâtre, de la clochette figurée au n° 2110. Il nous déclara, en outre, que ce modèle ne provenait pas du fond Bachelet, *que son père l'avait acquis, il y a de longues années, il ne savait où, et que jamais on ne s'en était servi. Jamais, par conséquent, aucune reproduction n'en avait été faite, ni vendue par son importante et si artistique maison de commerce.*

Nous pûmes, grâce à son obligeance, comparer le surmoulé qu'il nous avait communiqué avec les clochettes de Reims et de Fontaines-lès-Dijon et avec nos cinq sonnettes des Landes, et nous affirmons qu'il n'est pas la reproduction d'aucune d'elles. Il a été, évidemment, pris sur une huitième clochette restée inconnue. Un autre moulage d'une clochette ajourée du même style se trouve, paraît-il, à Paris, à l'Ecole des Beaux-Arts.

Cette clochette inédite de M. Poussielgue-Russand, est la plus grande de toutes, après celle de Reims, dont les dimensions ont dû être modifiées par la restauration dont elle a été l'objet : elle est haute de 0,102$^{mm}$, large, à la base, de 0,126$^{mm}$, et à la hauteur du bandeau, portant l'inscription, de 0,095, tandis que celle de Buglose ne mesure, sur ce point, que 0,094. Elle est encore plus droite et moins évasée que celle de St-Sever. L'inscription présente, aussi, de nombreuses et importantes différences : Les S des quatre Sanctus n'ont pas la même forme ; l'A de IOHANNES n'a pas de barre médiane, et l'E de ce même mot est relevé sur le moulage, tandis qu'il est baissé sur la clochette de Buglose.

A de MATHEVS n'a pas, non plus, de barre médiane, et M et T sont également différents de forme et de position.

M et R de MARCVS ne sont pas barrés, par le haut, et C de Lucas est beaucoup plus ouvert.

Le moulage présente d'aussi grandes différences, dans ses dimensions, sa forme et ses détails, avec les quatre autres clochettes trouvées dans notre région et aves celles, déjà connues, et décrites par Didron et par M. l'abbé Morillot. Encore une fois, aucune d'elles NE PEUT ÊTRE LA REPRODUCTION D'UNE DES AUTRES. Pour s'en convaincre, il suffit de jeter les yeux sur le tableau suivant:

| CLOCHETTES | HAUTEUR au Cerveau | DIAMÈTRE à la base |
|---|---|---|
| Reims | 0,100 à 0.110mm (d'après Didron) | 0,130mm |
| Fontaines-lés-Dijon | 0,060mm | 0,063 |
| Buglose | 0,097 | 0,124 |
| St-Sever | 0,100 | 0,123 |
| Ursulines | 0,057 | 0,075 |
| Aire | 0,095 | 0,127 |
| Peyrehorade | 0,092 | 0,124 |
| Moulage de Poussiel-gue Russand | 0.102 | 0,126 |

N'est-il pas logique de conclure de la constatation de ces différences et de tout ce que nous avons observé sur chaque clochette, à l'authenticité de toutes, malgré leur nombre, dont on nous a fait une objection ; malgré l'état de conservation très relatif et facile à expliquer, de certaines d'entr'elles ? Alors surtout que l'on sait, comme M. l'abbé Morillot nous l'a fait observer dans une de ses lettres, que « la diversité des dimensions, et même un peu des formes,

« témoigne en faveur de l'authenticité de chacune d'elles, « parce que, à la différence de nos fabricants modernes, « les anciens, pour toute sorte d'objets, *en conservant les « mêmes types apportaient certaines variations dans la « forme, les dimensions et même l'ornementation*. Les « architectes, dans les vieilles églises, agissaient de « même pour les motifs décoratifs. »

Quoiqu'il en soit, nous livrons notre thèse à la discussion des lecteurs et plus spécialement des archéologues. Nous ne leur avons rien caché des pièces du débat survenu entre nous, le correspondant de l'*Avant-Garde* que nous connaissons très bien et *qui n'a jamais vu la clochette, objet du litige*, et d'autres antiquaires habitués à trouver partout des contrefaçons. Nous espérons qu'ils rendront au moins hommage à notre sincère bonne foi, et nous leur soumettrons, en terminant, une observation que nous avons déjà faite et qui a frappé aussi M. l'abbé Darrigade : toutes nos clochettes ont été trouvées à proximité d'anciennes abbayes ou de grands prieurés de Bénédictins : Buglose est à cinq kilomètres de de St-Caprais de Pontonx, Peyrehorade à deux de Sorde, Aire au pied du coteau du Mas, et il y avait à St-Sever une des plus importantes abbayes du Sud-Ouest.

J.-E. D..., G. C...

Clochette Romane Trouvée à Buglose, (Près Dax)

# L'AUTONOMIE

DES

# COMMUNAUTÉS RURALES DES LANNES

*AVANT LA RÉVOLUTION*

LES

## STATUTS DE SAUGNAC & D'ARZET

On sait que, même avant l'invasion romaine, les Celtibériens des deux versants des Pyrénées menaient ce qu'on appelle la *vie de clan*. Ils étaient divisés en petites tribus, souvent rivales, qui ont donné naissance aux *pueblos* d'Espagne et aux *communautés* du pays des Lannes. Ces tribus avaient déjà alors une organisation qui s'est bien peu modifiée depuis. Elle a duré jusqu'à la Révolution Française qui a fait de ces communautés des communes comme toutes les autres et les a soumises à la tutelle administrative de plus en plus lourde pour elles et qu'il est curieux de comparer avec l'autonomie presqu'absolue dont elles jouissaient sous l'ancien régime.

Plusieurs communautés réunies formaient un *pagus* et la confédération d'un certain nombre de *pagus* portait le nom de *civitas*. C'était la cité à son origine, car cette appellation ne s'appliqua primitivement qu'à l'ensemble des petites peuplades qui composaient la fédération, le peuple collectif, formé de plusieurs pagus, divisés, eux-mêmes, en un certain nombre de petits clans. Ce ne fut que plus tard que le nom de cité fut donné, plus spécialement, au camp retranché, devenu une ville, sous la protection duquel les hommes libres se réunissaient pour tenir leurs conventus généraux, traiter les affaires intéressant la confédération tout entière, et élire leur roi, ou Vergobret, en cas de guerre. D'autres assemblées étaient tenues, aussi, à proximité d'un camp, chef-lieu du pagus, et près duquel se forma ordinairement un *vicus*, pour la discussion des affaires qui ne concernaient que cette confédération moins importante, et il en était de même pour les affaires des communautés : elles étaient traitées également dans une assemblée à laquelle devaient prendre part tous les intéressés.

Ces intéressés étaient les propriétaires des *mansiones*, chefs-lieux des propriétés privées et ayant de plus leur part dans celles restées indivises et qui appartenaient à tous les propriétaires réunis *en communauté*, de là le nom que leur réunion a porté jusqu'à sa transformation en *commune*, mot qui a un tout autre sens.

Les communautés anciennes étaient, comme le sont encore les communes rurales, divisées en quartiers, ayant quelquefois leurs *communaux spéciaux* (1), et ces quartiers étaient fractionnés eux-mêmes, en sections dont les habitants portaient le nom de *vicini*, *voisins*, et avaient entre eux des droits et des devoirs qui subsistent encore et qu'il serait bien intéressant d'étudier.

Les Romains eurent le bon esprit de respecter complètement cette organisation. Ils se contentèrent de créer quelques mansiones nouvelles. Ces mansiones n'étaient pas groupées en agglomérations : elles étaient, comme le sont encore les maisons de la Chalosse, bâties au centre de la propriété qui en dépendait. Aussi, à part les deux cités des *Tarusates* et des *Tarbelles*, Aire et Dax, à part deux autres villes gallo-romaines dont nous avons trouvé des restes dans nos fouilles, *Tastoa* et *Gothiacum*, et quelques *villages* bâtis auprès d'anciennes villas, ou plus tard, autour des abbayes, il n'y eut, dans toute la région, d'autres bourgs que quelques rares vicus, peu importants, et ce ne fut qu'au XIIIe et au XIVe siècles qu'on vit se créer des petites villes agglomérées, entourées de remparts, *bâties à neuf*, ce qui leur valut le nom de bastides, par des fondateurs généreux, pour y loger des artisans, des ouvriers et des gens qui n'avaient pas part aux propriétés communes dans les communautés rurales. Car il est juste de faire remarquer que seuls avaient des droits de co-propriété et de jouissance sur ces immeubles communs, seuls avaient le droit de prendre part à l'administration de l'ancien clan, devenu paroisse depuis la conversion de l'Aquitaine au christianisme, les propriétaires

(1) Il en était ainsi à Saugnac, où le quartier d'Arzet fit un procès à la communauté pour revendiquer ses droits. Ce procès fut suivi d'une transaction qui est imprimée dans le même volume que les statuts.

des mansiones qui prirent au moyen-âge le nom, qu'elles portent encore, de CAPCAZAUX.

Comme les Romains, les Francs, et, après eux, les Anglais, respectèrent cette organisation communale. Aussi le pays resta-t-il, à peu près, complètement étranger au grand mouvement dit de l'affranchissement des communes inutile pour lui, et qui ne se produisit chez nous qu'en amenant la confirmation nouvelle des privilèges anciens, la fondation d'un certain nombre de bastides et la transformation en de véritables bastides de quelques villes ou villages qui avaient déjà pris une certaine importance.

Ce ne fut qu'au XVIIe et au XVIIIe siècles que le pouvoir central essaya d'entraver légèrement cette autonomie des communautés qui resta, néanmoins, presqu'entière, malgré l'établissement de l'élection des Lannes. Nous avons eu l'heureuse chance de trouver, tout dernièrement, la preuve de cette opinion, que nous avions bien des fois émise, et qui avait suscité toujours de nombreuses contradictions. Le hasard nous a fait mettre la main sur petit livre, imprimé à Dax, par Roger Leclercq, l'an MDCCLXXI, *à trois exemplaires seulement* (1) et qui contient « *Les Statuts de la Communauté de Saugnac et d'Arzet* », rédigés d'après des copies sur parchemin usé, remontant au XVIe et au XVIIe siècles, par Me Domec, curé de Saugnac, votés en assemblée générale des capcazaliers, tenue aux *bancs de Pouy* (2) le 19 Février

(1) Il est dit, en effet, dans la transaction imprimée avec les statuts : « *Il sera fait aux frais des propriétaires trois exemplaires imprimés*, etc. »

(2) Il y avait autrefois dans toutes les communes, le plus souvent devant le porche de l'église, des bancs placés en carré et sur lesquels s'asseyaient les membres des assemblées communales.

1770 et homologués par arrêt du Parlement de Bordeaux du *quinzième mai* de la même année.

Ce document nous a paru avoir une importance telle ; il éclaire d'un jour si nouveau cette question, si peu connue, de l'organisation communale ancienne dans les Lannes ; il montre si bien l'autonomie dont jouissaient nos pères et la manière si libérale, si simple et si pratique dont ils s'administraient, que nous avons crn devoir le reproduire en entier. Nous regrettons, pour les amateurs de *vieux livres* et de vieilles reliures que cette reproduction ne puisse pas être rigoureusement et matériellement exacte.

Nous aurions voulu pouvoir leur faire admirer la perfection avec laquelle on imprimait et on reliait, chez Roger Leclercq, il y a plus ds cent ans ; nous aurions, peut-être, soumis aussi à leur examen, si la chose eût été possible, « *les coutumes* des Villes, Cité, Prévoté, et « avtres Lieux et Paroisses du Siège et Ressort d'Acqs » imprimées par un artiste qui n'a pas signé son œuvre, à l'aide de caractères en bois, en 1514. Dax a toujours, paraît-il, été un centre important et de prédilection pour les imprimeurs, et les sept ateliers de typographie qui s'y trouvent aujourd'hui soutiennent avec honneur l'antique réputation de leurs devanciers.

---

# STATUTS

DE LA

# COMMUNAUTÉ DE SAUGNAC ET ARZET

Aujourd'hui dix-neuvième Février mil fept cent foixante-dix, avant midi, par-devant le Notaire royal de la Ville & Cité Dax, fouffigné, préfens les Témoins bas nommés, en la Paroiffe de Saugnac, aux Bancs de Pouy, où les Habitants des deux Quartiers qui la compofent ont accoutumé de s'affembler, furent préfens Pierre Souffote, Abbé ou Collecteur ; Pierre Lacapmefure, Jurat du Quartier de Saugnac ; Maître Jacques-François de Borda, Écuyer, Confeiller du Roi, Lieutenant général en la Sénéchauffée des Lannes & Siège Préfidial Dax, Seigneur d'Oro & autres lieux ; Noble Jacques-Michel de Bedorède, ancien Capitaine au Régiment d'Infanterie de la Reine, propriétaire du Capcazal de Planter ; & ledit fieur de Borda, propriétaire des trois Capcazaux d'Oro, de Cazalar & de Houffat ; fieur Pierre Larroque, Bourgeois de ladite Ville, Receveur des Décimes du Diocèfe, Syndic dudit Quartier de Saugnac dans cette Caufe, propriétaire des deux Capcazaux de Hourques & de grand Bertrand ; Monfieur Maître Jean Broca, Prêtre, Curé-Major de ladite Ville Dax au nom & comme Syndic des Dames Religieufes du Couvent de Sainte-Urfule de la même Ville, propriètaires du Capcazal de Labadie ; Pafchal Lafaury, propriètaire des deux Capcazaux de Laborde & de Houege ; Jean Lanuffe, Député de ladite Paroiffe de Saugnac auffi dans cette Caufe, propriètaire du Capcazal du Proua ; François Taftet, propriètaire du Capcazal de Commorge ; Bernard Darrigade, propriètaire des deux Capcazaux de Chreftian & de Lacourt ; Pierre Bets, propriètaire du Capcazal de Labafte-Suzan ; Marie Nogaro, Veuve, au nom & comme Mère Adminiftrereffe de fes enfans avec defunt Jean Paffager, propriètaire des deux Capcazaux de Pouchieu & de Camdehen ; Pierre Darrigade, propriétaire des deux Capcazaux de Lacouture & de Mauhourat; Jean Bucau, propriètaire du Capcazal de Marincazau ; Arnaud Fayet, propriètaire du Capcazal de Conque ; Jacques Boutges, propriètaire du Capcazal du Conte ; Jean Lefgourgues, propriètaire des deux Capcazaux de Pouy & de Meytader ; Pierre Defclaux, propriétaire du Capcazal de Larriau, les tous habitans et propriètaires dudit Saugnac ; François Barthouilh, propriètaire du Capcazal de Latrene ; Jean Lapoublade, propriètaire des deux Capcazaux de Sarrail et de Sarraillot, autrefois Piras ; Blaize Darregert, propriètaire des quatre Capcazaux de Labafte' de Taftet, de Bergay et de Lahoudie ; ceux-ci habitans de la Paroiffe de Mimbafte, et compofant la majeure et plus faine partie des propriètaires dudit Saugnac, d'une part : Et Jean Lauffucq, Abbé ou Collecteur . du Quartier d'Arzet ; Pierre Labafte, jurat d'icelui ; ledit fieur Broca, en la fufdite qualité, propriétaire du Capcazal de Mauhé ; fieur Pierre Bouniol, Officier d'Infanterie, Syndic dudit Quartier d'Arzet dans cette Caufe, au nom & comme Mari de Dame Anne Darlon, propriétaire du Capcazal Dariffau, habitant de la Ville Dax ; Monsieur Maître Jean Planter, Prêtre, Curé d'Onard, au nom & comme fondé de Procuration de Monfieur Planter, Négociant à Rouen et Vice-Conful du Roi d'Efpagne, propriétaire des fix Capcazaux de Dieufeyde, de Pedemage, de Pouricq, de Barbé, de Lahaut ou Maysonnave, et du Lanot ; François Saboye, Marguillier de l'Églife dudit Saugnac, affifté de Monfieur Maître Pierre Domec, Prêtre, Curé du préfent lieu, dans l'intérêt de l'Églife, propriétaire des deux Capcazaux de Macouau et de Bandom ; ledit Jean Lefgourgues, propriètaire des deux Capcazaux de Chuchet & de Gaurin ; François Cazaillon, propriètaire du Capcazal de Hau ; ledit Pierre Darrigade, au nom & comme Tuteur des enfans de défunt Jean Darets, propriètaire du Capcazal de Laborde ; Arnaud Gaillardet & Pierre Daillenc, propriètaires du Capcazal de Ladebat, ceux-ci habitans audit Quartier d'Arzet ; fieur Jacques Lajournade, Marchand, habitant d'Oeyre-luy, Tuteur des enfans de feu Lamieuffens, propriètaire du Capcazal de Loris, Pierre Darets, habitant de la Paroisse de Saint-Pandelon, propriétaire du Capcazal de Lucq, composant le nombre des propriètaires Capcazaliers du Quartier d'Arzet, d'autre part : Et les tous faifant tant pour eux que pour les abfens, & auxquels ces préfentes feront lûes dans notre Étude, pour les foufcrire, fi bon leur femble. Les tous capitulairement affembles en exécution de la Tranfaction de ce jour aux Bancs de Pouy, lieu ordinaire des Affemblées de la Communauté, afin de renouveller leurs Statuts du quatorze Octobre mil fix cent vingt-quatre, retenus par Deniort, Notaire royal, homologués en la Prévôté royale Dax, & relatifs à d'autres plus anciens. Lefquels ont renouvellé, arrêté & accordé leurf dits Statuts en la forme fuivante, pour la confervation de leurs Bois, Forêts, Barthes, Landes, Padouans, Devantieux & Communaux.

---

# TITRE PREMIER

## *Conftitution de la Communauté de Saugnac & Arzet*

### ARTICLE PREMIER

Les deux Quartiers de Saugnac & Arzet ont originairement compofé une feule Paroiffe & même Communauté ; & en conféquence ils ont toujours eu la propriété & l'adminiftration communes, indévifes & refpectives de tous leurs Bois, Forêts, Barthes, Landes, Padouans, Devantieux & Communaux.

2.

Les Bois font des fonds communs, complantés en chênes ; les Barthes font des fonds communs où croît l'échalat de vergne, faule, aubier ; les Landes font des fonds communs où croiffent la fougère & bruyère, pour faire le fumier ; les Devantieux font des bofquets communs, qui fe trouvent devant les maifons ou aux environs ; le mot *Padouan* eft un terme générique, qui fignifie *padouir* ou *paître*, & qui comprend généralement tous les Communaux qui font plus à portée des maifons.

3.

Les Landes de la Communauté font communes pour le pâcage

avec celles de Mimbaste, Pouillon & Béneffe au Midi & Couchant ; & avec celles de Narroffe, Candreffe & Cambran, au Nord & Levant.

4.

L'on diftingue dans la Communauté trois fortes de maifons, favoir, le Capcazal, l'Ahiton & le Novelin Le Capcazal eft un chef-lieu ou domaine ancien, tel qu'il étoit originairement, lorfque la Communauté a été composée ; & les Capcazaux font les feuls, qui ont droit de propriété fur les Bois & Communaux. L'Ahiton est une partie de fonds démembrée du Capcazal, fur lequel on a bâti une maifon. Le Novelin eft un fonds extirpé & pris dans les Communaux, fur lequel on a auffii bâti une maifon.

5.

S'ensuit le nombre des Capcazaux du Quartier de Saugnac, favoir : l'Églife, le Prefbytère, Commorge, Chreftian, Labafte-Suzan, Labafte, Latrene, Sarrail, Saraillot ou autrefois Piras, Taftet, Pin, Ribadet, Pouchieu, Novelin, mais il poffède le Capcazal appelé Coutet ; Camin, Mauhourat, Pedebofcq & Betiet, Marincazau, Camdehen, Bergay, Proua, Labadie, Lahoudie, Lacourt, Conque, Juzan, Laborde, Hoege, Lacouture, Planter, Oro, Cazalar, Houffat, Meytader, Novelin, mais il pofséde l'un des Capcazaux attachés à la maifon de Pouy ; Larriau, Pouy, Conte, Hourques, Grand-Bertrand.

6.

S'ensuit le nombre des Capcazaux du Quartier d'Arzet, favoir : Macouau, Bandom, Ariffau, Mauhé, Marchand, Mage, Lahaut ou Mayfonnave, Pouricq, Pedemage, Barbé, Gaurin, Chucher, Hau, Pouy, Lefartigues, Bordenave, Labefcau, Dieufeyde, Luc, Laborde, Lanot, Ladebat & Loris.

7.

S'ensuit le nombre des Ahitons & Novelins des deux Quartiers, favoir : Lageloufe, Ahiton de Hourques, Pont, Ahiton de Bergay ; Mayfonnave, Ahiton du Camin ; Cazaubieilh, Ahiton de Mauhé ; Labourdete, Ahiton de Laborde ; Louftau, Ahiton du Luc. Les Novelins font, Lavigne, Bouyrié, Auurriffalot, Campas.

8.

S'ensuit le nombre des fix Maifons du Quartier de Saint-Jean de la Paroiffe de Mimbafte, qui ont droit de glandage dans le Hayet-de-deffus & dans le Hayet-de-deffous ou de debat, *& le droit de demander feulement du bois pour réparer leurs Maifons dans le Hayet-de-deffus,* favoir : Berthoumieu, Sin-de-deffus, Sin-de-deffous, Hourfolle-de-deffus, Hoursolle-de-deffous, aujourd'hui, Caillebar, Daillencqs.

9

La Communauté fe gouverne par la coutume de Dax, et fait partie de la Prévôté royale Dax, unie au Senéchal par Edit de 1748. La Paroiffe de Saugnac, conjointement avec les autres Paroiffes de la Prévôté, auroit acheté de Sa Majefté la haute, baffe et moyenne Juftice avec tous les droits en dépendans, conformément à l'Edit du mois de Mars 1639, & à autre Edit du même mois de mars 1695. Le Titre en fera foigneufement confervé dans l'Armoire de la Communauté.

---

## TITRE SECOND

### *Des Abbés & Jurats*

#### ARTICLE PREMIER

La Communauté fera gouvernée comme par le passé, par deux Abbés & par deux Jurats. Le Dimanche avant le jour & fête de Tous les Saints de chaque année, tous les voifins ou habitans capcazaliers, capitulairement affemblés aux Bancs de Pouy, procéderont à l'élection & nomination des nouveaux Abbés & Jurats. Il fera propofé quatre Sujets, favoir : deux du Quartier de Saugnac, & deux du Quartier d'Arzet ; lefquels feront élus & nommés à le pluralité des voix : en forte qu'il y ait annuellement un Abbé & un Jurat dans chaque Quartier, afin qu'ils foient plus à portée de veiller à la confervation des Bois de leur Quartier, & de faire plus facilement le recouvrement des Impofitions royales.

2

Les Abbés et Jurats étant revêtus de l'autorité du Roi & de celle de la Communauté, doivent également être fidèles envers Sa Majefté & les Habitans ; & pour témoignage de cette fidélité, lefdits Abbés et Jurats prêteront le ferment après leur election & nomination dans la même affemblée, en préfence de la Communauté ; lequel ferment fera réquis par les Abbés et Jurats en exercice.

3.

Le même jour, dans la même assemblée capitulaire, & d'abord après le ferment prêté par les nouveaux Abbés et Jurats, le Greffier de la Communauté écrira la Délibèration concernant ladite élection & nomination, fur un livre qui fera défigné exprès pour contenir les élections et nominations des Abbés et Jurats. Le même Greffier tranfcrira de fuite ladite Delibération fur une feuille de Papier timbré, laquelle fera portée & dépofée par les Abbés et Jurats en exercice, au greffe de l'Election : Et fera ladite Délibération fignée par les voifins ou habitans capzaliers, qui fauront écrire.

4.

Les Abbés et Jurats ne pourront être pris que parmi les voifins propriètaires-habitans, ou Colons qui pofsèdent ou occupent des Capcazaux ; lefquels feront tenus de déférer à la nomination, fous peine de trente livres d'amende.

5.

Les Abbés & Jurats fe mettront en exercice le premier jour de l'An, & finiront leurs charges le dernier jour de la même année, fauf à la Communauté affemblée le Dimanche avant la Touffains, à les continuer ou l'un d'iceux, s'il eft trouvé néceffaire pour l'avancement commun ; fans que celui qui fera continuè, puiffe refufer le fervice, fous peine de trente livres d'amende.

6.

Les Abbés ou Collecteurs feront tenus de faire exactement & fidèlement la Recette de tous les Deniers royaux, conformément aux Rôles d'Impofitions qui leur feront adreffés ; & les Jurats feront le récouvrement dc tous les Deniers de la Communauté, &

les porteront dé fuite & le même jour de la Recette, dans l'Armoire de la Communauté, dans laquelle il y aura un Livre particulier, fur lequel les Jurats feront coucher par le Greffier de la Communauté, les articles de Recette et de Dépenfe, s'ils ne favent eux-mêmes écrire.

7.

Le lendemain du premier jour de l'An de chaque année, les Jurats qui fortiront de charge, rendront leur compte en affemblée capitulaire ; lequel fera reçu, vérifié & figné par les deux anciens Abbés & les deux nouveaux Abbés, et Jurats, & par le Greffier de la Communauté. Ledit compte fera produit & rendu audit jour ; & les clefs de l'Armoire contenant le Livre de compte & l'argent de la Communauté, feront auffi remifes le même jour aux deux Jurats en charge, fous peine de trente livres d'amende contre lefdits Jurats.

8.

Les Jurats, qui auront diverti les fonds de la Communauté, feront contraints à les rendre par pignoration de leurs meubles & effets, & de leurs beftiaux.

9.

Les Abbés et Jurats auront foin de furveiller à la confervation des bois, & de donner toute leur attention à la confervation de la glandée, afin d'empêcher les fraudes qu'on pourroit commettre.

10.

Comme les deux quartiers de Saugnac et Arzet font traverfés par le Luy, fujet aux débordements, ce qui forme un obftacle au récouvrement des Impofitions royales par un feul et même Abbé ou Collecteur, chacun defdits Quartiers aura un rôle particulier d'Impofitions ; & relativement auxdites Impofitions feulement, les habitans du Quartier de Saugnac s'affembleront comme par le paffé, dans leur Quartier & aux bancs du Proua, ou bien aux bancs de Pouy, s'ils le jugent à propos ; & les habitans du Quartier d'Arzet s'affembleront auffi comme par le paffé, relativement auxdites Impofitions feulement, dans leur Quartier et aux bancs de Gaurin.

11.

Les Abbés et Jurats feront faire huit Chaperons aux Armes de Sa Majefté pour la marque diftinctive et l'ufage defdits Abbés et Jurats. Les quatre Chaperons feront d'une étoffe écarlate bordés d'un galon en or, pour fervir en cérémonie aux grandes fêtes, favoir : le jour de Noël, premier de l'An, les Rois, Pâques, Pentecôte, Saint-Sacrement, Saint-Pierre, patron de la paroiffe, à la Proceffion de Notre-Dame-d'Août, Tous les Saints : Prendront auffi les Abbés et Jurats les Chaperons de cérémonie à tous les devoirs de piété ordonnés par Sa Majefté dans l'Eglife, de même que pour les enterremens de leur Curé, & des Abbés et Jurats en exercice, en forte néanmoins que les Chaperons de cérémonie ne fortent jamais de l'Eglife. Les autres quatre Chaperons feront d'une étoffe rouge, bordés d'un galon jaune en foye ; chacun defdits Abbés et Jurats tiendra chez foi un defdits Chaperons, & f'en fervira pour affifter aux affemblées capitulaires de la Communauté, & pour les affaires où fon miniftère fera néceffaire.

12.

Les Chaperons de cérémonie feront fermés dans l'Armoire que la Communauté tient à l'Églife ; les Abbés et Jurats revêtus des Chaperons à la Meffe & à Vêpres auxdits jours, fe placeront à l'Églife fur les deux Banquets qui fervent aux funerailles, favoir : les deux Abbés à droite, le long du Baluftre contre la Chaire ; & les deux Jurats à la gauche, le long dudit Baluftre, en laiffant la Porte & la places libres pour la Sainte Communion ; les Abbés et Jurats fe préfenteront & feront reçus les premiers à la paix auxdits jours fi elle eft donnée : les Abbés pafferont les premiers, & les Jurats enfuite.

13.

L'armoire de la Communauté, qui eft dans l'Églife, fera inceffamment renouvelé ; il y aura dans cette Armoire trois Portes différentes et trois étages, l'un defquels fervira pour conferver les Chaperons de cérémonie fous une clef qui fera dépofée entre les mains du Jurat de Saugnac ; le fecond étage fervira pour contenir et fermer les Statuts et Délibérations capitulaires de la Communauté fous deux clefs, dont l'une fera entre les mains de l'Abbé du Quartier de Saugnac, et l'autre entre les mains de l'Abbé du Quartier d'Arzet ; le troisième étage fervira pour contenir l'argent de la Communauté, de même que le Livre de nomination des Abbés et Jurats, et celui de Recette et de Dépenfe ; lequel étage fera également fermé fous deux clefs différentes, à la garde des deux Jurats defdits deux Quartiets.

14

Comme les habitans font éloignés des Juges du Sénéchal de Dax, à la police defquels iis font foumis, les Abbés et Jurats auront foin de faire obferver le bon ordre dans la Communauté. Lefdits Abbés et Jurats, ou l'un d'iceux, fe tranfporteront de nuit et de jour dans les Cabarets et par-tout ailleurs où il y auroit des défordres : Seront tenus les autres habitans de leur prêter main-forte et de leur obéir, lorfqu'ils en feront réquis, sous peine contre chacun des trois livres d'amende

15.

Lorsque quelqu'un des habitans aura perdu, par vol, du bétail, de quelque efpèce qu'il foit, ou quelqu'autre effet, et qu'il aura des raifons fortes et graves de croire que ledit vol a été fait par quelqu'un des habitans, comme il arrive très-fouvent, les Abbés et Jurats, ou l'un d'iceux, feront tenus, étant réquis par la partie à qui le vol a été fait, de fe tranfporter dans les maifons sufpectées fous peine de douze livres d'amende ; et les habitans qui feront réquis par lefdits Abbés et Jurats, feront tenus de les accompagner et affifter dans cette opération, fous peine de trois livres d'amende ; et le vol étant établi et prouvé, payera le délinquant douze livres d'amende, outre la reftitution du bétail ou de l'effet volé, fans préjudice de la peine publique.

16.

Les Abbés et Jurats pourront mettre et tenir chacun, en tout temps, deux Pourceaux dans les Bois et Communaux, fans payer les *Balus* ou évaluations, auxquelles les Capcazaliers font tenus pour les Pourceaux excédans le nombre de quatre.

17.

Au jour indiqué pour procéder à l'élection et nomination des Abbés et Jurats, et d'abord après ladite nomination, il fera procédé par la Communauté, dans la même affemblée, à la nomination de deux Mandes ; l'un fera pris dans le Quariier de Saugnac, et l'autre dans le Qnartier d'Arzet. Ceux defdits voifins Capcazaliers ou autres, qui feront élus pour Mandes, feront tenus d'en accepter la charge, fous peine de vingt livres d'amende.

18.

Chacun des Mandes fera la fonction dans fon Quartier, et même dans l'autre Quartier, dans le cas où l'autre Mande ne pourroit ou ne voudroit faire le fervice dans fon propre Quartier ; lefdits Mandes feront les criées aux enchères, avertiront les habitans pour les enterremens, et fe trouveront aux affemblées capitulaires pour se rendre compte des abfens,

19.

Les Mandes feront tenus d'obéir ponctuellement aux Abbés et Jurats, et avertiront foigneufement les habitans, du jour et heure indiqués pour les affemblées capitulaires ou autres opératious de la Communaute, fous peine de trois livres d'amende.

---

# TITRE TROISIÈME

## *Des Affemblées Capitulaires*

### ARTICLE PREMIER

Les Bancs de Pouy, fitués dons le Quartier de Saugnac, proche de l'Églife, ont originairement et toujours été le centre de réunion de la Communauté de Saugnac et Arzet ; c'eft pourquoi toutes les affemblées capitulaires fe tiendront auxdits Bancs de Pouy, auxquelles affemblées les Abbés et Jurats, ou l'un d'iceux, préfideront ; et fera tenu chacun defd. Abbés et Jurats, de fe trouver auxdites Affemblées, fous peine de trois livres d'amende.

2

Les propriétaires et habitans capcazaliers auront feuls voix délibérative auxdites affemblées. Les Délibérations feront prises à la pluralité des voix : chacun donnera fon fuffrage en suivant fon rang, et parlera à fon tour, lorfqu'il en fera réquis par les Abbés et Jurats, après que lefdits Abbés et Jurats auront exposé les motifs de l'affemblée, fans qu'il foit permis à aucun des habitans de les interrompre, ni de causer du trouble dans les affemblées, fous peine de trente fols d'amende.

3

Lorsque les habitans feront mandés pour affifter à la *Beziau, Capitou* ou affemblée capitulaire, qui fignifient la même chofe, ils feront tenus de fe trouver aux dits Bancs de Pouy, aux jours et heures indiqués, fous peine de trente fols d'amende, contre chaque défaillant : et s'ils prétendent avoir des raifons pour le difpenfer d'y affifter, ils feront tenus les déclarer incontinent et fommairement aux Abbés et Jurats, qui jugeront de la validité des motifs.

4.

Lorsque les Abbés et Jurats feront réquis par aucun des habitans, de tenir *Beziau* ou affemblée capitulaire, l'Abbé ou Jurat réquis fera tenu de le communiquer à l'autre Abbé et aux Jurats, et de tenir l'affemblée dans trois jours, fous peine de neuf livres d'amende contre chacun defdits Abbés et Jurats.

5.

Les Abbés et Jurats tiendront une affemblée capitulaire chaque année, pendant le cours du mois de Septembre, dans laquelle le Greffier de la Communauté fera la lecture des Statuts, fous peine, contre chacun defdits Abbés et Jurats, de trois livres d'amende.

---

# TITRE QUATRIEME

## *Exploitation des Bois*

### ARTICLE PREMIER

Les Bois de la Communauté étant naturellement deftinés à l'entretien et réparation de l'Églife, Presbytère et des maifons des Capcazaliers, de même qu'à la nourriture des Pourceaux par la glandée qui en provient, les Capcazaliers auront une attention particulière à les apprétier & conferver foigneufement.

2.

Les voifins Capcazaliers qui auront befoin de bois pour bâtir, feront faire un devis eftimatif du bois néceffaire par un Me Charpentier ; il en fera remis un double aux Abbés & Jurats, qui fe transporteront dans la maifon du Capcazal, dans trois jours, pour vérifier ledit devis, en compagnie dudit Charpentier. Après la vifite, les Abbés & Jurats tiendront de fuite une affemblée capitulaire, où ledit devis fera produit ; & fur ce il fera nommé deux Députés de chaque Quartier, pour fe tranfporter dans les Bois avec les Abbés et Jurats & le Charpentier, afin de marquer les arbres néceffaires, qui feront pris dans l'un ou l'autre Quartier, à la prudence des Abbés et Jurats ; & fi quelqu'un entreprend de couper aucun arbre, outre ceux marqués, il payera une amende de douze livres pour chaque arbre coupé au pied, & fix livres pour chaque branche ; & fera led. bois faifi, employé ou vendu au profit de la Communauté, à la diligence des Abbés & Jurats.

3.

Comme il est difficile de juger de l'ufage et qualité des arbres, lorfqu'ils font sur pied, le voifin Capcazalier, à qui le bois aura été marqué, fera tenu d'avertir les Abbés et Jurats, le jour de la coupe, lefquels se transporteront fur le local, foit pendant la coupe, foit après, et tout autant qu'il fera néceffaire pour faire application du devis aux arbres coupés, & examiner foigneufement s'il y a du bois de refte ; & f'il f'en trouve au-delà, il reftera fur pied f'il n'eft coupé, ou il fera pris, employé ou vendu au profit de la Communauté s'il eft déjà coupé.

4.

La dépouille des arbres marqués pour bâtir, appartiendra à la Communauté ; fur quoi les Abbés et Jurats manderont une affemblée capitulaire, où il fera pris jour et heure pour vendre ladite dépouille au plus offrant et dernier enchériffeur ; & quiconque enlevera la dite dépouille de nuit, payera neuf livres pour chacune charrête, & de jour fix livres pour chacune charrête, &

trente fols pour chaque charge d'homme, foit que l'enlevement foit fait avant la vente, foit après.

5.

Le Capcazalier à qui le bois aura été marqué pour bâtir, fera tenu le couper et le retirer de la place dans un mois, excepté les cas de débordemens des eaux, après lefquels il aura encore un mois ; lequel paffé, il ne pourra plus le faire couper ; & f'il le coupe & le transporte dans ledit mois, il sera tenu de l'employer dans trois mois après à l'ufage marqué par le devis, fous peine de fix livres d'amende pour chacun pied de chêne, & de trois livres pour chaque branche ; & ledit bois fera de plus pris et faifi par les Abbés & Jurats, et employé ou vendu au profit de la Communauté.

6.

Les Jurats tiendront un double du devis eftimatif, contenant le nombre, hauteur & épaiffeur des chênes marqués pour bâtir, de même que le jour, mois & année de la marque ; & le temps prefcrit pour l'emploi étant échu, les Abbés & Jurats fe tranfporteront de nouveau dans la maifon du Capcazal pour faire application du devis à l'ouvrage. Le bois marqué qui ne fe trouvera pas employé, fera faifi, employé ou vendu au profit de la Communauté, par lefdits Abbés & Jurats ; & dans le cas où ledit bois ne fe trouvera pas fur la place, & qu'il eût été enlevé, les Abbés & Jurats le faifiront par-tout où ils le trouveront ; & s'il ne fe trouve pas, le Capcazalier du bois marqué payera fix livres d'amende pour chacun pied défaillant au devis & à l'ouvrage, & payera de plus le prix du bois enlevé, à l'eftimation defdits Abbés et Jurats : à quoi les propriétaires ou Métayers habitans feront contraints par pignoration de leurs meubles & effets ; & les propriétaires forains par faifie des fruits excrus fur le Capcazal, qui feront expofés & vendus aux enchères par les Abbés & Jurats, jufqu'à concurrence defdits dommages & amendes.

7.

Les arbres qui feront déracinés ou coupés, & les branches abattues par le vent, le feu, débordemens du Luy, ou autrement, feront vendus au profit de la Communauté par les Abbés et Jurats, après que les habitans auront été convoqués pour cela ; et si quelqu'un enlevoit ledit bois, foit avant, soit après la délivrance, il payera l'amende portée par l'article 4 ci-deffus.

8.

Il demeurera très-expreffément défendu à tous propriètaires et habitans, de faire aucune coupe de chênes dans toute l'étendue des Bois, Padouans, Devantieux, Barthes & Landes, fous peine de trente livres d'amende pour chacun chêne coupé au pied, & de six livres pour chaque branche ; & outre ce, fera le bois coupé en contravention faifi par les Abbés et Jurats, ou le dommage par eux eftimé, si le bois ne peut être récouvré, & le produit employé au profit de la Communauté.

9.

Pourront cependant les habitans qui ont droit de Capcazal, prendre du bois fec pour leur chauffage, pourvu qu'il n'y en ait du verd. Ceux qui n'ont point droit de Capcazal, & qui en prendront, feront expellés comme étrangers.

10.

Il ne fera permis à aucun habitant, foit en temps de pêche, foit autrement, d'allumer du feu au pied des arbres, ni à vingt pieds de diftance d'iceux, fous peine de douze livres d'amende ; & le prix du dommage qui fera eftimé par les Abbés & Jurats, en préfence du chef de famille ou auteur du dommage, qui feront à ce appellés.

11.

Ne pourront les habitans arracher ou couper de l'aubepin ni des ronces dans toute l'étendue des bois depuis le Pont de l'Efterracq, claie de Juzans & Lirau, jufqu'au Pont de Campagne, claie de Lahaut & le foffé qui fépare le hayet de deffus d'avec celui de deffous cu de debat, fous peine de trois livres d'amende pour chacune fois, fauf lorfqu'il s'agira de clôture de fonds.

12.

Quand il fera néceffaire de vendre des rocarts en vétufté, ou du bois de dépouille, les Abbés & Jurats en préviendront les habitans en affemblée capitulaire, où il fera convenu du jour & heure pour faire la vente aux enchères. Les rocarts feront préalablement marqués par les Abbés & Jurats, & deux Députés de chaque Quartier ; ceux à qui la délivrance en fera faite, feront tenus d'en payer le prix comptant, & de les retirer des Bois communs pendant l'efpace d'un an, s'ils embaraffent la place ; & faute par eux de les avoir retirés dans ledit terme, le bois fera de nouveau expofé aux enchères par les Abbés & Jurats, & le prix perçu au profit de la Communauté.

13.

Les étrangers qui couperont du bois dans toute l'étendue des fonds de la Communauté, payeront pour chaque arbre coupé au pied une amende de quarante livres ; pour chaque branche, neuf livres ; pour chaque charge de bête, six livres ; & pour chaque faix ou charge d'un feul homme, trois livres. Si lefdits Etrangers font surpris avec bœufs et charrête, ou autres bêtes de charge ou des outils, lefdits bœufs, charrêtes, bêtes de charge et outils, feront faifis par ceux qui les furprendront, et dépofés chez l'un des Abbés ou Jurats, pour être vendus aux enchères trois jours après, jufqu'à concurrence de ladite amende & du dommage caufé ; & dans le cas où lefdits Etrangers ne pourroient être furpris en flagrant délit, il fera procédé contre eux par les voies de droit, à la diligence des Jurats.

14

Comme il est néceffaire d'entretenir les Bois, Padouans et Devantieux, & de garnir les places vuides par de nouveaux complans de chênes, la Communauté auroit femé deux pepinieres au mois de Janvier 1763, l'une dans le Quartier de Saugnac, & l'autre dans le Quartier d'Arzet ; lefquelles pepinières resteront fermées, et feront entretenues à l'avenir dans l'état de défenfe où elles se trouvent, à la diligence des Jurats.

15.

Lorsque les pepinières fourniront du plan fuffisant, ce qui fera dans deux ans au plus tard, les Abbés et Jurats feront faire chaque année par les Capcazaliers mandés à cet effet en un ou plufieurs jours, les Foffes néceffaires pour garnir & complanter les places vuides dans lefdits Bois, Padouans & Devantieux ; lefquelles foffes feront ouvertes & préparées depuis le quinze d'Août jufqu'au premier Octobre au plus tard, fous peine de trente livres d'amende contre les Abbés et Jurats, & de trois livres d'amende contre chacun des Capcazaliers, & pour chaque fois qu'ils refuferoient de fe rendre, aux jours marqués, pour travailler auxdites foffes.

16.

Les Abbés et Jurats feront déraciner avec précaution les plans dans les pepinières, & feront faire lefdits complans avec un piquet à chacun pied de chêne, entouré de ronces bien attachées, & ce, pendant tout le mois de Janvier jufqu'au quinze de Février au plus tard, fous la même peine portée au précédent article contre les Abbés & Jurats & Capcazaliers.

17.

A proportion que les pepinières fe trouveront dégarnies & épuifées par les nouveaux complans, les Abbés et Jurats auront foin de faire femer du gland chaque année dans les places vuides, fous peine de douze livres d'amende contre chacun defdits Abbés & Jurats.

18.

Il ne fera permis à aucun propriètaire, ou habitant, ou étranger d'enlever dans lefdites pepinières aucun pied de jeune chêne, aubepin, ronces ni épines, fans la permiffion de la Communauté, sous prétexte même de complanter dans les fonds communs, fous peine de fix livres d'amende pour chaque pied de plan enlevé, & de trente fols pour chacun pied ou faix d'aubepin ou ronces.

---

# TITRE CINQUIEME

## *Exploitation de la Glandée*

### ARTICLE PREMIER

Le premier jour du mois de Mars de chaque année, les Abbés & Jurats tiendront une affemblée capitulaire, dans laquelle tous les voifins Capcazaliers donneront la déclaration de tous les

Pourceaux qu'ils auront ; les Jurats auront un Livre, fur lequel ils écriront le nombre defdits Pourceaux dépendans de chaque Capcacal ; laquelle déclaration fera donnée aud. jour par chacun des Capcazaliers, fous peine de trente fols d'amende.

2.

Le huit du même mois de Mars, les Capcazaliers feront tenus de conduire et assembler tous leurs Pourceaux dans le lieu qui leur fera indiqué par les Abbés ef Jurats, fous peine de trois livres d'amende contre chacun defdits Capcazaliers. Les Jurats porteront le Livre contenant la déclaration des Pourceaux de chaque Capcazal, afin de vérifier ladite déclaration faite le premier Mars.

3.

Les Capcazaliers pourront tenir dans les Bois et Communaux, même en temps de glandée, tous les Pourceaux et Truyes qui auront été comptés & vérifiés le huit du même mois de Mars par les Abbés & Jurats ; mais depuis ladite déclaration & vérification, lefdits Capcazaliers ne pourront achêter ni tenir d'autres Pourceaux, excepté ceux qui naîtroient fur le Capcazal, & qui proviendroient de la fécondité des Truyes verifiées audit jour huit Mars.

4.

Cependant, si quelqu'un desdits Capcazaliers n'avoit pas auxdits jours, premier et huit Mars, le nombre de quatre Pourceaux, il pourra même depuis lesdits jours, & quand il avifera, en achêter ou s'en procurer le nombre de quatre têtes feulement.

5.

Lorsque les années feront fécondes en glandée, et le vingt-huit du mois d'Août, les Abbés et Jurats, accompagnés de quatre Députés de chaque Quartier, feront la vifite des Bois, Padouans & Devantieux ; & à proportion de l'abondance de la glandée, ils fixeront le prix et somme que les Capcazaliers doivent payer pour chacun Pourceau, excédant le nombre de quatre têtes.

6.

Après la vifite du glandage & le premier du mois de Septembre, les Capcazaliers feront encore tenus, fur la réquifition des Abbés & Jurats, de mener et conduire tous leurs Pourceaux dans le lieu qui leur fera indiqué. Le même jour, les Abbés et Jurats, & les quatre Députés de chaque Quartier se rendront sur le lieu où les Capcazaliers auront assemblé leurs Pourceaux. Les Jurats produiront le Livre contenant la déclaration & vérification des Pourceaux de chacun Capcazal, faites le premier & huit Mars, et vérifieront encore fi le nombre des Pourceaux de chacun Capcazal eft conforme auxdites déclaration et vérification. Lefdits Abbés et Jurats, et les quatre Députés de chaque Quartier évalueront enfemble les Pourceaux excédans le nombre de quatre, et affigneront la fomme que chacun Pourceau en âge de profiter du glandage doit fupporter, et en comptant auffi plusieurs petits pour un, felon qu'il fera trouvé jufte et néceffaire.

7.

Audit temps de glandage, chacun des Capcazaliers pourra tenir dans les Bois et Communaux le nombre de quatre têtes de Pourceaux feulement, fans payer aucun droit à la Communauté, fur le nombre de ceux qui auront été vérifiés par les Abbés et Jurats le huit Mars ; mais les Pourceaux excedans le nombre de quatre fur chacun Capcazal, payeront à la Communauté les les *Balus* ou évaluations, qui feront fixées par les Abbés et Jurats, et par les quatre Députés de chaque Quartier.

8.

Les *Balus* ou évaluations font une certaine fomme que les Capcazaliers payent en temps de glandée, par évaluation pour les Pourceaux excédans le nombre de quatre, en comptant lefdits Pourceaux, et en évaluaut ce que chacun doit payer à proportion de l'abondance de la glandée, du nombre et de l'âge des Pourceaux excédans le nombre de quatre têtes.

9

Le même jour, premier Septembre, les Pourceaux étant assemblés au lieu indiqué, comme il eft dit, et après que les Abbés et Jurats, et les quatre Députés de chaque Quartier auront fixé et assigné les *Balus* ou évaluations, les Capcazaliers payeront comptant et fur le lieu même, lefdites *Balus* ou évaluations entre les mains des Jurats, ou tout au plus tard jufqu'au quinze du même mois de Septembre ; et faute de payer dans cet intervalle, lesdits Abbés et Jurats pourront pignorer un ou plufieurs Pourceaux, qui feront vendus aux enchères jufqu'à concurrence defdites *Balus*.

10.

Si audit jour premier Septembre, les Capcazaliers ont dans leurs Troupeaux d'autres Pourceaux que ceux déclarés & vérifiés le premier et huit Mars précédens, excepté le nombre de quatre, ou ceux qui feront nés depuis lors fur le même Capcazal, lefdits Pourceaux non déclarés et vérifiés, feront déclarés étrangers pour toute l'étendue des Bois et Communaux ; et cependant il fera permis aux Abbés et Jurats, et habitans, d'en tuer et carnaler un, chaque jour, de chacun Troupeau.

11.

Ne pourront les Capcazaliers en temps de glandage, et depuis ledit jour premier Septembre, introduire dans les Bois et Communaux par fraude ou autrement, d'autres Pourceaux que ceux évalués ledit jour premier Septembre ; et s'il s'en trouve d'autres, les Abbés, Jurats ou autres habitans, pourront en carnaler un chaque jour, de chacun Troupeau.

12.

Afin d'empêcher les fraudes qu'on pourroit commettre, les Capcazaliers seront tenus en temps de glandage, de conduire et affembler leurs Pourceaux dans le lieu qui leur fera indiqué par les Abbés et Jurats, toutes les fois que ceux-ci aviseront de faire la vifite desdits Pourceaux, sous peine, contre les refufans, de douze livres d'amende pour chacune fois qu'ils feront mandés à cet effet : Pourront néanmoins lefdits Abbés, Jurats ou habitans. en carnaler un chaque jour, de chacun Troupeau, s'il s'en trouve au-dela de ceux évalués le premier Septembre précédent.

13.

Les Capcazaliers qui manqueront, en temps de glandage, de conduire et affembler leurs Pourceaux le premier Septembre, au lieu qui fera indiqué par les Abbés et Jurats, pour procéder à la vifite & évaluation d'iceux, feront privés pour cette année de tout droit de glandage, même pour les quatre Pourceaux que chacun Capcazalier peut tenir fans évaluation : Et cependant les Abbés, Jurats ou habitans pourront en carnaler un chaque jour, de chacun Troupeau.

14.

Les deniers provenans des *Balus* ou évaluations, feront en premier lieu employés à dédommager ceux des Capcazaliers qui n'auroient le nombre de quatre Pourceaux pour les mettre au glandage ; ce qui fera raifonnablement fixé par les Abbés & Jurats, & le furplus defdits deniers fera dépofé par les Jurats, dans l'Armoire de la Communauté, pour fervir aux befoins communs.

15.

Lorsque quelqu'un des Capcazaliers aura vendu ou aliéné pour toujours fon droit de glandée, ou qu'il l'aura vendu pour une année feulement, le vendeur fera tenu notifier ladite vente aux Abbés & Jurats ; lefquels tiendront une affemblée capitulaire avant le quinze Septembre, pour faire part à la Communauté de ladite notification, à laquelle affemblée, tant le vendeur que l'acquéreur, feront tenus de fe trouver & de fe purger par ferment, que ladite vente a été faite fans vol ni fraude ; après lequel ferment, l'acquéreur fera préfentation dudit droit de glandage à tous les Capcazaliers, comme Seigneurs utils & propriètaires dudit droit de glandage ; fut lequel droit les Capcazaliers auront la Prêlation, & pourront le retraire par préférence à tous autres, en payant & rembourfant à l'acquéreur le prix de la vente dans trois jours après le ferment fait par le vendeur & l'acquéreur ; & faute par le vendeur & l'acquèreur dud. droit de glandée de faire lefd. notification, ferment & préfentation dans cet ordre, les Pourceaux que l'acquéreur mettra dans les Bois & Communaux, feront gardés comme étrangers ; et en consequence il sera permis aux Abbés, Jurats & habitans, d'en tuer et carnaler un chaque jour, de chacun Troupeau.

16.

Les habitans qui n'ont point droit de Capcazal, ou qui ne participent pas au glandage fur le droit de quelque Capcazal, pourront en tout temps tenir dans les Bois un Pourceau feulement pour leur provifion ; et s'ils en tiennent au-delà d'un, les Abbés, Jurats & habitans pourront en tuer & carnaler un chaque jour, de chacun Troupeau.

17.

Il ne fera permis à aucun Capcazalier, de faire gazaille ou fociété de Pourceaux avec d'autres perfonnes qu'avec les Capcazaliers de la Communauté ; fur quoi les Capcazaliers feront tenus de fe purger par ferment toutes les fois qu'ils en feront réquis par les Abbés & Jurats ; & feront les Pourceaux ainfi tenus à gazaille avec les habitans d'autres Paroiffes, regardés comme étrangers ; & les Abbés, Jurats ou habitans pourront en carnaler un chaque jour, de chacun Troupeau.

18.

Lorsque quelqu'un des habitans aura carnalé quelque Pourceau, il fera tenu d'en avertir les Abbés & Jurats ; lefquels feront mander à cet effet une affemblée capitulaire le même jour, s'il fe peut, ou le lendemain au plus tard, à laquelle affemblée celui qui aura fait le carnalage, fera tenu de porter & repréfenter le Pourceau carnalé ; la moitié duquel fera partagée par les Abbés & Jurats aux Capcazaliers qui fe trouveront à la *Beziau* feulement ; & l'autre moitie fera donnée à celui ou ceux qui auront fait ledit carnalage : Et faute par celui qui aura fait le carnalage, de porter & repréfenter le Pourceau carnalé, il payera vingt-quatre livres aux Jurats, qui feront employées au profit de la Communauté.

19.

Quand la Communauté jugera à propos de faire *Bedat* en temps de glandage, c'eft-à-dire, de véter ou prohiber la partie du Bois de l'Efté, ou quelqu'autre partie des Bois communs, ledit *Bedat* fera bien clos & fermé à la diligence des Abbés & Jurats. Les Capcazaliers ne pourront y mettre aucun Pourceau, ni aucune efpèce de Bétail jufqu'au temps où ledit *Bedat* fera ouvert par avis de la Communauté ; & fi pendant que ladite partie de Bois fera vétée & prohibée, il s'y trouve des Pourceaux ou du gros bétail, ils feront pignorés, jufqu'à ce que le propriètaire ait payé vingt fols pour chacune tête de Pourceau ou de gros bétail qui s'y trouvera de nuit, & dix fols de jour, & deux fols pour chaque brebis, moutons, chèvres, oyes.

20.

Pendant ledit temps de glandée, les Capcazaliers auront foin d'éloigner de la glandée leur gros & menu bétail, & de le faire foigneufement garder fur l'intérieur des Landes; & fi pendant ledit temps de glandage l'on trouve du gros & menu bétail dans toute la partie des Bois depuis les claies de l'Efterracq, Juzans & Lirau, jufqu'aux claies de Campagne, Lahaut & le foffé qui fépare le hayet de deffus du hayet de deffous ou de debat, les propriètaires, foit habitans ou étrangers, payeront pour chacun bœuf, vache, cheval, jument et ânes, vingt fols s'ils s'y trouvent de nuit ou avec la cloche fermée, & dix fols s'ils s'y trouvent de jour & un fol pour chacune brebis, moutons, chèvres & oyes : *Même amende payeront dans les fuites les habitans ou étrangers dans toute la partie d'Artigoffe & Lauloua, jufqu'au ruiffeau de Saint-Jean de Mimbafte, après que ladite partie fera garnie & complantée, ou que fur ce il fera pris des arrangements par la Communautè.*

21.

Quant à la glandée qui fe trouve dans les Devantieux & Padouans, où elle eft expofée à être foulée ou confommée par le gros & menu bétail, fans qu'elle puiffe jetter aucun germe, ni être confommée par les Pourceaux, la Communauté avifera chaque année aux moyens de la conferver le mieux qu'il fe pourra, foit en la faifant confommer la première par les Pourceaux, foit autrement.

22.

Les Capcazaliers feront tenus de fermer leurs Pourceaux, & de les conduire dans les lieux qui leur feront indiqués par les Abbés & Jurats en temps de glandage, fous peine de trente fols d'amende pour chacune fois qu'ils s'y refuferont.

23.

Il demeurera défendu à toutes perfonnes de monter fur les arbres pour abattre ou fécouer le gland, & de le faire tomber à coups de baton ou de fronde, dans toute l'étendue des Bois, Padouans et Devantieux, fous peine de fix livres d'amende de nuit, et de trois livres de jour, pour chacune fois et pour chacune perfonne.

24.

Ne pourront pareillement les Capcazaliers ou autres perfonnes, ramaffer du gland dans toute l'étendue des Bois et Communaux, fous peine de fix livres d'amende de nuit, et de trois livres de jour ; et fera le gland ainfii ramaffé, pris et faifi par les habitans fur la place, ou pris et faifi par les Abbés et Jurats par-tout où il fe trouvera, et employé au profit de la Communauté.

25.

Il eft auffi prohibé à tous les habitans, de ramaffer, en temps de glandage, aucune efpèce de foutrage ou feuillage dans toute l'étendue des Bois depuis le Pont de l'Efterracq, claies de Juzans et Lirau, jufqu'aux claies de Campagne, Lahaut, et le foffé qui fépare le hayet de deffus de celui de deffous, jufqu'après la confommation de la glandée, et jufqu'au temps qu'il fera marqué par la Communauté capitulairement affemblée, fous peine de trois livres d'amende pour chacune charrête de foutrage ou feuillage.

26.

Lorsqu'il fera néceffaire de fermer les Bois en temps de glandage, les Abbés et Jurats auront foin de mander à cet effet les Capcazaliers, autant de fois qu'il fera néceffaire, et de faire faire ce travail jufqu'au quinze Septembre au plus tard, fous peine de douze livres d'amende contre chacun defd. Abbés et Jurats, et de trente fols contre chacun Capcazalier pour chacun jour qu'il ne fera pas le fervice.

27.

Les Abbés et Jurats feront auffi garder foigneufement les Bois, en temps de glandage ; et depuis le jour qu'il fera ainfi arrêté en affemblée capitulaire, le Quartier de Saugnac fournira un garde chaque jour, et le Quartier d'Arzet en fournira auffi un autre chaque jour ; et depuis le jour fixé pour faire la garde, les Capcazaliers la feront chacun a fon tour, fous peine de trente fols d'amende pour chacun jour qu'ils y manqueront : Seront auffi tenus les Capcazaliers, fous la même peine, d'y aller de nuit, s'il eft trouvè néceffaire.

28.

Les Garde-bois fe tiendront continuellement dans l'intérieur des Bois, depuis le point du jour jufqu'à la nuit clofe ; et feront régulièrement leurs tournées plufieurs fois le jour, depuis le Pont de l'Efterracq jufqu'au Courant, ou Gay, et Lirau ; et depuis le ruiffeau de Saint-Jean jufqu'au Pont de Campagne, fous peine de trente fols d'amende co tre chacun Capcaza ier qui ne fera pas continuellement et régulièrement la garde.

29.

Seront tenus les Garde-bois de fe repréfenter chaque matin avant de partir, et chaque foir, d'abord après le temps de leur garde, chez le Jurat de leur Quartier, afin de prendre fes avis et fes ordres le matin, et de lui rendre compte le foir de ce qu'ils auront vu et apperçu pendant le jour, fous peine de trente fols d'amende : Seront auffi tenus lefdits Gardes bois, fous la même peine, d'avertir le foir en fe retirant, le Capcazalier qui fera de garde le lendemain.

---

# TITRE SIXIÈME

## *Des Barthes et Landes*

### ARTICLE PREMIER

Par Délibération capitulaire du 15 Avril 1704, retenue par Me Lavielle, Notaire royal, les Capcazaliers ont fait le partage des Barthes et Landes de la Communauté, fuivant laquelle les deux Quartiers de Saugnac et Arzet fe font réciproquement reftraints au Luy, concernant lefdites Barthes et Landes.

2.

En conféquence du partage des Barthes et Landes du 15 Avril 1704, chaque Quartier a affigné à chacun Capcazal la portion de Barthes et Landes qui le competoit, fuivant l'arpentement et le partage particuliers de l'année 1705, retenu par le même Notaire.

3.

La propriété des Barthes et Landes, ftipulée par la Délibération du quinze Avril 1704, n'a rapport qu'au foutrage et à l'échalat de faule, vergne et aubier ; mais la propriété du pâcage et glandage, et des chênes qui fe trouvent dans lefdites Barthes et Landes, appartient à la Communauté, de même que la marne, pierre et plâtre, que les Capcazaliers ont la liberté d'y creufer.

4.

Si quelqu'un des propriétaires vend fa portion defdites Barthes et Landes, le vendeur et l'acquéreur fêront tenus de fe purger par ferment en affemblée capitulaire, qu'il n'y a ni dol, ni fraude dans ladite vente ; et après ledit ferment, l'acquéreur fera préfentation de la portion vendue, à la Communauté, dans la même affemblée, fur laquelle les Capcazaliers auront la prélation, et pourront la retraire, en rembourfant le prix de la vente dans les neuf jours de la Coutume.

5.

Celui qui coupera du foutrage ou de l'échalat, dans la portion des Barthes ou Landes affectées à d'autres Capcazaux, payera vingt livres d'amende à celui qui aura reçu le dommage, lequel fera en outre eftimé à dire d'experts.

6.

Comme le terrein où étoient fitués la mate, jonc, fougère du Bois de l'Efté, dans le Quartier d'Arzet, eft aujourd'hui complanté en jeunes chênes, le partage dudit terrein porté par l'Acte de 1704, et exécuté entre les deux Quartiers par l'arpentement et la Délibération de 1705, n'aura plus lieu ; à quoi les Capcazaliers ont renoncé, après avoir enlevé les bondes de cette partie.

7.

La Délibération du 15 Avril 1704, fera homolguée avec les prefens Statuts ; et placée à la fuite d'iceux pour fervir de règle à l'avenir, concernant lefdites Barthes et Landes.

8.

Les collationnés des Actes de 1705, contenant l'arpentement et le partage particuliers defdites Barthes et Landes faits par chaque Quartier, feront dépofés dans l'Armoire de la Communauté, pour y avoir recours en cas de conteftation entre particuliers, concernant lefdits objets.

# TITRE SEPTIEME

## *De la Police de la Communauté de Saugnac & Arzet.*

### ARTICLE PREMIER

Les Abbés et Jurats tiendront une affemblée capitulaire le premier Avril de chaque année, à laquelle feront appellés tous les habitans, et dans laquelle on avifera aux moyens de réparer et entretenir les chemins de la Paroiffe. L'on fixera dans cette affemblée les temps les plus propres pour faire ces réparations dans le cours de l'Été, et jufqu'au premier jour d'Octobre, l'on déterminera les jours de fuite, ou l'on affignera un ou plufieurs jours chaque femaine, pour faire les travaux, fous peine de douze livres d'amende contre les Abbés et Jurats qui ne tiendroient pas l'affemblée, ou négligeroient ces réparations, et de trente fols d'amende contre chacun chef de famille qui ne fe trouveroit pas à l'affemblée.

2.

Lorsqu il sera néceffaire de faire des réparations à l'Eglife, Clocher, Cimetière, Prefbytère et chemins de la Paroiffe, tous les habitans feront tenus de faire leur manœuvre chaque jour qu'ils feront mandés, fous peine de trois livres d'amende contre chaque Bouvier, et de trente fols contre chaque manœuvre.

3.

Les habitans commandés pour les objets prefcrits par l'article précédent, ou autres opérations de la Communauté, obéiront ponctuellement aux Abbés et Jnrats pendant les travaux, et fe rendront fur les lieux qui leur feront indiqués, à l'heure que les Abbés et Jurats prefcriront, fans qu'aucun d'iceux puiffe fe retirer, jufqu'à ce que tous enfemble ayent reçu le congé des Jurats, fous peine, contre chaque Bouvier, de trois livres d'amende, et de trente fols contre chaque manœuvre.

4.

Tous les chefs de famille feront tenus d'affifter aux enterremens, ou d'y envoyer quelqu'un propre à les repréfenter ; en fort néanmoins que les habitans de chaque Quartier feront feulement tenus d'affifter aux enterremens de leur Quartier, et d'accompagner le convoi en partant de la maifon du défunt, fous peine de dix fols d'amende.

5.

Les habitans feront tenus de fe trouver à l'Églife de la Paroiffe tant de nuit que de jour, auffi-tôt qu'ils entendront fonner le Tocfin, foit pour les affaires du Roi, foit en cas d'incendie, ou pour d'autres affaires de la Communauté, fous peine de trente fols d'amende contre ceux qui ne s'y trouveront pas, ou qui refuferont d'obéir aux Abbés et Jurats.

6.

Lorsque le temps de faire la Pêche à l'Aubour arrivera, les Abbés et Jurats tiendront une affemblée capitulaire, dans laquelle l'on déterminera le jour pour commencer lad. Pêche ; et felon l'ufage de tout temps obfervé, les habitans du Quartier de Saugnac pêcheront la première nuit, et ceux du Quartier d'Arzet la nuit fuivante, alternativement.

7.

Quand quelque voifin, fes Enfants ou Domeftiques auront pignoré du bétail dans les Bois et Communaux, ils feront tenus de conduire de fuite ledit bétail dans la maifon la plus commode pour l'enfermer ; ils avertiront incontinent les Abbés et Jurats, ou l'un d'iceux ; lefquels feront tenus de recouvrer le payement du dommage et des amendes provenantes defdites pignorations, de donner la moitié defdites amendes à celui ou à ceux qui auroient pignoré le bétail, et de dépofer l'autre moitié dans l'Armoire de la Communauté, fous peine de l'entière reftitution defdites amendes contre les particuliers qui les auroient exigées et reçues clandeftinement.

8.

Les Maîtres feront tenus de payer pour leurs Enfans, Domeftiques ou prépofés, toutes les fommes et amendes qu'ils auront encouru pour avoir contrevenu aux articles des Statuts.

9.

Quand il fera néceffaire de faire des informations concernant les délits et contraventions aux préfens Statuts, un feul témoin digne de foi, et âgé de quatorze ans, fera cru à faute d'autres ; & la dépofition fuffira pour la preuve, après qu'il aura prêté aux Abbés & Jurats le ferment ufité, renonçant lefdits Propriètaires-Capcazaliers à toutes les règles du droit à ce contraires.

10.

Les Jurats feront le récouvrement de toutes les fommes & amendes encourues pour avoir contrevenu aux préfens Statuts ; lefquelles tourneront au profit de la Communauté, & ferviront pour les befoins communs : et faute de payement defdites fommes & amendes, les Abbés et Jurats pourront aller prendre dans les maifons des délinquans, tel gage qu'ils jugeront à propos, & le vendre dans trois jours aux enchères en affemblée capitulaire, après avoir appellé les coupables pour voir procéder à ladite vente. Pourra néanmoins le propriètaire du gage vendu, le retraire dans trois jours après la délivrance faite, en rembourfant à l'Adjudicataire le prix du gage vendu.

11.

Les Capcazaliers rèquis par les Abbés & Jurats, feront tenus de les accompagner toutes les fois qu'il fera néceffaire d'aller prendre lefdits gages dans les maifons ou ailleurs, fous peine de trente fols d'amende contre chacun Capcazalier refufant

12.

Lorsque les Abbés et Jurats fe préfenteront dans les maifons pour aller prendre lefdits gages, les habitans feront tenus de leur ouvrir les portes, fous peine de trois livres d'amende contre celui qui les tiendroit fermées : Pourront cependant lefdits Abbés & Jurats prendre & faifir le bétail de celui qui auroit fermé les portes, & le vendre dans la forme prefcrite par l'article 10 ci-deffus, afin de procurer le payement du dommage ou amende dûs, & de celle encourue par le fait.

13.

Les habitans auront foin de refpecter l'autorité des Jurats, fous peine, contre ceux qui les maltraiteroient par des ménaces ou des injures, en affemblée ou dans les autres fonctions, de douze livres d'amende, fauf à eux, en cas d'excès, à recourir en Juftice aux frais de la Communauté.

14.

Les Statuts feront homolgués en la Cour du Parlement de Bordeaux ; à cet effet, lefdits Capcazaliers ont député ledit JEAN LANUSSE, Jurat, auquel ils donnent pouvoir de fe préfenter en ladite Cour, affifté de Me SAINT-GUIRONS vieux, Procureur, & de donner fa Requête pour parvenir à ladite homolgation : à ces fins, dire & requérir ce qu'il appartiendra, & ainfi que cela eft expliqué dans la Tranfaction de ce jour ; de tout quoi, lefdits propriétaires et habitans nous ont réquis Acte, à eux octroyé. FAIT & paffé en ladite Paroiffe de Saugnac, & au fufdit lieu, ès préfences de fieur VINCENT DUBACQUIÉ, Praticien, habitant de la Ville Dax ; & JEAN CAZALLOT, d'état de Domeftique, habitant dudit Saugnac : ledit fieur Dubacquié fouffigné avec lefdits fieurs propriétaires & habitans qui ont fçu ; ce que n'ont fait les autres, ni ledit Cazallot pour ne favoir, comme ils ont déclare de ce faire par nous interpellés.

*Ainfi fignés*, de BORDA, BEDOREDE, BROCA, Curé-Major ; BOUNIOL, Syndic ; DOMEC, Curé de Saugnac ; LAFAURY, LARROQUE, Syndic ; LANUSSE, BARTHOUILH, LAPOUBLADE, LESGOURGUES, DARRIGADE, BOUTGES, BETS, DARREGERT, GAILLARDET, PLANTER, LAJOURNADE, DARETS, TASTET, DUBACQUIÉ, BUCAU, & DARRACQ, Notaire Royal. Contrôlé à Dax le 24 Février 1770, reçu 13 fous, compris les 6 fous pour livre. *Ainfi fignés*, SEIZE. Bourfe commune, neuf livres. Signé à l'Expédition annexée à l'Original de l'Arrêt DARRACQ, Notaire royal. Contrôlé le 13 Juin 1770, *folvit* foixante-fix livres treize fols, aug. fept livres quatorze fols dix deniers. *Signé* PESCHEUR Collationné. *Solvit* dix livres quinze fols. *Ainfi figné* FEGER.

LOUIS, par la grace de Dieu, Roi de France & de Navarre : Au premier notre Huiffier ou Sergent fur ce réquis, à la fupplication & Requête de JEAN LANUSSE, au nom & comme Député de la Communauté de Saugnac & Arzet, te mandons fignifier l'Arrêt de notre Cour de Parlement de Bordeaux en date du quinze Mai dernier, dont l'extrait eft ci-attaché fous le Contre-fcel de notre Chancellerie, aux dénommés audit Arrêt

& à tous autres qu'il appartiendra, et dont feras réquis ; pour raifon de quoi, fais tous Exploits, Significations, Commandemens & autres Actes à ce néceffaires. Donné à Bordeaux, en notredit Parlement, le treize Juin, l'an de grace mil fept cent foixante-dix, & de notre règne le cinquante-cinquième. Contrôlé le 13 Juin 1770 *Solvit* trente-un fol fix deniers. Scellé le 13 Juin 1770 *Ainfi figné* ROUQUET. Par la Chambre, *ainfi figné* CAZENAVE.

J.-E. D., G. C.

# MONT-DE-MARSAN

## NOTICE

## HISTORIQUE & ARCHÉOLOGIQUE

Vue de la gare placée sur un coteau qui la domine, la ville de Mont-de-Marsan présente un aspect des plus pittoresques. Elle est située au confluent de deux petites rivières, le Midou et la Douze, qui, une fois réunies, forment un cours d'eau navigable d'une certaine importance, appelé la Midouze.

La vallée n'est qu'à 27 mètres d'altitude au-dessus de la mer ; tandis que la colline voisine s'élève à 72. Cette colline, soulevée évidemment par une de ces ondulations ophitiques dont nous avons si souvent parlé (1), a son

(1) Bulletin de la Société de Borda, 1892.

ossature composée d'une roche calcaire, très coquillière, appartenant à l'éocène, à cet étage que les géologues de la Société de Borda, et plus spécialement le regretté M. du Boucher, ont appelé l'étage *de Fréchicq*. Le sol de la vallée est recouvert par le sable des Landes; mais il est déjà mélangé, comme à Roquefort, avec des alluvions qui en font un terrain bâtard, servant de transition entre la silice presque pure de la Grande Lande et les terres compactes du glacier voisin et des soulèvements de l'Armagnac et du Tursan. Cette couche, très propre à la culture maraîchère, aussi y a-t-il d'excellents jardins tout autour de la ville, est, sur certains points, peu épaisse et elle repose, presque directement, sur des faluns du miocène inférieur, semblables à ceux de St-Paul-lès-Dax. On en peut voir de complètement dénudés le long des ruisseaux. Ils sont très riches en fossiles qui ont été étudiés, avec le plus grand soin, par un savant naturaliste montois, M. Edouard Perris, à la science duquel nous sommes heureux d'avoir l'occasion de rendre un hommage bien mérité.

Quoique né dans les Basses-Pyrénées, le célèbre entomologiste dont les travaux sont si justement appréciés, même en Allemagne, était landais de cœur et surtout montois. Ses compatriotes d'adoption seraient coupables s'ils oubliaient ce qu'il a fait pour eux, et nous croyons devoir, pour aider à perpétuer sa mémoire, ajouter son portrait à cette notice que nous consacrons à une ville qui lui fut si chère.

Nous le devons d'autant plus, qu'il fut le premier membre honoraire de notre Société et que, grâce à sa générosité, à celle de sa veuve et de ses héritiers, nous avons la série complète de ses œuvres et une partie de ses collections qui ont largement contribué à augmenter les richesses de notre bibliothèque et de notre musée local.

Le pays de Marsan était, primitivement, un des nombreux *pagus* qui existaient en Aquitaine, même avant la conquête romaine, et qui prit, après ce grand évènement historique, le nom de *Pagus Martianensis*. Le *vicus*, ou chef-lieu du petit peuple qui habitait ce pagus était, vraisemblablement, à *Uchacq* qui est resté, jusqu'à l'organisation ecclésiastique nouvelle, le siège d'un archiprêtré portant les deux noms de *Marsan* ou d'*Uchacq*. On sait que, de même que les évêques eurent, au moins depuis le IV$^{e}$ siècle, leurs sièges épiscopaux dans les anciennes cités dont les circonscriptions formèrent les diocèses, de même les vicus, anciens chefs-lieux des pagus, devinrent, un peu plus tard, des archiprêtrés dont la juridiction coïncida avec les limites du pagus lui-même.

Aucun document historique, aucune découverte archéologique ne vient confirmer l'opinion de ceux qui, se basant seulement sur la signification qu'ils donnent au nom de Mont-de-Marsan, veulent qu'il ait existé, sur l'emplacement de cette ville, ou à St-Pierre-du-Mont, à l'époque gallo-romaine, un temple dédié à Mars, qui serait devenu le centre d'une agglomération.

Il est vrai qu'on pouvait, pour soutenir cette opinion, s'appuyer sur des chartes anciennes, trouvées, disait-on, au Château-Vieux, lors de sa démolition, au siècle dernier, et qui font remonter la fondation de la ville à l'an 788. Comme l'abbaye de Sordes, elle aurait eu l'honneur d'avoir Charlemagne pour fondateur.

Ce grand empereur, en revenant de Roncevaux, aurait transformé le temple de Mars en forteresse destinée à tenir les Gascons en respect, et, déjà en 841, il y aurait eu près du donjon royal une véritable ville *admirablement fortifiée*, défendue par de nombreux guerriers, commandés par le vicomte Dieudonné de Lobaner, lorsque les Normands vinrent l'assiéger. Ces pirates avaient pu remonter la Midouze avec *leurs vaisseaux*, que Laubaner incendia dans une sortie, ce qui ne l'empêcha d'être complètement défait et de voir sa ville rasée, si bien que la charrue ne tarda pas à passer sur l'emplacement des maisons dont les matériaux avaient été jetés dans la rivière. Les vicomtes de Marsan durent aller établir provisoirement leur résidence à Roquefort.

Malheureusement, dans un remarquable travail, ayant pour titre « *Pierre de Lobanner et les quatre Chartes de Mont-de-Marsan* », M. Bladé a démontré d'une façon irréfutable que ces fameuses chartes étaient complètement apocryphes, et il ne reste de sérieux, relativement à l'origine de Mont-de-Marsan, que ce qu'en dit Marca dans son « *Histoire de Béarn* ». Nous ne saurions mieux faire, pour bien édifier nos lecteurs sur ce point important de notre histoire landaise, que de donner un extrait complet du précieux ouvrage auquel on est toujours obligé d'avoir recours quand on veut sérieusement étudier le passé de notre région. On y trouvera de plus des renseignements intéressants sur l'Abbaye de St-Jean-de-la-Castelle, située aussi dans le Marsan.

---

« A l'époque féodale, Pierre qui était, de son chef,
« vicomte de Marsan, y entreprit deux ouvrages dignes de
« considération. L'un la fondation de la ville de Mont-de-
« Marsan, l'autre celle de l'abbaye de St-Jean de la
« Castelle. Mais avant que de passer outre, on doit
« remarquer que la terre de Marsan a été, depuis long-

« temps, honorée de la dignité vicomtale, puisque la « donation du comte de Gascogne, Bernard Guillaume en « faveur de l'abbaye de St-Sever l'an M.IX est signée par « *Lobaner Vicecomes de Marcian* et par Guillaume Loup, « son fils. Celui-ci, sous le titre de *Vicecomes Marcianensis*, « a signé la charte de fondation du monastère de St-Pé de « Génères (en Bigorre), du temps de Sance, duc de « Gascogne. Et Pierre était fils d'un autre vicomte « Loupaner. Ce vicomte Pierre desseigna de bastir la ville « du Mont, en cet endroit très avantageux, où elle est « aujourd'hui située, sur la rencontre de deux petites « rivières de l'Adouse et de l'Amidou ; laquelle sert comme « d'une estape pour la débite des grains qui se cueillent « dans le païs d'Armagnac. Pour cet effet, il s'adressa aux « habitants des paroisses voisines de St-Genès et de St-« Pierre, afin de les obliger à faire leur résidence dans la « nouvelle ville qu'ils entreprenaient, sous la promesse de « leur octroyer sa protection et toute sorte d'immunités. « Mais d'autant que ces villages dépendaient de l'abbaye « de St-Sever, il communiqua aussi son dessein à l'abbé « Ramon-Sance, le priant de donner sa permission aux « habitants de St-Genès de venir habiter dans l'enceinte « de sa forteresse, qui était dans le territoire du village de « St-Pé, (St-Pierre-du-Mont) ; et lui promettant de lui « donner l'Eglise du lieu, une maison affranchie de tout « devoir et la même juridiction qu'il avait auparavant sur « les habitants de St-Genès, qui viendraient résider dans « la ville. Ils tombèrent d'accord sous ses conditions, qui « ne furent pas agréés par *Bon-homme* evesque d'Ayre, « qui soutenait que toutes les chapelles nouvellement « basties appartenaient à l'évesque, suivant la disposition « canonique ; de sorte qu'il y eut un procès sur ce sujet ; « entre l'évesque et l'abbé, qui traîna très longtems par

« devant Guillaume Archevesque d'Aux et les évesque de « Gascogne assemblés *ad Parcherium* et au symode de « Nouguerol, (probablement Nogaro du Gers). Enfin ils « transigèrent et l'abbé donna, pour l'assurance de la paix, « à l'évêque et à l'Eglise d'Ayre CXXX sols Morlas ; « et moyennant ce l'évesque *Bon-homme*, l'archidiacre « de Marsan, et l'archidiacre de Tursan renoncèrent à « toutes les prétentions qu'ils avoient sur cette Eglise.

« La date de l'acte qui fait mention de ces traités dans « le livre rouge de l'Evesché d'Ayre est ainsi conceu : « Regnant en France Louis le Pie, c'est-à-dire Louis le « jeune, Bonhomme Evesque d'Ayre et Pr. Sance abbé de « St-Sever, *Anno M.X.C. primo.* Mais il y a une erreur « manifeste en ce chiffre. Car il faut lire M.CXLI puisque « la vie de Pierre comte de Bigorre et vicomte de Marsan « respond à ce temps ; comme le fait aussi le siège de « *Bonus-homo*, evesque d'Ayre siégeait pour lors, qui « mourut l'année suivante 1090, ainsi que nous apprenons « du martyrologe de St-Sever : *Depositio Domini Petri* « *Episcopi Adurensis bonæ menoriæ. Anno M.X.C.I. Idibus* « *Julii.* Guillaume son successeur à l'Evesché d'Ayre « mourut l'an 1115. *II Kal. Decembris, depositio domini* « *Veullelmi Episcopi Adurensis Ecclesiæ M.CXV.* Bon- « homme fut évesque ensuite et mourut en l'an 1147, « comme certifie le martyrologue de St-Jean de la Castele. « XIX *Kal. ian commenoratio Domini Bono-hominis Adu-* « *rensis Episcopi M.CXLVII.* Au cartulaire de St-Sever « le même jour du décès de l'evesque Bon-homme y est « marqué, mais l'année y est défaillante. Il ne faut pas « trouver estrange le nom de cet Evesque, car on lit dans « Ennodius l'épitaphe d'un certain nommé *Homo bonus.* « On affectait ces noms personnels de *Dius aboou et Bon-* « *homi* en Gascogne pour rendre les noms latins pratiqués

« par les Africains de *quod vult Deus* et *Bonus homo* et « pour avertir ceux qui les portaient qu'ils fussent gens de « leur nom. Le comte Pierre fonda, aussi, ou plutôt « rétablit l'abbaye de St-Jean de la Castèle et la mit sous « l'ordre des Prémontrés, dans son vicomté de Marsan, « près de Cazères, sur la rivière de l'Adour. Car il y avait « un ancien monastère qui portait le nom de la Castèle et « était encore debout en 1060, en un lieu qui est distant « d'une demi lieue de l'abbaye, qui a été rebastie par le « vicomte Pierre, sous l'ancien nom de St-Jean de la « Castèle, qu'elle retient aussi bien que le sol de l'ancien « monastère et de quelque domaine joignant qui conserve « encore le nom de la Castèle. Je pourrai parler plus « distinctement de ces choses si la Charte de la fondation « de St-Jean n'était égarée. Mais il n'en reste maintenant « dans leur chartulaire que la marque du jour du décès de « Pierre, comte de Bigorre et de Marsan, fondateur de « l'Eglise, qui arriva l'an 1163 : *III Kal septembris com-« memoratio Petri comitis Bigorrœ et Marc. fondatoris « huius Ecclesiœ Anno Domini M.C.L.XIII.* Sous ce comte « Pierre fut aussi fondée, en Bigorre, l'abbaye de l'Escale-« Dieu de l'ordre de Cisteaux, environ l'an 1147. »

---

Il résulte de cette citation qu'il n'y avait à St-Pierre-du-Mont, ni à St-Genes (aujourd'hui très probablement St-Jean-d'Aoû) aucun château féodal, ni aucune construction importante, en 1141, lorsque Pierre de Lobanner devançant de plus de cent ans, ce qui se fit un peu partout dans la contrée, à la fin du XIII$^{e}$ et au commencement du XIV$^{e}$ siècles, construisit de toutes pièces une véritable bastide entourée de murs et la peupla, en accordant des privilèges, à tous ceux qui se décidaient à venir l'habiter.

Il en fit de même, nous l'avons déjà vu, à Roquefort (1), et c'est ce qui nous porte à penser que, jusqu'à la fondation de leur nouvelle capitale, les vicomtes de Marsan avaient résidé dans le donjon mérovingien de Roquefort, plus tôt qu'à Uchacq. Peut-être ce donjon remonte-t-il au Dieudonné de Laubanner de la Chronique ?

Quoiqu'il en soit, il est sûr que la maison de Marsan était une des plus puissantes de l'Aquitaine. Elle s'était, avant le XIe siècle, confondue depuis longtemps avec celles de Tursan et de Gabardan et le mariage de Pierre avec Béatrix, fille unique du comte Centule de Bigorre, lui avait fait acquérir cet important comté qui passa, avec le Marsan, dans la maison de Béarn, en 1256, par le mariage de Marthe, fille de Pétronille de Bigorre avec le Vicomte Gaston VII.

En 1286, Marguerite, fille de Marthe de Marsan et de Gaston, épousa Roger-Bernard, comte de Foix, ce qui fit que le Béarn et le Marsan passèrent à la maison de Foix qui en jouit jusqu'en 1479. Ces deux comtés entrèrent alors dans la maison de Navarre et furent, comme le pays voisin d'Albret, réunis à la couronne de France par Henri IV.

Il n'y eut pas, à l'origine, d'église intra muros à Mont-de-Marsan, qui, comme cela eut lieu, plus tard, dans bon nombre de bastides, dut conserver celle de St-Pierre-du-Mont, quoique située en dehors de ses remparts. Ce ne fut qu'au XIVe siècle, qu'on en construisit une sur l'emplace-

(1) Bulletin de la Société de Borda, 1892. — Aquitaine Historique et Monumentale. — Sarbazan et Roquefort. — Les Bastilles du Marsan, Tursan et Gabardan.

ment de celle qui existe aujourd'hui, qui ne remonte qu'à 1829.

Comme Roquefort, Mont-de-Marsan fut complètement transformé, au XIV$^e$ siècle, nous le verrons plus loin, quand nous étudierons ses ponts gothiques, dont nous avons eu l'heureuse chance de retrouver des dessins très exacts et surtout lorsque nous examinerons, en détail, la vue cavalière de la ville, en 1612, découverte par un de nos correspondants à la Bibliothèque Nationale.

Il existe encore quelques restes de l'ancienne église, à côté du portail d'entrée de la cour du presbytère et dans la cour elle-même, au bas de l'abside de de l'église actuelle.

Ce qui prouve que jusqu'au XIV$^e$ siècle, St-Pierre-du-Mont était la paroisse de laquelle dépendait, au moins, la partie principale de la ville, et que ce fut, peut-être, celle que Lobanner construisit à nouveau, et qu'il voulut donner à l'abbé de St-Sever, c'est qu'on trouve aux archives municipales les Statuts de 1630, qui établissent que, encore au XVII$^e$ siècle, les maires, avant d'entrer en fonctions, devaient prêter, dans cette vieille église romane, le serment ci-après, dont le texte gascon est la preuve de sa haute antiquité :

« Per Diu et per aquet saint Monseigne Saint Pé, jou
« juri que bon et léyo à la Bille seré,
« Lous bens d'aquère jou procureré ; et lous maux
« esbiteré :
« Las causes doubtouses dab conseil jou faré ;
« Justice tant au petit com au gros jou faré,
« Com an heit lous auts maires et millou si jou sé :
« Ainsi me adjudi Diu et Monseigne Saint Pé. »

**Par Dieu et par ce saint Monseigneur Saint Pierre,**
**Je jure bon et loyal à la ville serai,**

**Les biens pour elle je procurerai et les maux j'éviterai :**

**Les choses douteuses je ne les ferai qu'avec conseil ;**

**Justice aux petits comme aux grands je rendrai, comme ont fait les autres maires et mieux si je sais ;**

**Ainsi m'aide Dieu et Monseigneur Saint Pierre.**

Pierre de Laubanner avait construit son château au milieu de sa ville. C'est celui qu'on appela, plus tard, le *Château-Vieux*. Il était situé sur l'emplacement de la halle et du théâtre et n'a été détruit qu'au XVIII$^e$ siècle. Mais on peut voir, dans le dessin panoramique de 1612, qu'il avait subi, lui aussi, une transformation complète au XIV$^e$ siècle. L'ancien donjon roman existait cependant encore lors de la démolition du siècle dernier.

Le grand restaurateur de la ville, au XIV$^e$ siècle, dut être *Gaston Phœbus ?* Il est, en effet, certain que c'est lui qui a bâti en 1344, le château de *Nolibos* (tu ne l'y veux pas), ainsi nommé, parce qu'il contrariait les constructeurs la Cathaye. C'était peut-être la forteresse du peuple qui dut voir ses prétentions augmenter en même temps que ses franchises, à cette époque de grande agitation communale.

Ce second château fut démoli, par ordre de Louis XIII, en 1622, il n'a donc duré que moins de trois cents ans, tandis que son rival la *Cathaye*, dont le nom, si nous en connaissions le sens, expliquerait probablement l'origine, existe encore et s'appelle aujourd'hui la *Caserne Lacaze*. Il sert de magasin et de bureaux pour les troupes de la garnison, et présente quelque intérêt pour les archéologues. (Voir la planche).

Le château de Gaston Phœbus occupait l'emplacement de la Maison où était autrefois la Recette Générale et qui est aujourd'hui habitée par le général Jacquey.

Les fortifications du XIIe siècle étaient très importantes ; elles avaient sur certains points une double enceinte, ou du moins, après avoir entouré tout le promontoire compris dans l'angle formé par le confluent des deux cours d'eau, elles s'avançaient, sur la rive gauche de la Midouze et du Midou, pour enceindre la partie de la ville située actuellement entre la gare et le pont.

Ce faubourg était bien moins étendu qu'aujourd'hui. On peut juger de son importance et voir en même temps la direction de la première enceinte des remparts, en passant sous la porte en plein-cintre, qui se trouve dans la rue qui conduit du bout du pont au couvent des dames de Lorette. Cette porte est évidemment du XII$^{e}$ siècle, aussi avons-nous cru devoir en donner ici une reproduction.

Nous avons également reproduit une construction des plus intéressantes que l'on peut voir, sur les bords de la Douze,

dans la ruelle tortueuse qui va du coin de la Préfecture au pont par lequel on passe pour se rendre au Lycée. Sa forme, sa porte cintrée, son appareil, ses ouvertures géminées, avec leurs colonnettes et leurs chapiteaux, sa position nous ont fait supposer que ce bâtiment carré devait appartenir au système de fortifications romanes et qu'il défendait probablement une porte, ou tout au moins, une poterne de la ville de Laubanner.

L'érudit archiviste départemental, M. Tartière, auquel nous devons de nombreux et précieux renseignements, dit que la partie de la ville située entre les deux rivières avait trois portes : celle de *Roquefort,* au levant, en avant d'un profond fossé, dont on voit encore des traces à la Tenaille ; celle de *Campet,* au couchant, à l'entrée du pont sur la Douze ; celle de *St-Sever* établie aux abords d'un ancien pont sur le Midou près de la minoterie et que, dans l'enceinte de la rive gauche, il y en avait deux autres : celle d'*Aire,* au coin des allées Brouchet et de la rue St-Vincent-de-Paul et celle du *Port*, qui est évidemment celle dont nous avons donné le dessin plus haut. Il ne parle pas de celle donnant sur la Douze, et c'est ce qui nous a fait penser que ce n'était, peut-être, qu'une poterne.

Le *Bourg,* au Sud, avait aussi ses remparts, mais rien n'établit que cette enceinte fut aussi ancienne que les deux autres. Elle existait cependant lors du siège de Montluc, car il dit, dans ses Mémoires, que Mont-de-Marsan « *était une ville fermée de murailles qui estoit* « *bonne et non seulement une, mais trois, toutes closes de* « *bonnes murailles.* »

On trouve dans les Mémoires du grand capitaine catholique le récit aussi intéressant qu'original de ce siège et on ne saurait mieux faire, pour avoir une idée complète des fortifications et de la ville elle-même, à l'époque des guerres de Religion, que de le lire en entier. C'est pour cela que nous avons cru bon d'en donner la copie ci-après :

« Le matin, comme tout le monde eût repu, nous mar-
« châmes ; étant arrivés, M. de Montastruc, avec les deux
« pièces, ayant charge, de me dire de la part de M. le
« Maréchal, qu'il serait fort aise que je changeasse
« d'opinions et que je n'y allasse point je crois qu'il le
« faisoit à fin d'avoir cet avantage sur moi de pouvoir dire
« si je recevois une escorne : *Je le lui avois bien dit.*
« Toutefois, nous nous mîmes en chemin et marchoi avec
« la cavalerie et quelques cents ou six vingts argoulets,
« nos cinq enseignes après moi, et M. de Savignac venait
« après, menant les deux pièces. J'eus deux lettres par
« chemin d'une femme de la ville, par lesquelles me
« mandoit que je n'y allasse point, car les ennemis etoient
« avertis de ma venue, et que le jour devant, M. le
« capitaine Favas, qui est de St-Macaire, y étoit arrivé
« avec cent ou cent vingt chevaux, et un autre capitaine
« avec cent hommes de pied. La seconde lettre me vint à
« demi-quart de lieue de la ville, par laquelle me mandoit
« qu'ils avoient fait leur revue et qu'ils s'étoient comptés
« cinq cents hommes de combat, en ce compris les
« habitants de la ville ; et que, si j'y allais, je ne recevrais
« qu'une grande honte, et encore que la femme et son
« mari, qui n'étoient pas de la ville, fussent catholiques et
« de mes amis, je n'y voulu ajouter foi et je marchoi
« jusqu'à la vue de la ville, laquelle est au lieu bas. Je fis
« descendre cent ou cent vingt argoulets afin qu'ils allas-
« sent gagner les maisons qui étoient près de la porte et
« les y fis courir afin de les garder de n'y mettre le feu, ce
« qu'ils eussent fait car il y en avait déjà dehors qui l'y
« mettaient et furent contraints de se retirer dedans ; et
« ils commencèrent à tirer des murailles sur nos argoulets,
« et pour attendre nos gens de pied et les deux pièces, qui
« venaient derrière, j'allai passer la rivière avec une

« troupe de gens à cheval, au-dessus de Mont-de-Marsan,
« tirant vers Dax, et à une arquebusade pour aller
« découvrir vers l'autre côté de la ville et reconnaître le
« fossé s'il y avait de l'eau afin d'y faire passer les
« enseignes du sieur Savignac et donner par deux côtés.
« Il y avait de l'eau jusqu'au ventre des chevaux, nous
« parûmes et comme je fus de là, j'aperçus cinq ou six
« chevaux qui se venaient jeter dedans ; mais ils tournè-
« rent tout court sans pouvoir êtres pris. Je fis mettre tous
« les gens de cheval en bataille, puis je descendis de
« cheval et je fis déscendre seulement le capitaiue Fieux,
« et n'en alloi droit au fosse. La chaleur étoit grande et
« les armes me pesoient fort ; et fus contraint de me
« mettre dans un petit fossé ; et fis passer M. de Fieux qui
« alla tout au long du fossé du côté de la ville ; et trouva
« une femme tout contre le fossé, cachée derrière une
« petite haie, laquelle il fit lever. Cheminant toujours car
« on lui tiroit fort dessus, comme aussi à moi, car de là où
« j'étois, il n'y avoit pas dix pas jusqu'au fossé. A la fin le
« capitaine Fieux revint à moi, et la femme aussi, qui nous
« dit qu'il y avait eau de la hauteur d'une pique ; comme
« aussi le capitaine Fieux me l'affirmait selon son opignion,
« à ce qu'il avoit pu connoitre et nous disoit la femme
« qu'encore il y avoit beaucoup de vase. Je perdis toute
« mon espérance de pouvoir rien faire de ce côté-là, et
« connu qu'il falloit leur donner par un autre lieu, et
« laisser MM. de Fontenille et de Madaillon en cet endroit,
« et m'en retournoi avec la noblesse passer la riviere ; et
« comme je passai il me sembla voir quelques enseignes
« dans la ville, et tout près du port ; et tout d'un coup les
« perdis de vue et pensois que se fussent des ennemis.
« J'avois, au partir de St-Maurice, prié M. de Telladet de
« vouloir aller parler à M. le Maréchal, sur ce que m'avait

« dit de Montastruc, et nous avions bonne esperance « d'emporter la ville, et voir s'il lui pourroit faire trouver « bon que nous passions la rivière et lui ôter l'opinion « qu'il avoit. Le dit sieur de Telladet s'en retourna « incontinent pour son malheur, car, à son retour, il me « trouva déjà parti pour passer la rivière et me voyait sur « le passage, et d'autre part, il voyoit que nos argoulets, « qui étaient descendus à pied, faisoient la canne derrière « les maisons, les faisant mettre au large pour tirer au « créneau se mettant à galoper le long du fossé pour « donner du courage aux argoulets, et s'en retournant par « le même lieu on lui tiroit à force ; et à la fin une arque- « busade lui donna dans le ventre ; son cheval tomba, et « lui, se sauva tout blessé plus de cent pas hors de la « portée du feu ; il sembloit qu'il n'eut point de mal et fut « apporté, dans une maison hors de la ville ; et deux jours « après il mourut. Je n'avois rien vu de tout ceci étant « occupé à reconnoitre l'autre coté de la ville. Cependant, « les capitaines Arne, Barois de l'Eurboür, l'Estang et de « la Chapelle Lozières, étoient à main droite contre hozt « de la rivière, à une arquebusade de la ville. Il faut à « présent dire comment elle fut prise. Le capitaine « Castella, avec les cing compagnies qui marchaient « après moi, comme il fut à la vue de la ville, j'avais fait « apporter cinq à six échelles sur une charrette, voyant « que nos argoulets ne faisoient guère bien, car toujours « ils vouloient regagner le derrière des maisons, il fit « descendre les échelles et les fit traîner par les soldats ; « et, sans attendre ni moi, ni M. de Savinac, ni l'artillerie, « ni aucun ordre, ils baissèrent la tête droit à la muraille, « ou d'abord ils dressèrent trois échelles qui furent assez « longues, venant au bout du mur, par où les capitaines, « ayant des rondelles ne cessèrent de monter, malgré le

« feu des ennemis jusqu'au haut de la muraille, et voilà « les ennemis en fuite ; nos gens les suivirent par le même « lieu où ils prenaient la fuite, et comme les ennemis « purent gagner la porte de l'autre enceinte pour la fermer « apres eux, les notres leur tombèrent sur les bras et « entrèrent pêle-mêle. Les ennemis tirèrent droit au pont ; « le long d'une grande rue là où ils avoient une barricade, « laquelle tous ne purent pas gagner, car on en attrapa « une bonne troupe par les chemins.

« Or, comme ils faisaient tête à la barricade, arriva M. « de Savignac et ses gens, lesquels a point nommé comme « les notres achevaient d'entrer, étaient accourus monter « par les échelles à mieux mieux et à même qu'ils entroient « courroient droit au pont, et y fut tué à l'arrivée un « capitaine nommé Escarefours, lequel etaient un des « vaillans hommes que je vis jamais, car il y avait long- « temps que je le connaissais. A la fin les ennemis aban- « dounèrent la barricade et se jetérent dans l'autre ville « par le guichet. Mes cinq enseignes suivirent et peu s'en « fallut qu'ils n'entrassent pêle-mêle : les ennemis fermè- « rent le guichet et mes enseignes furent contraints de se « jeter dans une petite maison qui touche à la porte de la « ville, et à l'entrée fut tué un des cinq capitaines nommé « Mossaron. Les ennemis tiraient fort de la tour du portail, « et les notres aussi de cette petite maison jetaient fagots « et tables contre la porte et c'est la que Mossaron fut tué, « et malgré la grande quantité de pierres que les ennemis « leur tiraient avec beaucoup d'arquebusades, les notres « ne laissèrent pas mettre le feu à la porte de la ville. « J'avais vu comme j'ai dit, ces enseignes en passant la « rivière, mais je pensais que ce fussent ennemis, et comme « nous fumes passés, un arquebusier vint à cheval me dire « que nos enseignes étaient dans la ville, et sans attendre

« ce que M. de Savignac ferait, nous nous mîmes au galop, « et fumes incontinent à la porte, car il n'y avoit pas « quatre cent pas. Je trouvai des gens de M. de Savignac « par dedans et par dehors la porte qui déjà avaient faict « ung trou, de sorte qu'on pouvoit passer un à un par « dessous.

« Nous mismes tous pied à terre et passames par ce « trou. J'avois amené quelques paysans de St-Maurice qui « venoient avecque l'artillerie, lesquels se jetèrent « incontinent à la porte et l'ouvrirent par force ; mais nous « étions déjà tous dedans.

« Monsieur de Cassaneuil, notre maréchal de camp « n'était pas venu avecques moy, car je le trouvoy au bout « du pont, à une rue à main droit, et me dict qu'il venoist « recognoistre une maison ou deux qui regardoient à « l'autre ville. Il n'y avoit homme qui osast demeurer en « la grand'rue, car la tour de la porte voyoit tout. Il « m'amena aux deux maisons lesquelles estoient sur le « bord de la rivière, et montoy un degré jusque dans une « chambre qui regardoit sur la rivière et là promptement « fis faire sept ou huit trous en la muraille qui regardoit « de l'autre costé de la ville, d'où les ennemis tiroient fort, « puis descendis en la rue et entroy dans l'autre maison « tout joignant dans une salle basse, là où il avoit une « porte par laquelle on descendoit par quatre ou cinq « degrés sur la rivière.

« Les ennemis tiroient fort à la porte ; et par un coing « d'une petite fenestre j'aperçus que les ennemis remplis- « soient quelques tonnaux qu'ils avoient mis sur une « bresche de la muraille.

« Monsieur de Savignac, Monsieur Dandonelle son « maistre de camp, le capitaine Sainct-Aubin et encore « ung autre de ses capitaines, il ne me souvient du nom, se

« trouvèrent dans la salle auprès de moi Monsieur de Cas-
« seneuil était entré en une autre maison, là où il trouva un
« rabilleur de cuirs, grand homme et le m'amena et me
« dict qu'il n'y avoit point eau plus avant que la ceinture.
« Je luy dis que je lui donnerois dix escus s'il vouloit
« montrer aux soldats pour passer la rivière, et que je luy
« baillerois une rondelle a l'espreuve. Il me dict qu'il le
« feroit. Je luy bailloy la rondelle, mais le vilain la jeta
« incontinent me disant qu'elle pesoit trop et encore, qu'il
« fust gros et puissant et s'en trouvoit empesché, et qu'il
« passeroit bien sans cela. Monsieur de Montastruc, com-
« missaire de l'artillerie, estoit aussy près de moy. Je
« voyois qu'il se falloit haster de passer, car si les ennemis
« avoient une fois rempli les tonneaux, il seroit difficile
« d'entrer par cette brêche : qui fut cause que je dis à
« Monsieur de Savignac de faire entrer trois ou quatre de
« ces enseignes. Monsieur Dandosielle, Sainct Aubin et
« l'autre capitaine coururent à la rue et firent entrer les
« leurs, car les cinq miennes estoient à la maisonnette
« près la porte. Et comme les trois enseignes furent en la
« salle, et force soldats des leurs qui entroient. Je dis aux
« enseignes qu'ils suivissent hardiment cet homme, qu'il
« leur monstreroit le chemin et qu'il ne se falloit arrester
« qu'on ne fût de là la rivière contre les tonneaux, man-
« dant promptement aux arquebusiers qui estoient en la
« chambre qu'ils tirassent fort afin de favoriser le passage
« des nostres. Et tout a coup j'ouvris la porte et vins c'est
« homme et un bon soldat qui s'offrit de se tenir près de
« luy, et aprés eux les trois enseignes et les trois capitaines
« se mirent à leur suite. Je jettoy cinq ou six arquebusiers
« aprés, puis je me jettoy aussi apres eux, et tous ces
« gentils hommes qui estoient avec moy, il nous falloit
« descendre mais les arquebusiers qui estoient à la

« chambre les tenoient de si près, qu'ils n'osoient montrer « la teste. Toujours descendoient soldats ; j'estois sur le « bord de la rivière et leur donnois toujours esperance de « passer avec eux. M. de Montastruc qui vit que je « descendois les degrés, se jette à la rue et commence « à crier : « O soldats, voilà M. de Montluc qui passe la « rivière. » Les soldats qui s'amusoient au pillage, et ceux « qui estoient dans la rue, laissérent tout au cris de « Monsieur de Montastruc que je passois, et entrèrent de « foulle dans la salle ; et ceux qui ne pouvoient gaigner « les degrés sautoient à bas par les costés, de sorte que « sans regarder rien, ils se jetoint dans l'eau comme quand « on y pousse une troupe de moutons : et vis la rivière si « couverte d'hommes, d'un bord à l'autre, que l'on ne « voyait poinct l'eaue.

« J'entrois toujours jusqu'à la moitié de la jambe dans « l'eaue, faisant semblant de vouloir passer, comme « faisoient Messieurs de Brassac, chevalier de Roumégas, « et tous les autres gentilshommes qui estoient avec moy ; « et Monsieur de Savignac y estoit aussi ; il n'y faisoit « bon pour luy, car il y avoit soldat qui avoit eaue « jusques aux aisselles, et crois que s'il s'y fust mis il en « eust eu jusqu'au col, car chacun sçait qu'il n'est pas de « la taille d'un géant : et y pensasmes perdre beaucoup « de soldats qui estoient petits ; mais je leur criois « toujours qu'ils se secourussent les uns et les autres, « comme ils faisoient ; et faut croire, et à la vérité que si « je m'eusse advisé de faire ces trous en ceste chambre, et « y mettre beaucoup d'arquebusiers comme j'avois faict, « si que l'un coup ne demeuroit pas sans l'autre, et encore « ouvrirent une fenestre, d'ou pouvoient tirer deux ou trois « à la fois, nous en eussions perdu plus de cent hommes, car « de la muraille d'où ils nous tiroient et des tonneaux, il

« n'y avoit pas plus de six pas jusques au bord de la « rivière, ou nos gens abordoient. Les enseignes et les « capitaines allèrent aux tonneaux. Je mandoy prompte- « ment à ceux de la chambre qu'ils ne tirassent plus, car « ils donnoient aussi tort aux nostres qu'aux leurs. Nos « arquebusiers qui estoient près des enseignes tiroient « comme ceux de dedans. Les capitaines s'advisèrent de « prendre le bord des tonneaux qui n'estoient pas à demi « pleins, parce qu'ils n'avoient pas eu le loisyr de les « remplir ; et tout a coup je vis les tonneaux renversés de « nostre coté ; et les enseignes et les capitaines se jetèrent « dedans ; je m'en revins en la rue, estant si las, que de « ma vie je ne m'estois trouvé en tel estat; et cogneus « bien qu'il ne me falloit plus parler de porter les armes ; « car je cuidoy tomber dix fois en la rue. Il n'y a nous ne « pouvons estre deux fois.

« Le chevalier de Roumégas et le capitaine Fabien, « mon fils, m'amenèrent par dessous le bras à la maison « Jonca, ou je trouvois sa femme, laquelle promptement « m'appresta un lict et on me mit dedans. Je trouvoy que « la sueur m'avoit percé les collets de beuffle, de sorte que « les armes se ressentoient de l'humidité. Nous avions « apporté nul bagage, car nous avions tout laissé à Sainct- « Maurice, pour ce quoy mesmes, n'avois pas trop d'es- « pérance de venir à bout de l'entreprise, comme y ayant « aussi de la raison et furent contraincts mes gens de « m'essuyer la chemise et tous les habillements que j'avois « dessus. Et comme de chevalier de Roumégas mon fils, « et les autres gentilshommes m'eurent remis entre les « mains de mes serviteurs, ils s'en allèrent à l'exécution « du chasteau. « *J'ai veu le temps, dis-je à ce brave « chevalier, que pour une telle journée je n'eusse quitté n'y « casaque ny carrelet, et s'il y eust eu apparence de danger,*

« *j'eusse passé la nuit en cet estat ; mais il n'y a ordre :*
« *faites vous autres jeunes ce que les vieux ne peuvent*
« *faire.* »

« Estant tous mes habillemens secs, ayant demeuré au « lict environ une demie-heure, je me levoy et me tournoy « vestir. Sur quoy arriva M. de Savignac, le capitaine « Fabien et quelques autres gentilshommes avec eux, me « dire que ceux du chasteau se vouloient rendre ; et voir si « je trouverois bon que lon les prit à mercy, capitulant « avec eux. Pour ce que je voyais que M. de Savignac et « le capitaine Fabien vouloient fort sauver Favas, et qu'ils « vouloient luy faire bonne guerre parce qu'il estoit en « réputation d'estre bon soldat ; je leur dis qu'ils allassent « capituler comme bon leur sembleroit, je signerois la « capitulation combien que j'eusse bonne envie d'en faire « une dépesche. Voilà pourquoy quand ils se furent « départis de moy, je fis partir apres eux un gentilhomme « pour aller parler secrétement aux soldats et à quelques « capitaines, que comme on parlementeroit, qu'ils regar- « dassent d'entrer par un costé ou autre, et qu'ils tuassent « tout ; car il falloit venger la mort des gentilshommes qui « avoient été massacrés à Navarreins, parce que, contre « la foy promise, on avoit dagué le sieur Sainct-Colombe « et sept ou huit autres qui s'estoient rendus vies sauves, à « Orthez lorsque M. de Terride fut prins.

« Je ne pouvois mettre l'entreprise en meilleure main « que de ce gentilhomme là, car il estoit proche parent du « baron de Pardéac, qui estoit du nombre des massacrés. « Et comme il eust parlé à deux ou trois capitaines et aux « soldats, ils coururent chercher quelques échelles, et les « dressèrent au coing de la basse-court, à main gauche « près des galleries, et les autres parlementoient à la porte, « et par là les soldats entrèrent et tuèrent tout ce qui

« se trouva là-dedans, sauf le capitaine Favas qui parle-
« mentoit. Et comme Monsieur de Savignac et le capi-
« taine Fabien virent le desordre, ils tirèrent le capitaine
« Favas à eux de hors, qui fut bon pour luy, car je croy
« bien qu'il fust passé par le chemin des autres. Et comme
« les gens de cheval qui estoient à main droite virent que
« nos gens estoient dans la ville, ils coururent un peu
« contre mont la rivière et trouvèrent un gué, et encore
« qu'il fust bien profond, ils passèrent et coururent droit
« au château par le côté des religieuses. Par les fenestres
« s'en jetèrent vingt-cinq ou trente que les gens de
« cheval sauvèrent, car sans cela à grand peine y en eust
« eu qui eussent porté tesmoignage si ce n'eust été le
« capitaine Favas. Et voilà comme la ville fut prise. »

On montre encore la maison Junca et le petit escalier par lequel monta Montluc, il descend vers le Midi, derrière la Halle.

La ville de Mont-de-Marsan subit un autre siège important pendant les guerres de la Fronde, mais cette fois elle résista victorieusement aux assauts de l'armée commandée par Poyanne. Pour en finir avec ce qui regarde l'histoire des remparts et pour mieux faire comprendre le plan de 1612, nous nous décidons à ne pas suivre l'ordre chronologique des faits et à parler tout de suite de ce siège, sauf à revenir ensuite en arrière.

On trouve à la Bibliothèque Nationale une pièce en quatre exemplaires contenant le « *Récit Véritable de ce qui s'est Passé à Mont-de-Marsan à Cette Epoque* » :

« Les victoires de Monsieur le Prince se suivent de si
« près, que nous avons appris presque en même temps les
« advantages différents que sa presence ou sa reputation
« a remportez en divers lieux. A grand peine avions-nous

« achevé le Te Deum qui a esté chanté en cette ville, « (Bordeaux) pour remercier Dieu de la dernière victoire « que Son Altesse et le prince de Conti son frère, ont « gagnée sur l'armée du marquis de St-Luc (à Miradoux « près Lectoure) et nos feux de joye n'estoient pas encore « bien esteints, quand on nous a apporté la nouvelle de « quelque desadvantage que les troupes du marquis de « Poyanne avaient reçu à Mont-de-Marsan.

« Nous en baillons la relation au public comme elle a « esté envoyée de la part des habitants de cette ville. « Nous ne saurions mieux exprimer leur zèle ni leur fidélité « que par leurs propres termes, et après qu'ils ont eu la « gloire de faire une si belle action, il faut qu'ils ayent « l'honneur de l'escrire.

« Le dimanche dix-huitième de fevrier (1652) les maires « et jurats de cette ville eurent advis que M. de Poyanne « les devait venir assiéger et que pour cet effet il avoit « donné rendez-vous à ses troupes dans la ville de Sainct- « Sever pour s'y rendre le mardy 20 du mesme mois.

« Il arriva conformément à l'advis qui en avoit été « donné. Sur quoy les maires et jurats firent assembler les « habitants dans la maison commune, où il fut résolu que « l'on dépescheroit devers ledit sieur de Poyanne, M. de « Prugue, lieutenant particulier, et un capitoine pour luy « représenter qu'il n'y avoit rien qui l'obligeast à venir à « main-armée contre nous, d'autant que nos actions « avoient tousiours esté conformes au service du roy, et « nos volontez ne respiroient que l'obeyssance pour Sa « Majesté et pour Monseigneur le Prince. Toutes ces « resolutions ne peurent l'obliger à quitter son entreprise. « Il est vray qu'il fit offre de n'entrer dans la ville que « comme un amy et avec sa maison seulement. Mais cette « réponse nous ayant esté rapportée par nos députez, les

*Le nouveau Pont de l'Hôtel-de-Ville et la Cathaye*

« maires et jurats firent une seconde assemblée des « habitants, où il fut conclu d'une commune voix qu'on « ne pouvait, n'y voulait, n'y devait lui donner entrée en « aucune façon. On renvoya les mesmes députez accom- « pagnez d'un jurats et de deux autres habitants pour lui « porter cette parole. »

« Sur quoy ledit sieur de Poyanne repartit que puisqu'il « ne pouvait entrer par douceur dans notre ville, il y « entrerait à main-armée ; et renvoya ainsi nos députez. « Ils portèrent bientôt après cette réponse aux habitants « qui estoient sous les armes depuis le matin, et les « animèrent à se bien deffendre, et à recevoir leurs « ennemis les armes à la main, en quelque posture qu'ils « voulussent se présenter. L'ordre nécessaire pour ce « dessein fut donné si promptement que les portes et les « murailles de la ville furent bordées incontinent d'un « nombre d'hommes bien résolu à repouser l'attaque des « assiégeans.

« Bientôt après, ledit sieur de Poyanne parut sur une « éminence voisine avec sa cavalerie, composée de trois « cens chevaux, huict cens hommes de pied. Après avoir « mis en ordre ses escadrons et dressé ses bataillons, il « envoya un tambour sommer la ville de se rendre et « recevoir garnison de sa part, auquel il fut répondu qu'on « l'attendait les armes à la main.

« Soudain, après que le tambour l'eut asseuré de nostre « resolution, il fit advancer ses troupes vers un faubourg « qu'on appelle le Port, pour s'y aller barricader. En effet, « il fit d'abord une barricade où de la première descharges « que firent les habitants, il perdit cinq ou six hommes et « fust enfin contraint de l'abandonner et de choisir une « place plus favorable pour se poster ; ou voulant faire « une autre barricade, il ne fut pas mieux traité que dans

« la première occasion, les habitants faisant un feu « continuel sur les ennemis.

« Sur les dix heures de nuict, le sieur Rolie (de Rolty), « lieutenant-colonel dudit sieur de Poyanne, allant visiter « les blessez et reconnaître la place, fut receu d'une « fusillade dans le ventre, de laquelle il mourut bien-tost « apres. On dit que la mort de cet officier donna un sen- « sible déplaisir au sieur de Poyanne.

« Environ la my-nuict, le sieur Prugues Micarrère « proposa au conseil de guerre de mettre quelques flam- « beaux sur l'heure, et il fut ordonné à tous ceux qui « estaient sur les murailles de crier : Vive le Roy et « Monsieur le Prince ! à mesme temps qu'ils verraient « ces feux. Ce qui donna une si grande alarme dans le « camp du sieur de Poyanne que s'imaginant que quelque « grand secours fut arrivé dans la ville il décampa avec « autant de promptitude qu'il s'estait advancé. Il s'alla « loger sur la mesme eminence, ou estait le jour avant, d'ou « le jeudy le vingt-deuxième du courant, sur les sept « heures du matin, il envoya deux cavaliers de sa troupe « pour parler à Monsieur le Maire, avec ordre de luy dire « qu'il vouloit venir derechef dans le faux-bourg pour y « mettre le feu, si on ne voulait le recevoir dans la ville. « Sur quoy, il fut reparty par le Maire et tous les habitants « qu'on le repousserait comme auparavant, et que si cela « luy arrivait, on en ferait autant dans toutes ses terres.

« Cette réponse l'apaisa, d'une telle façon qu'il envoya « un gentilhomme pour dire que si on lui venait faire « compliment il se retirerait. Sur quoy les députez précé- « dans le furent trouver pour luy dire que sa retraite serait « fort agréable à toute la ville, et pour lui rendre quelques « civilitez. Ensuite de quoy il protesta qu'il estait de nos

« amis et qu'il n'entrerait plus dans les terres de notre « juridiction à main-armée.

« Les ennemis ont perdu dans cette attaque vings ou « trente hommes qui ont esté tuez sur la place ; il y en a « eu autant ou davantage de blessez.

« Mais ce qui est remarquable dans cette action, c'est « qu'elle a esté exécutée par la générosité des habitants « sans aucun secours étrangers et sans autre force que « celle de leur valeur et de la fidélité envers le Roy et « Monseigneur Prince. » (Bordeaux, J. Brunet, 1652).

Un des aïeux de Poyanne avait été plus heureux : De Thou, cité par Bourdeau dans sa *Géographie Historique*, nous apprend, en effet, que les traités « qui avaient suivi « l'expédition de Montluc ayant rendu à la de Navarre la « place de Mont-de-Marsan, l'un de ses apanages, les « protestants en furent expulsés, par le brave Bertrand de « Baylens, seigneur de Poyanne et gouverneur de Dax. »

Cette ville fut bientôt reprise par Henri IV en personne et ne fut attaquée depuis que pendant les troubles de la Fronde.

On peut se faire une idée très exacte de ce qu'était cette place, relativement formidable, qui a subi ces nombreux assauts en jetant les yeux sur l'ensemble de la vue cavalière de 1612.

Pour peu qu'on soit archéologue, on verra bien vite, en examinant d'un peu plus près cette sorte de plan en relief que, comme nous l'avons dit plus haut, la ville entière fut complètement remaniée, au XIVe siècle, et c'est, croyons-nous, ce qui arriva dans toutes les villes de la région, à cette époque d'affranchissement communal, de création de bastides, ou de transformations en bastides de villes fortes existant déjà.

Comme à Roquefort, tout fut refait à Mont-de-Marsan,

l'église, les remparts, les ponts, le château, auquel on en ajouta deux et peut-être même plusieurs autres, les portes de ville, etc., etc.

Une seule chose est postérieure à cette grande réfection du XIVe siècle, c'est le bastion qui protège la porte principale et qui est évidemment contemporain de celui qui, à Dax, défendait la porte Notre-Dame. Ce dernier s'appelait le bastion Sainte-Marguerite et remontait au commencement du XVIIe siècle, celui qui existait à Mont-de-Marsan, en 1612, est dû, très probablement, au même ingénieur, élève d'Errard de Bar-le-Duc, dont Vauban, on le sait, n'a fait que perfectionner le système.

En étudiant le plan de droite à gauche, on voit tout d'abord, le Château vieux, avec ses énormes constructions, son donjon roman et ses tours plus récentes, et enfin, son pont et l'escalier par lequel entra Montluc ;

Celui qui vient ensuite, est la Cathaye, (caserne Lacaze) qui existe encore en partie, et tout à côté, à gauche, se voit l'ancienne église gothique avec sa tour à pans coupés et son donjon crénelé comme l'étaient tous ceux du Marsan.

Après un autre château, qui pourrait bien être un Couvent fortifié, on peut voir le clocher des Ursulines, flanqué de deux donjons crénelés, le tout construit sur l'emplacement de la caserne actuelle de la gendarmerie, puis une porte de ville, avec ce que nous avons déjà appelé un carré défensif, et plus loin l'église de St-Jean-d'Août avec son enceinte particulière et sa porte, surmontée, elle aussi, d'une tour carrée.

En dehors des murs, vers le milieu du plan, à côté d'une porte, qui est évidemment celle que nous avons reproduite plus haut, se trouve un enclos avec des barrières et un grand tourniquet qui ont fait penser à M. Tartière que c'était l'emplacement destiné aux courses de taureaux si en honneur de tous temps à Mont-de-Marsan.

Quelques années après la date du plan, en 1630, il y avait dans cette ville un *troupeau municipal de taureaux pour les courses, acquis et entretenu à l'aide d'une cotisation spéciale perçue à cet effet, par la municipalite.* Reste à savoir si ces taureaux, comme le disent les vieux textes déposés aux archives, étaient de véritables taureaux ou si, comme ceux des affiches de nos jours, ils n'étaient pas de simples vaches, souvent plus dangereuses et toujours plus rouées que les représentants mâles de leur espèce ?

Nous croyons qu'on peut cependant dire, sans crainte de se tromper, que ces troupeaux municipaux étaient de véritables *ganaderias* de la région. On avait encore des espaces et des parcours suffisants pour élever dans le pays du bétail certainement aussi sauvage que celui qu'on aurait pu acheter en Espagne. Cependant, en 1701, les taureaux qui servirent à la course offerte par les Bayonnais, en l'honneur du passage de Philippe V, avaient été achetés dans les provinces les plus éloignées de l'Espagne.

Les ponts du XIVe siècle ont un aspect tout spécial, avec leurs arches ogivales, leur tablier en dos d'âne, leurs éperons et leurs tours. Grâce à la complaisance de M. Delor, horloger, qui a bien voulu nous permettre de copier chez lui de vieilles gravures très intéressantes, nous avons pu nous procurer la reproduction de deux des ponts gothiques qui existaient autrefois à Mont-de-Marsan, le premier, où est aujourd'hui le Pont de l'Hôtel-de-Ville, le second était le pont de St-Jean-d'Août, ou de la Porte-Campet. Les vieux Montois se souviennent de les avoir vus démolir. Tous les deux sont des types classiques et

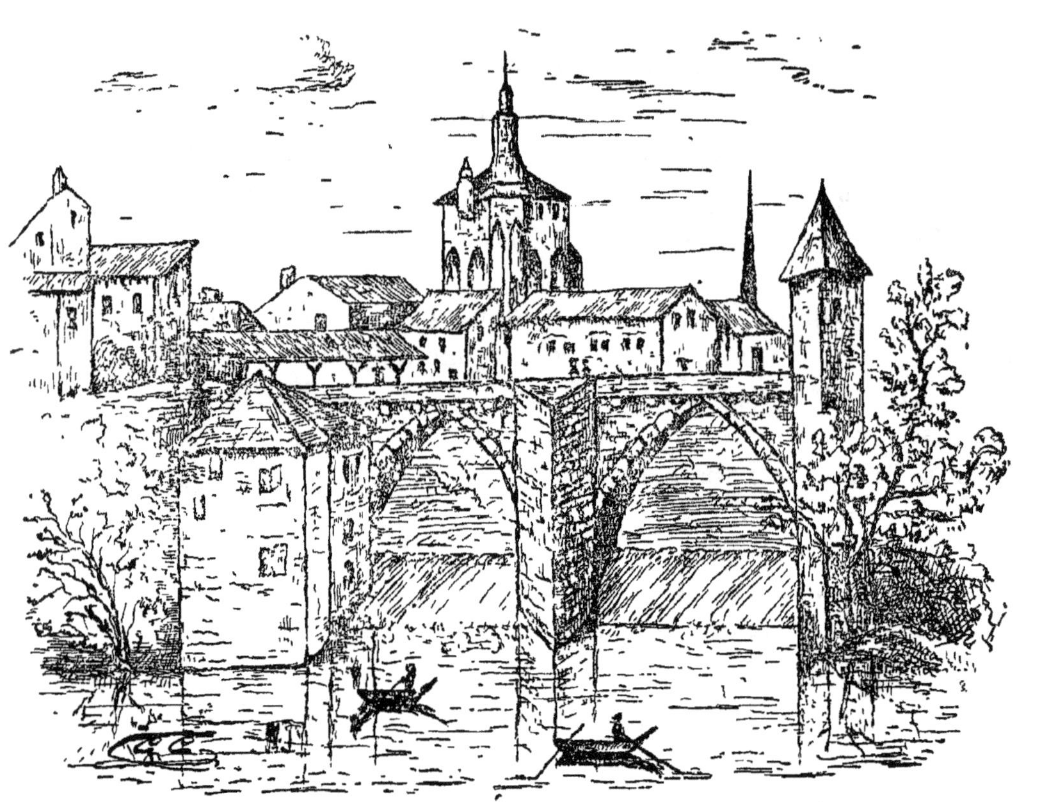

*Pont de l'Hôtel-de-Ville, d'après un dessin communiqué par M. Delor.*

ressemblent à celui de Peine-Cadet de Roquefort, et même un peu à celui d'Orthez.

Nous avons reproduit aussi (voir la planche) un vieux dessin représentant un pont en bois des plus pittoresques qui existait autrefois près de la Cathaye.

Il y avait à Mont-de-Marsan quatre couvents, deux d'hommes et deux de religieuses : celui des Cordeliers était situé rue St-Sever ; les bâtiments du second, après avoir servi longtemps de collège, ont été démolis, et c'est sur son emplacement qu'est construit le nouvel Hôtel des Postes ; l'abbaye des Clairistes est devenue la Préfecture, et celui des Ursulines le Tribunal et la caserne de Gendarmerie.

Les Cordeliers, ou Franciscans, s'établirent dans la nouvelle capitale du Marsan, bientôt après sa fondation, en 1226. Les Barnabites y furent appelés par la Municipalité, en 1556, tandis qu'ils ne vinrent à Dax qu'en 1639. La ville de Mont-de-Marsan s'engageait à payer aux savants religieux une pension annuelle de 2,400 livres ; mais il était stipulé que cette pension serait réduite à 600 livres dès que les revenus de la maison, qui était un véritable collège, seraient devenus suffisants.

Le traité devait ressembler à celui de Dax, dont nous croyons intéressant de rappeler le préambule, ne fût-ce que prouver qu'on s'est, de tous temps, préoccupé, dans nos Landes, de l'instruction de la jeunesse :

« Ayant considéré que le soin principal des Républiques
« bien policées consiste en l'instruction de la jeunesse, à la
« piété et aux bonnes lettres, et à ces fins à avoir de bons
« collèges avec nombre de régents suffisants et capables
« pour leur apprendre l'amour et la crainte de Dieu,
« lesdits préceptes de vertu, l'intelligence des langues et
« des sciences ; afin que les ecclésiastiques y deviennent

« savants et zélés au service de Dieu, au salut des âmes et « à l'extirpation des hérésies ; la noblesse y apprenne les « règles d'Etat, l'histoire, les sciences de mathématiques « dont elle se sert, les sièges et combats et autres actions « héroïques, pour se rendre digne des ambassades et « gouvernement des villes et provinces ; le Tiers-Etat y « apprenne les lois et l'Ordre pour rendre la justice à tous « les peuples sujets à leur juridiction, et à l'exercice de « tous lesdits arts libéraux ; la bourgeoisie s'instruise en « tout ce qui est nécessaire pour la magistrature et la « police des villes et aux lois des communes... »

Ce programme était, on le voit, des plus complets.

Les Ursulines, instituées en 1537, à Brescia, pour l'éducation des jeunes filles pauvres, ne s'établirent à Dax qu'en 1654. Leur Couvent fut fondé par l'évêque Jacques Desclaux, aidé par les dons faits par Mlle de Pédalis, fille du receveur des Domaines et par Mlle Lalanne. On ne sait pas la date de la fondation de leur Couvent de Mont-de-Marsan.

Les Clairistes, Clarisses, ou Sœurs de Sainte-Claire, suivaient la règle qui avait été donnée à leur fondatrice par son compatriote St-François d'Assises.

Dès 1265, Raymond, évêque d'Aire, soumit à cette règle un Couvent de religieuses qui existait depuis longtemps à Beyries, commune de Frèche, canton de Villeneuve.

Ces religieuses transportèrent leur Couvent à Mont-de-Marsan en 1270, comme le constate le testament de Mathe, femme de Gaston VII de Béarn, qui contient une donation faite en leur faveur. Elles s'étaient établies dans un ancien hôpital des pèlerins de St-Jacques de Compostelle.

Ce Couvent, le fait ne paraît pas douteux, a été visité

par François Ier et par Eléonore d'Espagne, sœur de Charles-Quint. Mais c'est-il dans la Chapelle de cet établissement que le roi de France confirma par paroles de présent, son mariage déjà contracté par procuration, à Fontarabie, comme le fut plus tard celui de Louis XIV, à l'Ile des Faisans ? La question est des plus controversées. Certains auteurs prétendent que la cérémonie nuptiale, présidée par François de Tournon, alors archevêque de Bourges, et non pas par le Cardinal de Bourbon, comme le disent d'autres, avait eu lieu à Captieux ; il y en a qui la font célébrer à Verni, entre Captieux et Mont-de-Marsan ; d'autres dans une abbaye appelée Veieu ; d'autres à Verrière, en Gascogne, d'autres à Beyries, abandonné, nous l'avons vu par les Clairistes de Mont-de-Marsan, au XIIIe siècle. L'abbé O'Reilly, dans son « *Essai sur l'Histoire de la ville de Bazas*, » (Bazas, imprimerie de Labarrière, 1840), soutient que, d'après une vieille chronique, la bénédiction nuptiale fut donnée aux époux royaux dans la chapelle de Sainte-Marie-Magdeleine, non loin de Bazas : « *prope Vasatas in sacello divæ Magdalenæ.* »

M. Labeyrie croit plus probable que c'est aux portes de Mont-de-Marsan, en dehors des remparts du Bourg-Neuf, au lieu dit *Pémegau*, que ce mariage, *dont il ne reste aucune trace écrite dans les archives,* fut béni le 7 juillet 1530, et non pas en avril 1527, ce qui serait historiquement impossible. Pour tout dire, nous doutons un peu de l'authenticité des divers documents relatifs à ce mariage et M. Labeyrie semble en douter aussi, mais nous sommes certains que s'il a été réellement célébré dans les Landes, c'est dans le Couvent de Sainte-Claire de Mont-de-Marsan.

Le pays de Marsan, nous l'avions déjà constaté quand nous en avons eu à parler de ces Bastilles ou Bastides et de leur organisation administrative, aussi pratique qu'originale, a été admirablement étudié par M. Tartière, notre dévoué et distingué archiviste départemental.

Nous ne pouvons faire que ce que nous avons fait alors, après avoir regretté de ne pas pouvoir reproduire en entier le travail si consciencieux du savant Montois, nous contenter d'en donner un résumé, après avoir renvoyé nos lecteurs à l'Annuaire des Landes de 1874, dans lequel ils trouveront l'intéressante étude que nous leur recommandons. Ils y verront que les 69 paroisses qui forment la partie Nord-Est actuelle de notre département, avait passé de la dépendance de la maison de Marsan, comme nous l'avons indiqué également, dans celle de Béarn, puis sous celle de Foix. Ces divers changements, amenés par l'hérédité et par des donations régulières, furent cependant approuvés par une cour, qui n'était, peut-être, qu'une assemblée de seigneurs ou de notables de la contrée, dont il fait souvent mention dans les anciens textes et qui s'appelait « *la Cour Dels Sers.* » Personne n'a jamais pu savoir ce qu'était, au juste, cette cour. Monsieur Tartière ne le sait pas plus que nous. Etait-ce une juridiction analogue à celle de la « *Cour Mayour de Béarn* », ou bien des Etats qui auraient, en quelque sorte, pris la suite, *des Conventus*, dans lesquels les hommes libres d'Aquitaine traitaient, même avant l'invasion romaine, leurs affaires les plus importantes ?

Il y avait, on le sait, des conventus généraux pour les affaires de chaque cité et des conventus particuliers pour chaque pagus, et même d'autres plus particuliers encore pour chaque peuple, en prenant ce mot dans le sens du *pueblo* espagnol, qui a celui que nous donnons aujourd'hui à la commune. Chaque commune actuelle, ou, du moins, chacune de celles qui remontent à une époque antérieure à la création des Bastides, et ce sont les plus nombreuses, constituait, en effet, un petit peuple, un clan ayant son autonomie, et ne se rattachant à ceux du pagus, composé d'un petit nombre de ces *pueblos*, et à ceux de la cité formée par plusieurs pagus, réunis par la communauté d'origine et les liens d'une véritable fédération.

La fondation des Bastides avait, il est vrai, amené une profonde modification dans l'organisation ancienne que la féodalité avait, jusqu'à un certain point, respectée, quoique chaque commune, devenue paroisse, se fût *recommandée* à un seigneur, qui avait pris son nom. Ce nom et le grade féodal qui l'accompagne n'était le plus souvent qu'un titre plus honorifique que réel.

Nos aïeux avaient su conserver autant que possible, jusqu'alors, leurs franchises, et tout, dans notre histoire locale, prouve que, à partir de la fondation des Bastilles, leur lutte fut encore plus acharnée et surtout plus heureuse. Aussi gardèrent-ils, presque partout, leurs droits judiciaires francs, et la justice fut-elle rendue, au moins aussi souvent, par les juges populaires que par ceux nommés par les seigneurs ou par le roi. Ces derniers étaient très rares dans la région, avant la domination anglaise, et ce ne fut guère que lors de l'établissement des sénéchaux, que l'on vit les juridictions royales recevoir une véritable organisation. Mont-de-Marsan, comme Tartas, St-Sever et Dax, eut sa cour sénéchale ou sénéchaussée, jugeant les appels des juges locaux et, en première instance, les affaires importantes. C'était l'équivalent de nos tribunaux d'arrondissement. Entre les sénéchaussées et les parlements, il y eut les Présidiaux connaissant des appels de peu d'importance. Il y avait plusieurs cours Présidiales dans la contrée, et elles se partageaient les affaires des diverses sénéchaussées. Celles de Dax, de St-Sever et de Bayonne relevaient du Présidial de Dax, celles de Tartas de celui de Nérac, et celles de Mont-de-Marsan de celui de Condom.

A la fin de l'ancien régime, Mont-de-Marsan devint la résidence d'un subdélégué de l'intendant de Pau ou d'Auch.

Dans la rue du Commerce, à côté d'une vieille croisée de la fin de l'époque gothique, on voit, sur la façade d'une petite maison, une inscription évidemment contemporaine des sculptures qui l'accompagnent. Elles ont souvent attiré l'attention des touristes et des savants, et on dit que personne n'a jamais pu déchiffrer ces lettres d'un autre âge. La chose nous étonne, car elle est parfaitement lisible et contient les mots et les signes suivants :

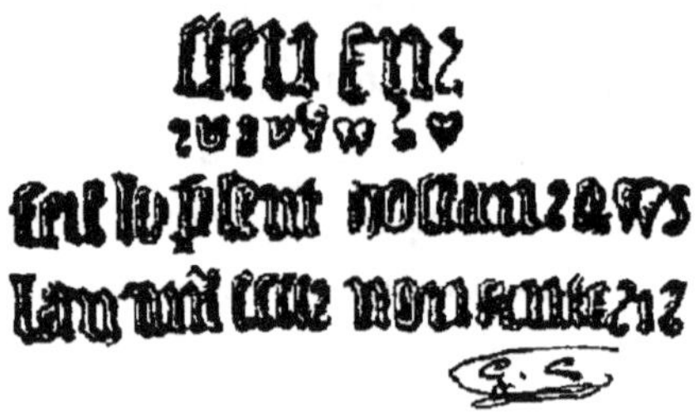

STEVEN ?

*(Une ligne d'ornements divers)*

FEIT LOP(RE)SENT HOSTAV *(ornements)*

LAN MIL 400 NONANTE ? I ?

Si Mont-de-Marsan veut, comme le font toutes les villes

aujourd'hui, ériger une statue à un de ses enfants, devenu illustre, elle n'aura que l'embarras du choix.

On cite, en effet, parmi les montois célèbres : La famille de Mesmes, qui a donné d'éminents magistrats, et un premier président au Parlement de Paris, un Conseiller d'Etat sous Henri II, un général et chancelier au XVIe siècle, un célèbre diplomate, le comte d'Avaux, négociateur des traités d'Omsbruck et de Munster, mort en 1650 ; le sculpteur Fouché, collaborateur de Pigalle ; le général et l'avocat Lefranc ; Laurence, l'organisateur de la justice en Algérie ; le maréchal Bosquet et Dominique de Gourgues, dont une rue de la ville porte le nom.

Bien peu de Montois connaissent son histoire. Ils ne se doutent pas que leur illustre compatriote vivait au XVIe siècle et qu'il avait entrepris, à ses frais et à ses risques, de venger des Français lâchement assassinés par des Espagnols dans la Floride.

Il sacrifia à son entreprise hardie une partie de sa fortune et arma, avec l'assentiment du gouverneur de la Guienne, trois navires sur lesquels il embarqua cent arquebusiers et quatre-vingt matelots.

Il s'empara successivement de deux forts que les Espagnols avaient pris aux Français, par trahison, et exerça contre eux de justes représailles.

Plus tard, la Reine d'Angleterre lui confia, avec l'assentiment du Roi de France, le commandement d'une flotte qu'elle envoyait au secours du Roi de Portugal. Mais la mort le surprit comme il se rendait à cet appel.

J.-E. D., G. C.

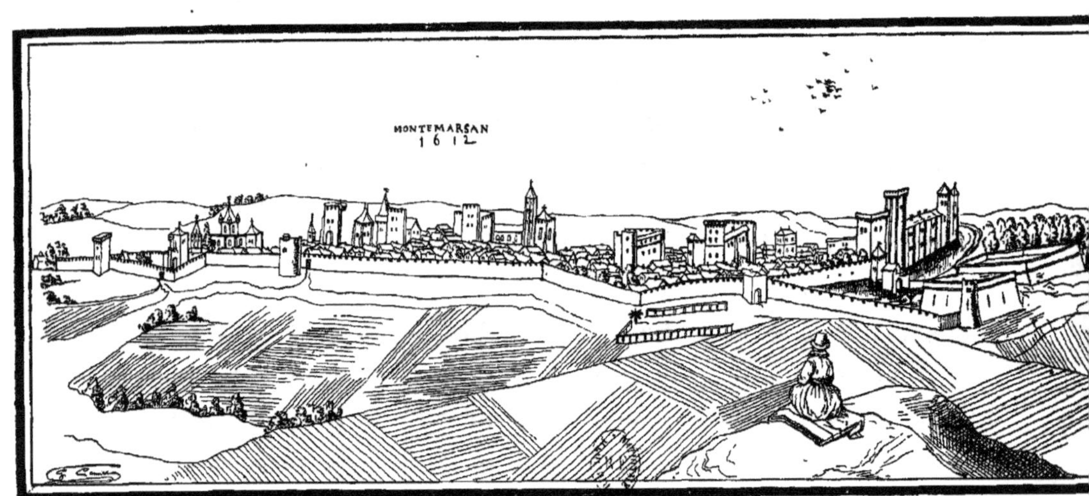


**VUE DE MONT-DE-MARSAN EN 1612**

Reproduction d'un dessin a la plume conservé a la Bibliothèque Nationale.

*Pont Delamarre, à Mont-de-Marsan.*

La Cascade du Moulin, près du Pont de l'Hôtel-de-Ville

**Pont de St-Jean d'Août ou de la Porte Campet**

Détruit au commencement du Siècle

*D'après une aquarelle communiquée par M. Delor.*

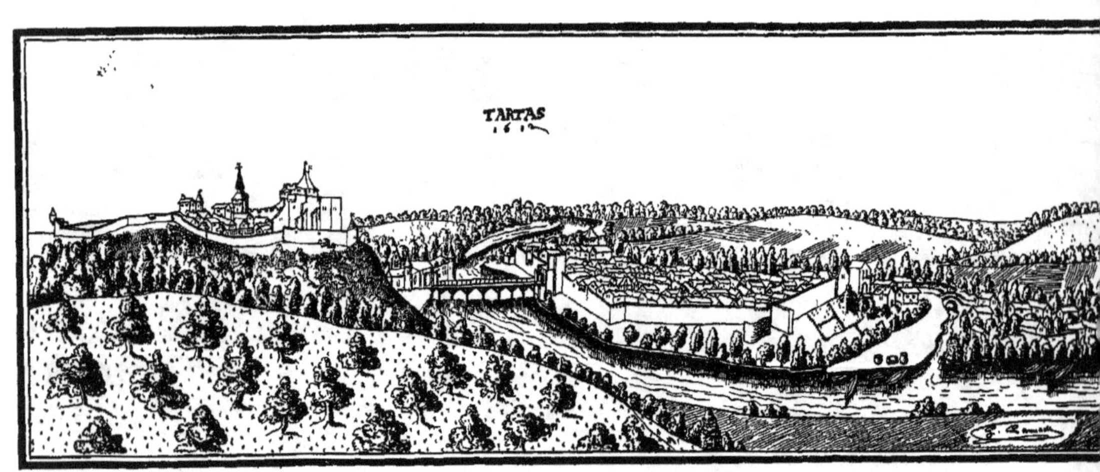


VUE DE TARTAS EN 1612

D'après un dessin à la plume conservé à la Bibliothèque Nationale.

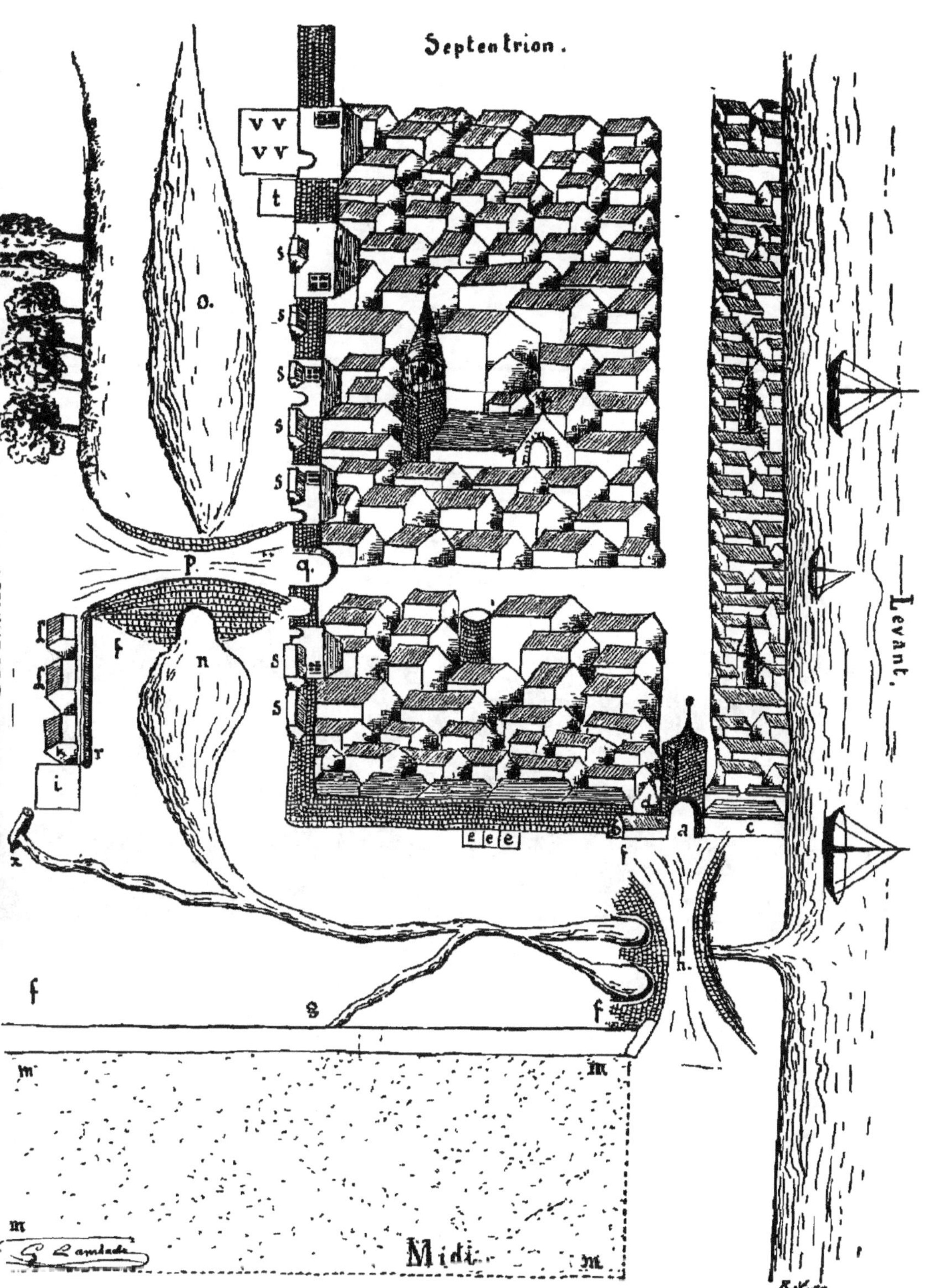


PLAN de la VILLE de TARTAS-EST en 1741

VUE DE TARTAS EN 1842

D'après *Guienne Historique et Monumentale.*

**Cloître des Cordeliers (Tartas).**

Vue de Mont-de-Marsan au commencement du XIX<sup>e</sup> Siècle.

# TARTAS

## NOTICE HISTORIQUE ET ARCHÉOLOGIQUE

La pittoresque petite ville de Tartas est située, en partie sur le flanc et le sommet d'un coteau relativement élevé et, en partie dans la plaine qui en est séparée par la Midouze ; ce qui fait qu'il y a deux quartiers bien distincts appelés, naturellement, l'un *la ville haute*, sur la rive gauche de la rivière, l'autre, *la ville basse*, sur sa ıive droite.

Le coteau n'est, en réalité, que l'extrémité d'un plateau corrodé par les glaciers et les grandes eaux qui ont creusé la vallée d'érosion dans laquelle se trouve le lit de la Midouze. Il a son ossature composée de calcaires très coquilliers, appartenant à l'éocène, qu'on exploite aux environs, notamment à Carcarès. Cette roche est semblable à celle qu'on peut voir à Mont-de-Marsan, ou plutôt à

St-Pierre-du-Mont. Le plateau forme une sorte de promontoire qui a dû être fortifié de tout temps, même avant la conquête romaine et cet *oppidum* ancien fut évidemment transformé en château, dès le commencement de l'époque féodale. Peut-être y eut-il là, comme à Dax et à Roquefort, un de ces nombreux donjons construits en Aquitaine par Louis le Débonnaire ?

Le sol de la ville basse est alluvien sans être marécageux.

Les rapports qui existent entre la consonnance du nom de *Tartas* avec celle de l'appellation d'un des peuples de la Novempopulanie, les *Tarusates*, a fait croire à plusieurs auteurs que la ville qui est l'objet de notre étude était l'ancienne capitale de cette tribu Celtibérienne. Rien ne le prouve : Au contraire, tout nous porte à placer cette cité à *Aire* qui se trouvait en plein pays des *Tarusates,* tandis que, d'après nous, Tartas était situé sur le territoire des *Tarbelli,* ce qui fit que, lors de la création des diocèses, dont les limites coïncidèrent généralement, on le sait, avec celui des *Civitates*, cette localité dépendit de l'évêque de Dax.

Oïhénart nous donne sur le nom et l'origine de Tartas des renseignements plus précis qu'aucune découverte historique ou archéologique n'est venue encore contredire : un des nombreux partis Vascons qui descendirent des montagnes du VIIIe au IXe siècles, pour se fixer dans nos contrées, rencontra, à l'endroit où existe aujourd'hui cette ville, un point facile à défendre, un site qui lui convint et une vallée fertile. Il s'y établit au milieu d'une forêt de chênes blancs, de tauzins, qui en langue celtibérienne s'appelaient *Tarta.* Cette agglomération nouvelle prit le nom de *Tartassu* se rapprochant bien plus de celui qu'elle porte aujourd'hui que *Tarusa* ou *Tarusates*.

On a bien, à ce que dit Saintourens, (1) découvert, tout près de la ville, il y a certain nombre d'années, des tombeaux et des vases gallo-romains. Mais tout nous porte à croire que ces sarcophages doivent être contemporains de ceux que nous avons vus à Carcarès et qui sont, tout au au plus, Mérovingiens, sinon Carlovingiens. Les trouvailles faites à Aire et à Dax, et dans toutes les anciennes cités et même dans de simples *vicus*, sont, dans tous les cas, autrement importantes.

Nous devons, cependant, avouer qu'il existe, tout près de Tartas, un lieu appelé le *Glizia*, ce qui indique qu'il y a eu une *villa* autour de laquelle s'était formé probablement un *village*, ayant son église dans les dépendances de la demeure d'un riche seigneur gallo-romain.

On y voit encore une de ces nombreuses fontaines de *Rougland* ; il y en a un peu partout, dans le pays, qui portent ce nom. Elles le tireraient, d'après la légende, de celui du célèbre paladin *Roland*, qui y aurait bu en se rendant en Espagne, en compagnie de Charlemagne. Or, il est à noter que la plupart de ces fontaines sont situées dans les terres, loin des anciennes voies, et il en est ainsi pour celle de Tartas, car, fait bien significatif, avant le moyen-âge, aucun chemin important ne passait par cette prétendue cité romaine, tandis que Aire et Dax étaient reliées entre elles et communiquaient par des voies bien connues, avec Toulouse, avec Bordeaux et même avec Saragosse.

La ville de Tartas ne pouvait donc être originairement qu'un *vicus ;* aussi devint-elle le siège d'une *vicomté*, lorsque la féodalité transforma en *vicomtes* héréditaires les

(1) Antiquaire du commencement du siècle qui a écrit des notes sur l'histoire de Tartas et sur les curiosités de la région environnante.

*vicarii* gallo-romains, administrateurs du territoire des *vicus,* tandis que les *proconsules,* qui administraient les cités, prirent le titre de *comtes.*

Le premier vicomte de Tartas connu est appelé par Oïhénart *Rex-Tortus.* Il fonda, en 960, le prieuré de Pontonx.

Son petit-fils, Raymond, vendit, en 1013, aux jurats de la ville la forêt de Carcarès. En 1120, un autre vicomte de Tartas, Robert, assista, à St-Sever, à l'acte par lequel le duc Guillaume consentit de généreuses concessions à l'église et à l'évêque de Bayonne. En 1153, un second Raymond reçut la mission de conduire à son époux, le roi de Castille, une fille du roi d'Angleterre.

Raymond-Arnaud fut témoin, en 1204, à Saint-Sébastien, d'une donation faite par Alphonse-le-Noble à l'église de Dax. Ce Raymond-Arnaud avait épousé Navarra, fille du Comte de Dax, et son fils Pierre hérita, par sa mère, du comté de Dax, transformé alors en vicomté. C'est ce qui fit qu'une partie de l'ancien comté passa dans la vicomté de Tartas et ressortit, plus tard, du sénéchal établi dans cette ville et non pas de celui de Dax. Cette partie était située sur la rive gauche de l'Adour et allait jusqu'aux portes de Bayonne ; elle ne comprenait, sur la rive droite, que la baronnie de Clermont composée des paroisses de Clermont, de Poyartin et de Mimbaste.

Arnaud-Raymond de Tartas épousa, en 1308, Mathe d'Albret, et n'ayant pas de postérité, il vendit à Amanieu, son beau-père, ses deux vicomtés. Depuis la mort de Arnaud-Raymond, les fils aînés des sires d'Albret prirent souvent le titre de vicomtes de Tartas. L'un d'eux, en 1337, qui servait la cause d'Edouard III d'Angleterre, fut assiégé dans la ville dont il était le seigneur, par le comte de Foix qui s'empara de la place après quelques jours de tranchée.

Cette place était déjà entourée d'une enceinte, ou plutôt de deux, car il y en avait une pour la ville basse et une pour la ville haute.

A quelle époque remontait la construction de ces remparts ?

Bourdeaux prétend qu'ils étaient, comme ceux de Mont-de-Marsan, du XIIe siècle ; rien ne l'établit, tandis qu'à la simple vue du plan cavalier de 1612, dont il sera ci-après question *(Voir la planche)*, un archéologue n'hésitera pas à les attribuer au XIVe siècle, époque à laquelle furent bâties ou refaites, presqu'en entier, toutes les fortifications des villes de l'Aquitaine.

Dans un acte de 1399, cité par M. l'abbé Départ, dans l'intéressante note qu'il veut bien nous autoriser à joindre à notre notice, ce dont nous lui sommes très reconnaissants, on verra qu'il est fait mention des portes et des murs de Tartas.

En l'an 1442, ces murs subirent un nouveau et long siège de sept mois. Le sire d'Albret, (cette fois il défendait la ville pour le compte du roi de France) réduit par la famine, allait la rendre au Captal de Buch, quand, le 23 juin, Charles VII se présenta en personne, à la tête d'une brillante armée, et le délivra sans combat. Depuis lors, Tartas a toujours appartenu à la France.

On trouve dans la *Guienne Historique et Monumentale* de Ducournau, à propos de ce siège, le récit d'un fait que nous nous contentons de reproduire parce qu'il a son importance historique, mais sans en garantir l'authenticité :

« Une circonstance, dont les historiens ne font pas mention, faillit changer les destinées de la France. Le Dau-

« phin allait rejoindre son père à Tartas ; arrivé au lieu « de Rasech, il entra dans un bateau avec son oncle, « Charles d'Anjou, et Louis de Valory ; au milieu de l'eau « leur embarcation chavira et coula à fond avec les trois « voyageurs. Dans cette extrémité, le Dauphin se voua à « la Vierge et à son église de Behnard, et aussitôt ils « revinrent sur l'eau. »

Ce Dauphin était Louis XI qui, quelque temps après, montait, le premier, à l'assaut de la tour Mirande, de Dax.

Le Mercure Galant raconte dans les termes suivants comment fut célébrée en 1679 la fête instituée par Charles VII en commémoration de la délivrance de Tartas :

« Le Jour de Pentecôte, c'est-à-dire le 21 Mai dernier, « toute la bourgeoisie, les magistrats en tête, alla prendre « des rameaux à un des faubourgs suivant l'ancien usage ; « on s'assembla ensuite à lhotel de ville où les officiers de « la seigneurie furent élus pour régler les trois combats « qui doivent être livrés le lendemain en lhonneur des « trois batailles gagnées par Charles VII. Les ioles ayant « été distribués M. de L'Hospital, capitaine de la fête « comme premier Jurat, régala les officiers du présidial, « la noblesse des environs et les principaux de la bourgeoi- « sie. Les dames et la jeunesse furent traitées séparément « à cause de la foule. Les trompettes, les hautboits, les « violons et le bruit des canons mirent tout le monde en « belle humeur. Un bal fut donné par M^me^ la sénéchale et « se termina fort avant dans la nuit.

« Le lendemain, on commença la journée par de grandes « réjouissances, on dansa dans tous les quartiers, et le « festin public termina les plaisirs de la matinée ; puis « chacun se prépara pour le combat du gazon. On avait

« élevé une espèce de forteresse dans la ville haute ; des
« bras vigoureux furent chargés de soutenir les efforts des
« assaillants ; on planta des pieux et on attacha de gros-
« ses cordes pour se défendre de l'assaut. Les trompettes
« et les tambours avaient commencé à se faire entendre,
« la jeunesse monta à cheval, M. Caradosse, seigneur de
« Macillac était à la tête comme guidon ; M. le chevalier
« Duprat, qui a servi à Messine et dans nos dernières
« guerres et M. Lanefranque, garde du corps, qui se
« trouvait alors à Tartas, rangèrent toutes les compagnies
« en bataille.

« L'heure du combat étant venue, la cavalerie traversa
« la ville l'épée à la main ; ceux de la forteresse furent
« sommés de se rendre, et, sur le refus qu'ils en firent, le
« guidon s'étant détaché avec les plus braves cavaliers,
« commencèrent l'attaque. Ils furent reçus avec une grêle
« de coups de gazon qui les obligea de se retirer. Tout
« combattit séparément ; et après cette attaque qui dura
« deux heures on monta à l'assaut, avec des bottes.
« Comme la chaussure n'est pas commode pour escalader,
« une vingtaine des assiégeants furent renversés par terre ;
« les autres, que l'ardeur de combattre emportait, passè-
« rent pardessus ces malheureux, malgré leurs cris et
« entrèrent dans la barricade. On fit plusieurs prisonniers,
« les vainqueurs les condamnèrent à des peines agréables,
« et ces peines furent un nouveau sujet de divertissement
« pour tout le monde. Le combat fini on commença celui
« de la corde, on l'appelle ainsi à cause d'une corde qu'il
« faut franchir à cheval ou couper avec des sabres. Il fut
« fort opiniâtre parce que le peuple le soutenait.

« On descendit ensuite dans la ville basse pour essayer
« le combat du pot cassé, que la grande bourgeoisie jetait
« du haut d'un théâtre, et un magnifique repas fut le

« délassement de tant de fatigues. Le soir il y eut bal chez « Madame de Marcillac, femme du guidon de la fête.

« Le mardi, la noblesse et la jeunesse coururent la « bague ; Madame de Marcillac donnait le prix, la gloire « de le recevoir de sa main anima tellement tous les « prétendants que beaucoup d'entre eux ayant couru avec « un succès égal, on fut obligé de remettre la partie à un « autre jour. Le bal fut donné le soir chez Madame de « Maurian.

« Un combat qui se fit sur la Midouze qui sépare Tartas « en ville haute et en ville basse, fut le divertissement du « mercredi. La jeunesse y parut en veste de taffetas rouge « et en toque de même façon tous chargés de guirlandes. « Les bourgeois étaient distingués par le taffetas blanc. « On s'embarqua sur douze bâteaux, à un demi-quart de « lieue de la ville ; on les attendait sur le pont pour les « voir passer et les combattre en passant. Le bâteau du « guidon était tout brillant par des peintures. On voyait à « la proue un Neptune tel que la fable nous le dépeint « se promenant sur les eaux et répendant la sérénité « partout. Ces mots se lisaient : au... serenat... Je vous en « marquerai l'allusion, elle est aisée à comprendre...

« Ils ne furent pas plutôt approchés du pont que le « combat commença. On passa sous les arches, le grand « nombre de gazons qu'on jeta sur les vestes de taffetas les « firent changer de couleur, les toques flottaient sur la « rivière. On se défendit des bâteaux où il y avait encore « du gazon. On monta à l'assaut et les prisonniers que l'on « fit, furent mis à l'eau jusqu'au menton. On régala tous « les combattants d'un fort beau souper ; il y eut bal chez « Madame Lassalle-Dupoy.

« Le jeudi, on courut la bague, qui fut enfin remportée « par M. Ducampe, avocat du roi, et comme il est un peu

« avancé en âge et que Madame de Marcillac n'a pas « moins de jeunesse que de beauté, il lui fit un compliment « fort galant sur ce que ; ne se contentant pas de soumettre « les jeunes cœurs par la force de ses charmes, elle lui « avait inspiré l'ardeur de lui plaire pour le rendre « victorieux.

« La fête qui avait commencé le dimanche fut terminée « ce jour-là, jeudi, par le bal qu'on donna le soir chez la « femme du procureur du roi. »

Si les habitants de Tartas se contentèrent de ces réjouissances et de ces fêtes publiques, sans y ajouter la *course de taureaux*, dont ils ont toujours été et sont encore de fanatiques amateurs, c'est qu'en 1679, le gouverneur de la Guienne, quoiqu'il n'y eut pas alors la *Société Protectrice des Animaux*, dont il eût été digne d'être membre, avait déjà interdit ce jeu national, remontant, croyons-nous, à une époque, peut-être, antérieure à l'histoire. On lui substitua *les pots cassés*, ou la *toupiade*, un autre divertissement populaire des Aquitains, remontant aussi à la plus haute antiquité.

Nous en trouvons la description dans un vieux manuscrit, publié par M. Hector Serres, dans le Bulletin de la *Société de Borda*, année 1878 :

« La ville de Dax, ou Acqs, en Gascogne, portait du « temps des Romains, le nom d'Aquœ tarbellicœ et, sous « Auguste César, celui d'Aquœ Augustœ. *C'est la ville « des Gaules qui a conservé le plus longtemps les jeux « romains*. Il en existait encore un, en 1740, qu'on « nommait la *toupiade*. Mais l'exercice en avait cessé vers « l'an 1745. »

En voici la description :

« Il y avait au milieu de la rivière de l'Adour une tour « carrée, construite en bois, qu'on appelait le Castellet. « Elle avait dix pieds, en carré, sur vingt-cinq pieds, en « hauteur, au-dessus du lit ordinaire de l'Adour. Elle « avait un montant dans chacun des quatre angles, et les « traverses avec les colombages nécessaires pour en « assurer la liaison et la solidité. Tout le reste était à « jour. Il y avait, à vingt-trois pieds de haut, un plancher, « où se tenaient les défenseurs, avec un dépôt de *pots en* « *terre cuite,* faits exprès pour ce jeu. Un parapet de deux « pieds de hauteur dominait ce plancher ; il consistait en « une seule traverse sur le pourtour. Les joueurs étaient « choisis et partagés, les uns pour l'attaque du Castellet, « les autres pour la défense.

« Comme la lutte ne pouvait être égale, les joueurs les « plus vigoureux formaient l'attaque ; ils se tenaient dans « des bâteaux, lançaient droit au corps des assiégés, des « pots, qui étaient plus petits que ceux que ceux-ci leur « envoyaient. Ils étaient vêtus à la légère : ils avaient, « pour toute défense, le bras gauche libre armé du « carquois, » (*sic*), (probablement un bouclier) « avec « lequel ils paraient les coups. Les pots devaient se briser « sur ce carquois. Ces jeux se faisaient dans les fêtes « publiques ; ils avaient le double avantage d'amuser le « peuple et de maintenir les hommes dans une constitution « robuste. » Mais il n'était pas sans danger, aussi substituait-on, probablement quelquefois, aux *petits pots en terre*, comme on le fit à Tartas, en 1696, des *mottes de gazon*, moins dures et plus inoffensives.

On appelait, peut-être aussi, *les pots cassés*, un autre jeu populaire très en honneur encore au commencement du siècle, et connu également sous le nom de *pégarrade*. Un certain nombre de personnes se mettaient en rond, au carrefour des rues; ou sur les places ; elles se tenaient à une distance de plusieurs pas et lançaient les unes aux autres une cruche vide, (en gascon, *un péga*), qu'il fallait attraper au vol et bien se garder de laisser tomber à terre, où il se cassait quand un joueur maladroit n'avait pas réussi à le saisir, pour le jeter à son tour à son voisin.

La réunion du pays d'Albret à la couronne de France amena pour Tartas une période de prospérité qui devint telle, malgré le passage des troupes de Monluc et une lourde imposition levée par lui pendant les guerres de religion, que, au commencement du XVIIe siècle les jurats s'adressèrent au trésorier de France pour obtenir que le siège des Etats des Lannes fut établi dans cette ville. Mais cette demande fut repoussée et on lui préféra Dax. Le corps municipal protesta énergiquement contre cette décision. Les villes de Bayonne, de Dax et de St-Sever se liguèrent et obtinrent du conseil du roi, que les Etats se tiendraient alternativement dans chacun de ces trois sièges.

En 1642, la couronne échangea l'Albret avec Henri de Lorraine, comte d'Harcourt, duc de Bouillon, qui lui donna en contre-échange le duché de Bouillon.

Ce fut, peut-être, le motif qui fit que, quelques années plus tard, les habitants de Tartas donnèrent asile au fameux capitaine de la Fronde, Balthazar, dont le nom est resté légendaire dans le pays et qui fit de leur ville sa place d'armes et le centre de ses opérations. Il ravagea toute la contrée, malgré la lutte terrible dirigée contre lui par le Marquis de Poyanne, gouverneur de Dax.

Balthazar finit par capituler. Le 31 juillet 1653, il rendit la ville de Tartas au roi, ou plutôt la lui vendit moyennant un commandement qu'on lui promit, ainsi qu'une somme de 60.000 livres.

Les fortifications de ce dernier boulevard de la Fronde furent démolies et le capitaine Pontenx, des Chevaux Légers, qui présidait à la destruction de ces glorieux remparts n'épargna que deux tours dont on voit encore les restes.

Le château n'existait plus depuis 1622. Il avait été occupé, pendant les troubles survenus après la mort de Henri IV, par un sieur de St-André, seigneur protestant, qui s'en était emparé par surprise et qui, comme Balthazar, exigea pour la restitution, une somme importante. L'affaire fut portée devant le parlement de Bordeaux qui ordonna sa démolition. L'exécution de cette regrettable sentence fut confiée aux habitants des quatre sénéchaussées des Lannes.

Ce château était situé sur l'emplacement actuel du marché aux fruits, il se composait d'un donjon massif de 18 brasses de hauteur, surmonté d'une plate-forme dominant toute la ville et relié par d'épaisses murailles à deux tours élevées, l'une dans la ville haute, l'autre dans la ville basse.

On peut se faire une idée de son importance, car il est très bien représenté dans le plan de 1612. Ses machicoulis et ses murs crénelés, indiquent que, comme celui de Dax, il se composait d'un antique donjon, et de fortifications anciennes, restaurées et complétées au XIVe siècle. Les deux portes placées aux deux extrémités du pont et celle au Sud de la ville basse avec son pont-levis, sont évidemment, ainsi que les enceintes des deux villes, de la même époque.

Nous remarquons encore, sur ce même plan, qui fait partie d'un album de dessins à la plume, déposé à la Bibliothèque Nationale et dans lequel se trouvent des vues de Bayonne, de Dax, de Tartas, de Mont-de-Marsan, de

Roquefort et de Captieux, qu'il y avait dans l'intérieur de la ville haute, deux églises : une dans le bas, auprès du pont, c'était celle de St-Jacques ; et une autre sur l'emplacement de celle construite récemment par M. Durand, architecte de la basilique de N.-D. de Lourdes, et qui était sous le vocable de St-Martin.

Il y en avait deux autres dans la ville basse, comme on Peut le voir par les croix qui surmontent les bâtiments qui les figurent. L'une était *intra muros* et l'autre dans le faubourg de St-Jean. Peut-être avait-elle été bâtie par les chevaliers de Malte ?

A gauche du plan, dans la ville haute, et en dehors de l'enceinte on aperçoit une grande construction avec un clocher qui ne peut être que le Couvent des Cordeliers, transformé aujourd'hui en caserne de gendarmerie.

Celui des Ursulines existe toujours, et son aspect indique son ancienneté ; mais il n'est pas représenté dans ce premier plan, pas plus que dans un second, très intéressant aussi, qui nous a été communiqué par M. l'abbé Départ, et que nous reproduisons quoiqu'il ne soit relatif qu'à la ville basse et qu'il n'ait été dressé que pour les besoins d'un plaideur ; il n'en est que plus curieux, car non seulement il nous fournit des indications utiles pour l'histoire et l'archéologie locale, mais il nous montre encore comment se faisaient la procédure et les expertises, en 1741. (*Voir la planche*). Nous recommandons la légende suivante, inscrite au dos de ce plan, aux jurisconsultes et hommes d'affaires qui nous feront l'honneur de nous lire

*a.* — Tour ou prison formant la porte de Beguar.
*b.* — Maison de Guilhaume Duprat.
*c.* — Grange de la d^elle^ Laramar qui va aboutir à la rivière de la Douse.

*d*. Maison du concierge bâtie sur le mur de la ville et appuyée par le coin sur la tour.

*e*. — Trois emplacements le long du mur de la ville dans le même allignement de la maison de Duprat affieués à Guérin Duprat et à Jean Laborde.

*f*. — Etendue de terrin de Barbequanne borné aux extrémités par 5 *f*.

*g*. — Source du ruisseau qui serpante dans le terrain de Barbequanne et passe sous le dit pont de Barbequanne.

*h*. — Pont de Barbequanne.

*j*. Le tenement affieué le 3 janvier 1729 à Vincent Laborde.

*k*. — Maison dudit Vincent Laborde a luy affieuée en 1724.

*l*. — Deux maisons de Clauzet assuite l'une de l'autre marquées par deux *l*.

*m*. — Etendue de la place elleuée, distinguée du terrain de Barbequanne et bornée aux quatre extrémités par quatre *m*.

*n*. — Etendue du marais qui est deuant la place et maisons de Laborde et Clauzet.

*o*. — Marais plus fort et dont est produit le précédent en passant sous le pont de l'Ardit.

*p*. — Pont de lardit qui conduit à la porte de vacher.

*q*. — Porte de vacher au cotté du Midy de laquelle est larçeau qui forme la porte ancienne de vacher.

*r*. — Elévation qui garentit du marais les maisons de Vincent Laborde et Clauzet.

*s*. — Grange, décharge, écurie, loge à cochons et barraque batties hors ville apuyant sur le mur du midy marquées par sept *s*.

*t*. — Espace carré fermé de pieux.

*v*. — Jardain du sieur Dugay de Viaus, marqué par quatre *v*.

*x*. — Pierre longue à l'extrémité de l'emplacement de Vincent Laborde sous laquelle est un canal ;

*y*. — Rangée d'arbres le long de la rue des Enbarats.

*z*. — Grande rue de Lauille ou se tient le marché marqué par deux *z*.

A M. de Lamazellière, écuyer conseiller du Roy, présidant présidial lieutenant général juge, commissaire de la confection dn papier terrier Dalbret supplie humblement son Altesse Monseigneur le duc de Bouillon duc dalbret disant que quoy quil y ait mis dans une euidence à ne pouvoir sy meprendre les conclusions quil a prises par sa requette du 23 aout dernier en réfutant par acte du sept septembre aussy dernier les raisons et subtilles objections du sieur Pierre Dupouy de Guitart sindic de la ville et communauté de Tartas il a fait faire un plan des lieux qui indiquent et représentent loil (?) (1) non seulement les emplacements affieués mais encore toutes les nottorietés rapportées dans le verbal de M. le commissaire. Quoy quil soit surabondan il entand le produire et signiffier. Ce considéré vous plaize de vos grâces adjuger au seigneur les fins et conclusions par luy prises au procés à ces fins raporté surabondamment le dit plan et figure des lieux avec dépens et fairés bien.

L. BARTOUILH.

Le 18 novembre 1741, à la requette de son Altesse Monseigneur le duc de Bouillon duc dalbret duquel Me Bertrand Bartouilh est procureur est déclaré aud. Mathieu Laspeyres procureur du sieur Dupouy de Guitart sindic de la ville et communauté de Tartas et aud. Joseph Lasserre procureur de Vinsans Laborde et de Guilhaume Duprat que le procès dentre les parties pendant en la chambre du domaine et au raport de Monsieur de Lamazellières, lieutenant général commissaire de la confection du papier terrier est instruit prêté en déclarant qui sera procédé au jugement sur ce qui sera produit.

Dt acte.

BARTOUILH.

S.fié led. jour aud. laspeyres par nous

REYBON H. sier.

Un troisième dessin qui accompagne les deux plans a été copié par l'un de nous dans la Guienne historique et monumentale.

C'est une vue de Tartas, ou plutôt de la ville basse, en 1842. L'église qui s'y trouve sur la rive gauche de la Midouze est celle de St-Jacques, ancienne chapelle du

(1) Probablement *a* l'œil.

château, aujourd'hui complètement démolie, et qui a été remplacée par les arènes des courses.

Tartas était, sous l'ancien régime, un centre judiciaire important. Il y avait, autrefois, dit-on, un présidial, qui aurait été transformé en sénéchal en 1566 par lettres patentes de Jeanne d'Albret, reine de Navarre. Cette cour sénéchale avait une juridiction des plus éteudues, 115 paroisses en ressortissaient et elle jugeait les appels de 36 tribunaux inférieurs. Elle ressortissait elle-même du présidial de Nérac et du parlement de Bordeaux.

On y comptait, en 1789, 11 avocats ou procureurs et quatre notaires. La loi qu'ils appliquaient était le droit romain et la coutume de Dax, légèrement modifiée, notamment en matière de successions car, d'après les statuts communaux, dressés en 1400, par Amanieu d'Albret et les jurats de la ville, *les enfants mâles et, à leur défaut les filles, devaient succéder par égales portions à leur père et les biens de la mère étaient partagés également entre les fils et les filles :* Les *hertés* de Chalosse n'existaient donc pas à Tartas.

Le corps municipal, avait, comme l'ancienne curie dacquoise, des attributions judiciaires en matière pénale qui lui furent confirmées jusqu'à la Révolution, par divers rois de France ainsi que les nombreux privilèges et franchises dont la ville jouissait.

Les archives de Tartas contiennent des documents peu nombreux, mais très intéressants. Le comte de Chasteigner y a trouvé un règlement de la boucherie des plus curieux : on y indique, par des carrés tracés à la plume, les dimensions de la quantité de gradoubles qu'on vendra pour un ou plusieurs sols.

Ducournau en a extrait aussi les renseignements suivants sur le prix des denrées en l'an 1500 :

| | | |
|---|---|---|
| Oies grasses, la paire coûtait. . . | 12 | liards |
| Oisons, la paire . . . . . . . . | 9 | — |
| Chapons gras, la paire . . . . . | 16 | — |
| Poules grasses, la paire . . . . | 11 | — |
| Poulardes, la paire . . . . . . | 8 | — |
| Poulets, la paire . . . . . . . . | 5 | — |
| Coqs, la paire . . . . . . . . . | 6 | — |
| Une sarcelle . . . . . . . . . | 3 | — |
| Une bécasse . . . . . . . . . | 14 | — |
| Une perdrix . . . . . . . . . | 10 | — |
| Un gros lièvre. . . . . . . . . | 8 | — |
| Un petit lièvre. . . . . . . . . | 3 | — |
| Palombes, la paire . . . . . . | 10 | deniers |
| Tourterelles, la paire . . . . . | 10 | — |
| La conque de froment . . . . . | 3 | — |
| Une douzaine d'œufs . . . . . | 2 | sous |

Nous sommes heureux de pouvoir terminer cette notice sur le passé de Tartas par la note, ci-après, qu'un de ses enfants, aussi distingué que modeste, M. l'abbé Départ, curé-doyen de St-Vincent-de-Tyrosse, a bien voulu nous donner pour la compléter. Encore une fois, nous l'en remercions vivement

Cet ecclésiastique stüdieux avait déjà, en 1881 et 1882, publié dans le Bulletin de la Société de Borda, *Les Procès-Verbaux de l'Assemblée des Trois Ordres de la Sénéchaussée d'Albret au Siège de Tartas, en 1789*. C'est le document le plus important des Archives de cette ville.

Les députés à l'Assemblée nationale choisis dans cette réunion furent le baron de Betz, en remplacement du comte d'Artois, (Charles X), qui déclina cet honneur, pour la Noblesse ; l'abbé Lanusse, curé de St-Etienne, près Bayonne, pour le Clergé et, pour le Tiers-Etat, Castaignède, notaire à Labouheyre et Larreyre, avocat à Tartas.

Le cahier des doléances dressé par les commissaires du Tiers-Etat réclamait, entr'autres choses, le dessèchement du marais d'Orx, la fixation des dunes et la recherche rigoureuse de la fausse noblesse, etc., etc.

Les armes de Tartas sont écartelées 1er et 4e de sable fretté d'or de dix pièces, au 2e d'azur à la fleur de lys d'or, au 3e d'azur à la demi fleur de lys de même.

# NOTE

La ville de Tartas était fortifiée au moyen-âge ; elle conserva ses fortifications au moins en partie jusqu'au 18e siècle. Dans les Statuts de la Vicomté et de la ville, refaits l'année 1399 et écrits en gascon, l'article LVII, porte ceci : « Empero, las carns de « truge, de bocq, dolhe, de crabe et de marro se pusquen bener « entre los dus murs et portau deu borg de St-Johan et de Begar. « Et dequi en fore au Cap deu Pont, passat la porte Et au borg « Suzan, quen benin pertot, exceptat que lasdites carns sien « ceparades en dus taulers et que hom coneguin lune et lautre. »

La *porte* de Bégaar se trouvait au bout de la rue actuelle de *la mairie* entre les maisons Lasgourgues et Depart-Dumont. Le mur qui sépare la cour d'entrée de la maison Dupont d'avec la maison Lasgourgues appartenait à cette porte. Celle-ci était surmontée d'une tour carrée, bâtie en pierres d'appareil et terminée par un clocheton orné d'un petit fleuron. Au levant et au couchant, elle était accompagnée du mur de ville. Elle donnait issue de la ville sur la place appelée de Barbacane et menait à Bégar et à Dax. Dans un acte du 31 juillet 1742, elle est appelée *Tour servant de prison*. D'après cet acte, Marguerite de Chauton, demoiselle, veuve de Me Guillaume Larremar, procureur d'office de Brassenx, habitant de Tartas, reconnaît tenir du duc de Bouillon, la maison et *petite tour* d'icelle, sise en lad. ville, appelée de *St-Pau*, près la Douze, au devoir de *deux sols, trois deniers, die fief*, plus la place où il y avait un jardin qui est au dehors de la ville et joignant la tour de la *porte de Begar*, confrontant du midy à la place de *Barbacane*, qui a été cédée par feu Me Guillaume de Larremar, pour les usages publics seulement, confrontant aussi à la dite *tour servant de prison*. (1)

Cette maison a porté le nom *du dauphin*, (acte du 9 janvier 1663 ; auparavant elle avait appartenu à Me Jean de Rieutort, puis à Me J. Dubroca, (acte du 14 juin 1641). Puis elle s'est appelée successivement du nom de ses divers propriétaires : maison Larremar, Deville, Lasgourgues.

Un plan de 1741 (2) nous montre, en avançant dans la rue par la porte de Bégaar, à une petite distance sur la droite et au milieu des maisons, une tourelle ronde, sans doute celle de la maison *Saint-Pau*. Un peu plus loin, encore sur la droite, une autre petite tour ronde, aussi au milieu des maisons qui sont entre la rue et la rivière.

En face de la *tour St-Pau*, une autre tour plus grosse en pierre d'appareil, mais découronnée de flèche. Elle se trouve à gauche de la rue au milieu des maisons et au bord d'une ruelle aboutissant à la place actuelle des fossés en passant sous l'ancienne *porte du Vacher*. Toujours à gauche de la rue, au milieu des maisons et au nord de la susdite ruelle, une chapelle dont l'ouverture est au levant et le clocher au couchant. Ce clocher est une tour carrée et appareillée, portant deux cloches et surmontée d'une flèche en poivrière.

Ces quatre tours forment entr'elles une sorte de carré.

La porte du *bout du pont* mentionnée par l'article 57e des Statuts, cité plus haut, était située à l'extrémité de la petite rue actuelle dénommée rue St-Vincent, donnant accès sur le vieux pont, par la rive droite de la Midouze. On l'appelait *tour de l'horloge*. En face de cette porte et à l'autre extrémité de la rue St-Vincent, à la maison Beaumont actuelle, il devait y avoir une autre porte donnant accès sur les fossés.

La porte ou « portau deu borg St-Johan », était située dans la rue d'Orope actuelle, probablement au point où la petite *rue des*

(1) Papiers de M. Alexandre de Chauton, à Tartas.

(2) Ce plan appartient à M. Desbordes, notaire à Tartas.

*Fossés* vient aboutir à la rue d'Orope qui s'appelait autrefois la rue St-Jean, où se vendaient « las carns de truge de bocq, dolhe de crabe et de *marro* tout comme à la porte de Bega et du « Cap deu Pont. »

Le mur d'enceinte de la ville basse partait de l'angle sud-est de la maison Lasgourgues actuelle, au bord de la rivière, longeait cette maison, les maisons Dumont, Navarre, partie du café Lafitte, tout le long de la place Barbacane aujourd'hui ruette de la Halle, de là il faisait angle droit, se dirigeant à l'ouest sur la place des Fossés, par les maisons Lafitte, Carrère, Régulus, Beaumont, Peyreau, Dartiguelongue, Marchessau, Desbordes, Pouey et Lapierre. De là il se joignait à la porte St-Jean, allait par les maisons Despouys et de Vios, tout droit vers la Midouze, d'où il revenait le long de la rivière par les maisons qu'occupent au bord de l'eau les chais et magasins de M. Navarre, passait sous la chaussée qui de la ville basse mène au pont actuel, par les maisons Duprat, Froment, Laforcade, Sarrade, qui s'appuyait sur la porte du bout du pont, puis il descendait par la maison Guillaume, par la mairie actuelle où l'on en trouve des restes bien conservés, et par la maison Dupont qui touche à la maison Lasgourgues.

La ville haute était défendue par deux fortes tours qui servaient de portes et par le château fort.

L'une de ces tours était située sur la rive gauche de la Midouze, au bout du pont et tout à côté de l'église de St-Jacques. Il semble que cette tour ou porte soit celle appelée dans une enquête du 3 avril 1622 « le petit château appartenant à M· Joseph de Sanguinet : « Sçait aussi (M· Joseph de Sanguinet) qu'il n'y a eu personne en lad. ville de Tartas qui eust aulqun droict de sépulture dans lad. esglise St-Jacques, parce que lad. esglise est la chapelle du Seigneur ancien de ladite ville, quy est entre le grand chasteau et le petit chasteau, à present appartenant audit revellant. »

En passant sous la porte du petit château, on laisssait à gauche l'église de St-Jacques, on montait à la rue Pouy de Gadon qui commence aujourd'hui entre le presbytère et la maison de M. de

Chauton. Cette rue conserve de nos jours la dénomination qu'elle portait en 1557. Un acte d'échange du 18 mai de cette année, passé par de Guiron, notaire, mentionne, en effet, « une maison, lieu et place scize dans la présente ville (de Tartas) et au Poy de Gadon, communément appellée de Pascaline de part, qui confronte de la part de daban à la rue publique... du cousté de sorellh couschant et de part de nort aud. Poy de Gadon où est pausé le *pilloriet* et *chaffault*... »

A gauche de la rue, en montant, on voyait le grand château avec ses déffenses, occupant l'emplacement d'une partie de la maison Sarrade, du petit plateau qui la précède, les pentes de cette hauteur, avec tout l'emplacement aujourd'hui fort surbaissé du marché aux légumes, de la route nationale et de la place de la Course jusqu'au bord de la rivière. Au pied du grand château et plongeant toute sa muraille du nord dans la Midouze, l'église de St-Jacques.

Les fortifications se composaient, dit M. Tartière dans une notice sur Tartas parue dans l'*Annuaire des Landes* en 1864, d'un château-fort où se tient le marché aux fruits et relié par d'épaisses murailles à deux tours, l'une dans la basse ville et l'autre dans la haute. Le donjon était massif et avait du côté du couchant dix-huit brasses de long et dix du côté du midi ; il était couronné par une plate-forme du haut de laquelle on dominait la ville. (1)

La seconde tour de la ville haute avec sa porte était située à l'entrée actuelle de la rue Ste-Ursule, juste à l'angle du parterre de la maison de Mme Valérie de Chauton et de celle de M. de Giraud, autrefois de Casalis. On retrouve encore aujourd'hui, en ce point, quelques vestiges de ses fondations. Il fallait passer sous cette porte pour entrer en ville, en venant de Mont-de-Marsan et de la Chalosse. La rue Ste-Ursule a dû s'appeler dans le temps rue de St-Martin, à cause de l'ancienne église de ce nom, et antérieurement rue du Château, parce qu'elle conduisait à celui-ci.

Le mur d'enceinte de la ville haute commençait au bord de la

(1) Archives de St-Sever.

rivière, sur la rive gauche, en face de la mairie, à l'ancienne maison Darrouzin, où l'on peut en voir encore aujourd'hui quelques restes en pierres d'appareil. Peut-être se rattachait-il en cet endroit, au petit château qui devait occuper l'emplacement de ce pâté de maisons, compris entre le cours St-Jacques, la Midouze et la rue conduisant au pont.

De la maison Darrouzin, le mur de ville montait au cours St-Jacques, au jardin du presbytère actuel et courait tout le long des maisons Mathio, qui appartient à la fabrique, Lafitte, de Chauton, où il rencontrait la *tour de la rue* du château, se rattachait à la maison de M. de Giraud, ancienne de Casalis, passait au parterre de la maison de Vidart, où faisant un angle droit il filait directement derrière les jardins des anciennes Clarines, aujourd'hui Ursulines, par le sommet des allées Daret, puis il prenait encore à angle droit la direction du nord vers les bâtiments actuels du Couvent, d'où il allait jusqu'au bord escarpé de la rivière un peu au nord-est du chœur de l'église St-Jacques.

Ces tours, ces murailles, ce château-fort, devaient disparaître. L'occupation de la ville par Balthazar, pendant les guerres de la Fronde, en fut l'occasion ou le prétexte.

Dans une lettre du 14 septembre 1653 au Cardinal Mazarin, le duc de Candale demande la démolition des fortifications de Tartas, dont il n'avait ni su, ni pu se rendre maître contre Balthazar. Il dit qu'à Villeneuve (de Marsan), il avait fait prendre deux factieux.

« Cet exemple, ajoute-t-il, doit à mon avis être suivi d'un autre, sur une bicoque de la province qui a beaucoup plus grièvement failli que celle que je viens de nommer, qui est la ville de Tatas. Car, en effet, Villeneuve, quoiqu'elle ait longuement persévéré en sa faute, elle s'est néanmoins à la fin reconnue elle-même et est retournée à son devoir. Au lieu que l'autre a témoigné jusque au bout sa mauvaise volonté et n'a jamais marqué de repentir, de sorte Monsieur que si le sieur Balthazar ne me l'eut remise par le traité qu'il fit avec moi elle m'eut donné la peine de l'assiéger. Cette témérité ne pouvant à mon avis demeurer impunie, j'ai cru que le rasement de ses murailles serait un châtiment fort proportionné à sa faute et qui servirait d'un fort bon exemple pour ne se porter pas à de pareilles extrémités. C'est un mauvais petit lieu, esloigné de la frontière, qui n'a nul commerce (1) n'ayant nulle rivière (2) et qui n'est d'aucune considération. Enfin, Monsieur, c'est un vray lieu à servir d'exemple, si votre Eminence l'a agréable. » (3)

Le 29 octobre suivant, M. de Mesplet écrit au marquis de Poyanne. Entre autres choses, il lui dit : « Si j'étais dans la liberté d'agir, j'aurais fait sauter les tours de cette ville que j'avais commencé d'attaquer dès le lundi ; mais le cornette et le maréchal des logis ont forcé mes ouvriers à quitter ce travail... J'ai néanmoins fait de grandes avances pour la démolition des tours de la ville haute et de celle de Béga ; j'ai fait abattre toutes les défenses qui étaient aux environs, et les maîtres ingénieurs m'assurent de les faire sauter dans une semaine toutes deux... Je ne reste pas de travailler puissamment à la haute ville, (travail de démolition) toute la courtine depuis la tour jusqu'aux religieuses et depuis les religieuses jusqu'à l'endroit du château qui est vis-à-vis la rivière est par terre ; m'estant arrêté là de peur que les ruines tombent dans *la rivière la navigation ne fut interrompue*. Aujourd'hui j'ai fait attaquer les restes de la ville haute depuis le cimetière jusqu'au petit château qui est proche du pont... » (4)

Voici quelques passages d'un mémoire au duc de Bouillon sur la démolition des murs de Tartas, qui ajoutera quelques détails à ceux qui précèdent et nous feront mieux connaître l'état ancien de la ville dont le duc était devenu seigneur en même temps que du duché d'Albret :

(1) M. de Mesplet qui connaît les lieux, va le contredire dans une lettre qui sera citée bientôt.

(2) Candale l'ignorait, s'étant tenu à distance respectueuse.

(3) Archives hist. de la Gironde XV, 431, et Archives hist. de la Gascogne. Fascicule I. Documents inédits sur la Fronde en Gascogne. Auch, 1883.

(4) Archives Hist. de la Gascogne, fascicule I.

« La ville de Tartas est partagée par une jolie rivière qui porte bateau depuis Mont-de-Marson jusqu'à Bayonne et dont le commerce porte un revenu assez considérable au seigneur à cause du droit de péage et un autre droit qui s'appelle droit de scize qui se paie pour toutes les marchandises... »

« Il y a une éminence du côté qu'on y arrive venant de Nérac sur laquelle la ville qu'ils appellent la haute ville est assise et un château qui a autrefois esté démoli lequel commandait aux deux villes et dont les fondements restent encore.

« De l'autre côté de la rivière, il y a une autre ville qu'ils appellent la ville basse, laquelle est bien nommée, car elle est si basse que sans les murs de la ville, lorsque la rivière se déborde elle inonderait ladite ville.

« Il y avait de beaux faux bourgs joignant l'une et l'autre ville. Ceux qui étendent du côté de la ville haute ont été démolis par Balthazar pour y faire des fortifications. Ceux qui étaient joignant la ville basse restent encore et ny a nulle fortification autour de ladite ville basse.

« Ces deux villes sont petites et n'y a plus de soixante à quatre-vingt maisons dans l'enceinte mais les bâtiments y sont beaux et logeables, et les habitanls y sont accommodés tant à cause du scnéchal que du commerce.

« Il y a trois grosses tours carrées sur les portes dont l'une sert de cloché qui sont belles, mais qui ne flanquent point, et les murs ne font qu'une simple cloison, sans y avoir ni flanc ni courtine, et les dits murs sont d'une hauteur et d'une largeur fort médiocres et le circuit en est petit, particulièrement de la muraille où il n'y a point de maisons qui y soient attachées.

« Les fortifications que Balthazar a faites sont toutes de terre hormis de quelque muraille qu'il avait faite autour du château, mais elle n'est pas encore montée plus de 8 ou 10 pieds.

« D'abord on s'est attaché à la démolition des murs et l'on y a déjà beaucoup travaillé quoique celle des fortifications qui était dehors et à laquelle les habitants ne s'opposent pas, fut beaucoup plus importante et nécessaire, si l'on se deffie de cette ville, car c'est là toute sa forteresse... » (1)

Dans l'enceinte de la ville basse il y avait une église, ou une chapelle, comme nous l'avons dit, près de la petite rue conduisant à la porte *du Vacher*. La vue cavalière de Tartas en 1612, si intéressante et si curieuse, du voyageur hollandais Duwiert, en montre une autre un peu en arrière de la porte du faubourg St-Jean. Elle est suffisamment indiquée par deux croix de dimension inégale, l'une sur la façade, l'autre derriere.

Il est probable, sinon certain, que cette seconde église appartenait aux chevaliers de Malte et que le quartier de Saint-Jean portait ce nom à cause de leur établissement dans le voisinage.

En dehors de la porte St-Jean, le plan de Duwiert nous fait voir un ruisseau qui sépare la ville du quartier ou faubourg St-Jean et va se jeter dans la Midouze. Sur la rive gauche de ce ruisselet, un groupe de maisons, et, au milieu une autre église ; c'est la chapelle de St-Antoine avec l'hôpital et un petit cimetière où l'on enterrait encore au siecle dernier.

Presque au pied du château, un pont de bois réunissait les deux rives de la Midouze et chaque tête de pont était munie d'une tour avec herses et pont-levis pour la défense des portes. La ville haute avait son église de St-Jacques du *bout* du pont, qui n'était d'abord qu'une chapelle seigneuriale appartenant aux Vicomtes de Tartas et où ceux-ci prêtaient serment à leur avènement, aux jurats et habitants de la Vicomté, qui, à leur tour, prêtaient serment et faisaient hommage au nouveau vicomte. Après le passage des bandes Calvinistes de Mongonmery, l'église de St-Martin qui était paroissiale quoique située en dehors des murs ayant été détruite, celle de St-Jacques à son tour devint paroissiale.

Le plan de 1612 nous montre un peu en arrière du château-fort, mais dans l'enceinte des murs, un clocher et une église, voisins de

(1) Archives Historiques de la Gascogne, fascicule I, p. 162.

la porte de la ville haute. Quelle peut être cette construction religieuse ? Evidemment l'église paroissiale et collégiale de St-Martin, qui avait sans doute été relevée de ses ruines ; le dessinateur la met dans l'enceinte, bien qu'elle en fut en dehors, mais tout près du rempart, au lieu même où est l'église actuelle.

En dehors des murs de la ville haute il y avait un gros faubourg que l'on appelait la Bourgade et qui renfermait un Couvent de Cordeliers, ou Frères de l'Observance de St-François, avec une grande église, dont on voit encore les constructions transformées en magasins et caserne de gendarmerie. Aujourd'hui presque toutes ces choses anciennes, presque tous ces vestiges du vieux temps qui n'étaient pas sans gloire, remparts, tours et portes de ville, herses et ponts-levis, donjons, châteaux-forts et églises ont disparu, mais comme du temps d'Oihénart on peut dire encore de Tartas : *urbs... spatio quidem angusta, sed culta et situ amœna.*

St-Vincent-de-Tyrosse, le 31 juillet 1896.

L.-A. DÉPART.

Tartas n'est plus qu'un chef-lieu de canton, ou plutôt de deux cantons des Landes. Il n'y a que 3,000 habitants, mais son aspect est celui d'une ville d'une certaine importance. Sa population est active et intelligente, le commerce et l'industrie y sont florissants.

Ce serait aujourd'hui une grande ville, si, comme cela a failli se produire, on y avait établi le siège de la Préfecture des Landes, que sa position au centre du département lui avait presque fait obtenir à un moment donné, quand des influences puissantes firent pencher la balance du côté de Mont-de-Marsan.

J.-E. D., G. C.

# ROQUEFORT

## UNE VUE CAVALIÈRE EN 1612

CETTE vue est extraite de l'album du voyageur hollandais Duwiert, déposé à la Bibliothèque Nationale, qui nous avait été signalé, en 1895, par un archéologue dont l'obligeance égale l'érudition, M. H. de Montégut, ancien magistrat et correspondant du Ministère de l'Instruction publique et des Beaux-Arts, à La Rochefoucaud (Charente).

Ce précieux album nous a déjà fourni les plans de Dax, de Mont-de-Marsan et de Tartas.

Nous savons qu'il contient encore de nombreux dessins représentant des villes et des bourgs importants de la région. C'est une mine que nous avons l'intention d'exploiter jusqu'à complet épuisement.

En 1892, à l'occasion de notre mémorable excursion

à Sarbazan et dans le Marsan, qui fut, on s'en souvient, un véritable petit congrès local, auquel un certain nombre de membres de la Société prirent part, nous avons publié une monographie historique de l'intéressante et pittoresque petite ville de Roquefort. Nous y avions joint un plan, copié par l'un de nous, sur l'original qui se trouve aux archives communales de ce chef-lieu de canton, ancienne capitale des Lactusates. On y voit figurer le donjon féodal, transformé en clocher, le château dont la construction est attribuée à Gaston Phébus, et l'enceinte du XIV$^{e}$ siècle. Nous y avions ajouté celle du XII$^{e}$ et une tour placée extérieurement, sur le plateau escarpé, situé en face du château, auquel elle était, d'après la tradition, réunie par un pont très élevé au dessus du niveau de la rivière, dont le lit est, sur ce pont, très profond.

On remarquera que cette tour et ce pont existaient encore en 1612 et que la vue dessinée par Duwiert confirme la tradition.

Cette vue nous apprend, de plus, une chose que nous ignorions :

C'est que le château était entouré d'un fossé, qui existait même sur l'emplacement actuel de la *petite rue*, du côté de la ville et qu'il y avait une porte à côté de la tour d'angle, un peu en amont de celle qui donnait accès au pont gothique.

Un mur spécial semble protéger l'hôpital et le Couvent des Clarisses.

Enfin, on distingue parfaitement les fortifications qui défendaient la porte Castaings, le clocher du prieuré, le beffroi municipal et les Cordeliers qui étaient dans le faubourg appelé des Cagoths. Il semble même qu'il reste, à côté du prieuré, un pan de mur crénelé du XII$^{e}$ siècle.

Cette vue, qu'on pourrait croire fantaisiste, est donc d'une rigoureuse exactitude qui prouve en faveur de celles qui l'accompagnent.

Nous avons vu qu'il en était de même de celles de Dax et de Mont-de-Marsan et que, si elles laissaient à désirer comme perspective, elles étaient néanmoins très complètes et très exactes.

Nous ferons, nous en sommes sûrs, la même démonstration pour celle de Bayonne que nous aurons à examiner, à nouveau, à une prochaine séance.

J.-E. D., G. C.

---

VUE DE ROQUEFORT en 1612

D'après un dessin à la plume conservé à la Bibliothèque Nationale.

# PLANCHE

*destinée à remplacer celle qui a paru dans le dernier numéro et dont le tirage laisse à désirer.*

L. Dufourcet

L. Dufourcet

L. Dufourcet

L. Dufourcet

L. Dufourcet

# L'AQUITAINE

## HISTORIQUE & MONUMENTALE



## TABLE DES MATIÈRES DU TOME II

### MÉMOIRES

## PLANCHES HORS TEXTE

## DESSINS INTERCALÉS DANS LE TEXTE

# PLANCHE

A mettre à la suite de l'Aquitaine Historique et Monumentale, **MONT-DE-MARSAN**, 2e trimestre 1896.

# TIRAGES A PART

ous les auteurs des Mémoires publiés dans les Bulletins de la Société rront en faire faire, à leur compte, des tirages à part, aux prix et conditions près .

## PRIX DE CES TIRAGES

*Papier, Brochage et Couverture compris.* — Papier du Bulletin

| | 1/4 de feuille<br>4 pages | 1/2 feuille<br>8 pages | 1 feuille<br>16 pages |
|---|---|---|---|
| ; exemplaires. . . . | » fr. | 3 fr. | 6 fr. |
| ) » . . | 3 | 5 | 8 |
| ) » . . . | 6 | 10 | 16 |
| ) » . | 9 | 16 | 20 |
| ) » . . . . | 12 | 20 | 25 |

)n ne fera jamais moins de 25 exemplaires et encore si le Mémoire n'a pas it pages, on devra en faire tirer 50 au moins. Ces 50 exemplaires ne coûteront e 3 francs

Une page en plus sera toujours comptée pour 1/4 de feuille

Si le tirage est de plus d'une feuille les prix des feuilles, ou fractions de feuilles, plus, seront les mêmes que ceux portés au tableau ci-dessus, déduction faite la valeur des couvertures évaluées à raison de 3 fr. le cent

Pour les tirages à plus de 300 exemplaires, on devra faire un traité spécial avec mprimeur.

Les tirages à part devront être demandés et le nombre des exemplaires fixé au oment de l'impression, au Bulletin, du commencement des Mémoires

La Société prêtera gratuitement aux auteurs les clichés typographiques qui iront servi pour le Bulletin, mais les planches lithographiques ou photo-piques seront payées par eux au prorata de ce qu'auront coûté celles du ulletin.

---

M. Labèque, imprimeur de la Société de Borda, vient de créer à Dax un telier de reliure des plus complets, et se charge de mettre en volume les 4 vraisons trimestrielles du Bulletin aux prix suivants

| | |
|---|---|
| 1/2 reliure basane. . . . . . . | 1 fr. 50. |
| » chagrin. . . . . . . | 2 fr. 25. |

# TIRAGES A PART

Tous les auteurs des Mémoires publiés dans les Bulletins de la Société pourront en faire faire, à leur compte, des tirages à part, aux prix et conditions ci-après.

## PRIX DE CES TIRAGES

*Papier, Brochage et Couverture compris.* — Papier du Bulletin :

| | 1/4 de feuille<br>4 pages | 1/2 feuille<br>8 pages | 1 feuille<br>16 pages |
|---|---|---|---|
| 25 exemplaires. . . . | » fr. | 3 fr. | 6 fr. |
| 50 » . . . . | 3 | 5 | 8 |
| 100 » . . . . | 6 | 10 | 16 |
| 200 » . . . . | 9 | 16 | 20 |
| 300 » . . . . | 13 | 20 | 25 |

On ne fera jamais moins de 25 exemplaires et encore si le Mémoire n'a pas huit pages, on devra en faire tirer 50 au moins. Ces 50 exemplaires ne coûteront que 3 francs.

Une page en plus sera toujours comptée pour 1/4 de feuille.

Si le tirage est de plus d'une feuille les prix des feuilles, ou fractions de feuilles, en plus, seront les mêmes que ceux portés au tableau ci-dessus déduction faite de la valeur des couvertures évaluées à raison de 2 fr. le cent.

Pour les tirages à plus de 300 exemplaires, on devra faire un traité spécial avec l'Imprimeur.

Les tirages à part devront être demandés et le nombre des exemplaires fixé au moment de l'impression, au Bulletin, du commencement des Mémoires.

La Société prêtera gratuitement aux auteurs les clichés typographiques qui auront servi pour le Bulletin, mais les planches lithographiques ou phototypiques seront payées par eux au prorata de ce qu'auront coûté celles du Bulletin.

---

# SOMMAIRE DU 4e TRIMESTRE 1894



Voir, à la fin du Bulletin, l'*Aquitaine Historique et Monumentale*, illustrée, avec pagination spéciale pouvant former un volume à part.

# SOCIÉTÉ

# DE BORDA

DAX (Landes)

---

DIX-HUITIÈME ANNÉE (1893)

---

QUATRIÈME TRIMESTRE

DAX
IMPRIMERIE-RELIURE HAZAEL LABÈQUE,
11, Rue des Carmes

1893

**Tout mémoire ou travail, inséré dans le Bulletin, doit être signé. Les opinions scientifiques qui y sont émises sont absolument personnelles et n'engagent aucunement la responsabilité de la Société, quoique celle-ci ait donné son approbation pour l'insertion.**

# TIRAGES A PART

Tous les auteurs des Mémoires publiés dans les Bulletins de la Société pourront en faire faire, à leur compte, des tirages à part, aux prix et conditions ci-après :

## PRIX DE CES TIRAGES

*Papier, Brochage et Couverture compris.* — Papier du Bulletin :

| | 1/4 de feuille<br>4 pages | 1/2 feuille<br>8 pages | 1 feuille<br>16 pages |
|---|---|---|---|
| 25 exemplaires. . . . | » fr. | 3 fr. | 6 fr. |
| 50 » . . . . | 3 | 5 | 8 |
| 100 » . . . . | 6 | 10 | 16 |
| 200 » . . . . | 9 | 16 | 20 |
| 300 » . . . . | 12 | 20 | 25 |

On ne fera jamais moins de 25 exemplaires et encore si le Mémoire n'a pas huit pages, on devra en faire tirer 50 au moins. Ces 50 exemplaires ne coûteront que 3 francs.

Une page en plus sera toujours comptee pour 1/4 de feuille.

Si le tirage est de plus d'une feuille les prix des feuilles, ou fractions de feuilles, en plus, seront les memes que ceux portés au tableau ci-dessus, déduction faite de la valeur des couvertures évaluées à raison de 3 fr le cent.

Pour les tirages a plus de 300 exemplaires, on devra faire un traité spécial avec l'imprimeur.

Les tirages à part devront être demandés et le nombre des exemplaires fixé au moment de l'impression, au Bulletin, du commencement des Mémoires.

La Société prêtera gratuitement aux auteurs les clichés typographiques qui auront servi pour le Bulletin, mais les planches lithographiques ou phototypiques seront payées par eux au prorata de ce qu'auront coûté celles du Bulletin.

---

M. Labèque, imprimeur de la Société de Borda, vient de créer à Dax un atelier de reliure des plus complets, et se charge de mettre en volume les 4 livraisons trimestrielles du Bulletin aux prix suivants :

| | |
|---|---|
| 1/2 reliure basane. . . . . . . | 1 fr. 50. |
| » chagrin. . . . . . | 2 fr. 25. |

# SOMMAIRE DU 1er TRIMESTRE 1893



Voir, à la fin du Bulletin, l'*Aquitaine Historique et Monumentale*, illustrée, avec pagination spéciale pouvant former un volume à part.

# SOCIÉTÉ

# DE BORDA

DAX (Landes)

---

VINGTIÈME ANNÉE (1895)

---

QUATRIÈME TRIMESTRE

DAX

IMPRIMERIE-RELIURE HAZAEL LABÈQUE,

11, rue des Carmes

—

1895

**Tout mémoire ou travail, inséré dans le Bulletin, doit être signé. Les opinions scientifiques qui y sont émises sont absolument personnelles et n'engagent aucunement la responsabilité de la Société, quoique celle-ci ait donné son approbation pour l'insertion.**

# TIRAGES A PART

Tous les auteurs des Mémoires publiés dans les Bulletins de la Société ourront en faire faire, à leur compte, des tirages a part, aux prix et conditions ci-après :

## PRIX DE CES TIRAGES

*Papier, Brochage et Couverture compris.* — Papier du Bulletin :

| | 1/4 de feuille<br>*4 pages* | 1/2 feuille<br>8 pages | **1 feuille**<br>**16 pages** |
|---|---|---|---|
| 25 exemplaires. . . . . | » fr. | 3 fr. | 6 fr |
| 50 » . . . . . | 3 | 5 | 8 |
| 100 » . . . . . | 6 | 10 | 16 |
| 200 » . . | 9 | 16 | 20 |
| 300 » . . . . . | 12 | 20 | 25 |

On ne fera jamais moins de 25 exemplaires et encore si le Mémoire n'a pas huit pages, on devra en faire tirer 50 au moins. Ces 50 exemplaires ne coûteront que 3 francs.

Une page en plus sera toujours comptée pour 1/4 de feuille.

Si le tirage est de plus d une feuille les prix des feuilles, ou fractions de feuilles en plus, seront les memes que ceux portes au tableau ci-dessus, déduction faite de la valeur des couvertures évaluees à raison de 3 fr le cent.

Pour les tirages a plus de 300 exemplaires, on devra faire un traite special avec l'imprimeur.

Les tirages a part devront être demandés et le nombre des exemplaires fixé au moment de l'impression, au Bulletin, du commencement des Mémoires.

La Société prêtera gratuitement aux auteurs les clichés typographiques qui auront servi pour le Bulletin, mais les planches lithographiques ou phototypiques seront payees par eux au prorata de ce qu'auront coûté celles du Bulletin.

---

M. Labèque, imprimeur de la Société de Borda, vient de créer à Dax un atelier de reliure des plus complets, et se charge de mettre en volume les 4 livraisons trimestrielles du Bulletin aux prix suivants :

| | |
|---|---|
| 1/2 reliure basane. . . . . . | 1 fr. 50. |
| » chagrin. . . . . . | 2 fr. 25. |

# SOMMAIRE DU 3e TRIMESTRE 1895



Voir, à la fin du Bulletin, l'*Aquitaine Historique et Monumentale*, illustrée, avec pagination spéciale pouvant former un volume à part.

www.ingramcontent.com/pod-product-compliance
Lightning Source LLC
LaVergne TN
LVHW010537100826
845148LV00001B/218

* 9 7 8 2 0 1 2 5 6 6 0 0 2 *